比较

No.4, 2014

73

COMPARATIVE STUDIES

吴敬琏 主编

中信出版社
CHINA CITIC PRESS

比较

COMPARATIVE STUDIES

主管 中信集团

主办 中信出版股份有限公司

出版 中信出版股份有限公司

独家代理： 财新传媒有限公司

电话：（8610）85905000 **传真：**（8610）85905288

广告热线：（8610）85905088 85905099 **传真：**（8610）85905101

电邮： ad@ caixin. com

订阅及客服热线： 400-696-0110（8610）58103380 **传真：**（8610）85905190

香港地区订阅热线：（00852）21726522

订阅电邮： circ@ caixin. com **客服电邮：** service@ caixin. com

地址： 北京市朝阳区工体北路 8 号院三里屯 SOHO 6 号楼 5 层（**邮编：** 100027）

卷首语

针对中国经济放缓的趋势，为了“稳增长”，中央政府提出了“区间调控”和“定向调控”，且先后出台了一系列“微刺激”措施。与此同时，地方政府也在竞相出台刺激政策，据中研网报道，一份来自国家统计局公布的最新数据显示，今年1到5月份，地方项目投资累计已达14.7万亿元，增长17.6%，增速虽回落0.2个百分点，但投资绝对额依然庞大，这些表现引发了人们对全面刺激政策的猜测和预期，也很容易让人联想到我们的体制总是在创造各地政府的稳增长竞赛，以及在软预算约束下永远无法根治的“投资饥渴症”。因此，分析当前的增速放缓是短期周期性下滑，还是增长动力的制度递减，对于经济体制改革和经济政策制定都有重要含义。换言之，我们需要超越趋势性、周期性或结构性这类判断，探讨制度性、政策性原因导致的各种扭曲，这些扭曲到底对经济有多大伤害，以及改变这些扭曲有多大困难，需要什么样的努力，才能使中国经济走上稳定且可持续发展之路。本辑《比较》探讨的主题即是增长。

开篇白重恩和张琼的文章“中国经济减速的生产率解释”，从生产率角度探讨我国经济当前减速的原因和未来走势：首先利用1978年以来分省数据考察了生产率波动的影响机制，之后对近年来生产效率变动的源泉进行了分解，并模拟了2008年以来大规模投资在“稳增长”中的作用，最后从生产率角度讨论我国经济增长的未来走势。研究发现：首先，从对技术效率改善的影响的角度来看，对外开放程度对生产率有显著正向影响，而收入水平的影响则显著为负；其次，存货规模和劳动参与率通过影响要素的有效使用量，分别对生产率产生显著的负向和正向影响；再次，从对要素配置效率的影响的角度来看，政府规模对生产效率有显著负向影响，投资率对生产效率存在显著的负向影响，城镇化进程的影响为正；最后，没有发现生产效率受到显著的负向周期性影响。综合而言，“后发优势”不断减弱、对外依存度大幅下降、投资率攀升、政府规模不断扩大和劳动参与率持续降低，均是我国2008年以来生产率下降的重要因素，而周期性影响不是主要因素；2008年以来的经济增长更多地依赖于投资率大幅上升，不利于生产率的提升和居民消费增长。文章认为，后危机时代我国经济增速放缓将是较长时间内的必然趋势，同时进一步的改革对防止经济过度降速至关重要。

罗德里克的文章“经济增长的过去、现在和未来”，从长期视角分析经济增长，研究经济增长的主要驱动力和约束力。他认为，经济增长背后的两个主要推动力分别是：以人力资本和制度为表现形式的基础能力的发展；以及结构转型，即新兴（更高生产率）产业的诞生和扩张，劳动力从传统或低生产率活动转移至现代化的生产活动。他构建了一个三部门的分析框架，来说明基础能力改善和旨在推动结构快速转型的政策如何相互作用，带来可持续的长期经济增长。其结论是，如果过分注重“基础能力”，使政策制定者的注意力偏离了能使现代产业起飞的政策，则可能导致增长放缓。同样，如果随着时间的推移没能构建必要的技能和制度，过分强调工业化也可能最终导致经济崩溃。对发展中国家来说，未来数十年世界经济提供的阻力要比动力多，但过去成功国家采取的合意政策的很多特征现在仍然通用：稳定的宏观经济框架，对经济结构调整和多元化的激励，应对不平等和包容性问题的社会政策，持续对人力资本和技能投资，持续不断地加强监管、司法和政治制度。

国际货币基金组织的三位研究人员乔纳森·奥斯特里、安德鲁·伯格和哈拉兰博斯·昌加赖兹利用最新的综合性数据，考察了不平等、再分配和经济增长之间的关系。他们的研究认为，不平等始终对中期增长速度和经济增长持续时间有着稳健和有力的影响；再分配对经济增长的总影响大体上是中性的，一般水平的再分配以及由此导致的不平等水平的降低，通常与更高、更可持续的经济增长相联系。因此，对再分配的过度谨慎，并据此不作为，在很多情况下可能并不恰当。不过，作者们也特别提醒，不应对他们的研究结果作过度解读，特别是用于政策目的；即使给定这些结果，促使再分配尽可能有效率依然是重要的。此外，进一步深入研究再分配对经济增长的作用机制，将有助于更深入地理解不平等、再分配和经济增长之间的关系，使政策建议更有针对性。

在讨论中国经济转型的时候，经常可以听到“拉美化式的中等收入陷阱”这样的警告，经常被提及的国家往往有阿根廷、巴西、智利等。这些国家近年来的经济发展究竟如何，全面的研究文献并不多见。《比较》一直注重给读者们引介其他发展中国家的发展经验。本辑的“比较之窗”栏目提供了加州大学戴维斯分校的艾伦·泰勒教授解析阿根廷经济发展的文章“阿根廷悖论：微观解释与宏观迷局”。泰勒试图说明一个世纪前，全球收入水平名列第五位的阿根廷，为什么会在20世纪初脱离原来的轨道，停滞不前，其目前的平均收入只及西欧12个核心国家的40%。作者从微观视角分析了阿根廷经济增长停滞不前的原因：从贸易角度看，贸易保护主义提高了资本品和投入品成本，阻碍了技术转移，拖累经济增长；从投资角度看，则是投资质量低下、投资错配以及投资品多样化不够拖累了经济增长。为什么阿根廷会选择这些拖累增长的经济政策呢，作者对现有文献中有关这一问题的不同解释进行了综述，如地理论、殖民论、法律起源论、外部冲击论等。在他看来，单纯诉诸其中的某个因素，都不能可信地解释阿根廷的逆转，更可取的办法是，既关注外生因素，也要关注深层决定因素（如法律），或者关键时刻来自全球其他经济体的强大外部冲击与初始历史条件的相互作用。

印度央行行长拉詹的文章讨论危机后推行的非常规货币政策是否能顺利退

出，非常规货币政策对其他国家有何溢出效应。他认为，长期实行非常规的货币政策，造成了强烈的激励扭曲效应，加剧非常规政策退出的潜在不良后果。不仅如此，非常规货币政策还会溢出到其他国家，加剧资金流入国的资产泡沫，使一些政策承诺更弱的新兴市场经济体有更强的意愿屈服于民粹主义。非常规货币政策的持续实行，还导致了现行国际货币政策的无序状态，对经济的可持续增长和金融行业构成了潜在风险。因此，在拉詹看来，“极度宽松的货币政策更像是病因而非良药。我们越早认识到这一点，全球经济可持续发展的局面就会越快到来”。

随着2008年金融危机的爆发，提出了一个无法回避且迫切需要解决的问题：如何对域外的金融活动进行监管，防范全球的系统性金融风险。在“金融监管的域外适用：为什么外星人回不了家”一文中，对金融监管深有研究的哥伦比亚大学法学院教授小约翰·科菲从“公共品”和“公地悲剧”的视角探讨了推进域外监管的必要性，他认为欧美应在国际社会尚未达成共识的情况下，首先就相关标准达成一致，并引导其他主要参与者认同它们的标准，以此推进域外监管。与此同时，作者利用两个差异很大的国际金融监管的例子：20国集团达成共识的美国商品期货交易委员会（CFTC）和证券交易委员会基于域外管辖权对跨境互换交易的监管，以及美国独创的“沃尔克法则”，讨论不同的域外管辖权范围可能产生的不同成本与收益，以此来说明域外管辖权的选择问题。

围绕十八届三中全会关于社会保障改革的决议，《比较》第72辑引介了一组讨论养老金体制改革国际经验的文章，受到了读者们的关注。了解国际经验固然重要，了解国内对养老金体制问题的思考及实践对下一步改革更不可或缺，因此，“历史文本”栏目重发主编吴敬琏“关于社会保障基金的筹资方式”一文，试图部分还原国内对养老金体制改革的思考。在这篇2010年写就的文章中，吴敬琏对过去几年社会各界关于养老金体制改革方案的探讨进行了梳理和概括，从中我们也可以发现，当时的中国政策界和学术界对研究这一问题所持的开放思维和前瞻性。

法国经济学家托马斯·皮凯蒂近700页的学术著作《21世纪资本论》在2008年金融海啸之后出版，探讨资本主义究竟怎么了，不仅引发了欧美经济学家热议，并成为超级畅销书，还是当下经济学界的一件大事。《比较》以引介国际经济学界的最新理论和研究方法为宗旨，这样的“大事”当然是我们关注的对象，不仅第一时间获得了此书的中文版权，且在这辑的“新书架”栏目为我们的目标读者提供三篇对皮凯蒂著作的评论文章：1987年诺奖得主罗伯特·索洛对皮凯蒂书中的财富概念、资本回报率和增长率之间的关系给出了自己的解读和评论；收入不平等和福利经济学专家彼得·林德特则讨论了从皮凯蒂的观点出发，学者们可以沿着哪些路径对不平等问题有效地展开研究；诺贝尔经济学奖评委会主席佩尔·克鲁塞尔及其同事则从居民储蓄行为的角度对皮凯蒂的预言——资本回报率高于增长率将导致财富越来越集中——提出了质疑。

国务院发展研究中心范建军的文章则从投资、需求、全要素生产率、净出口等方面对中国经济增长进行了分析，并给出了相应的政策建议。

目　录

Contents

第七十三辑

中国经济减速的生产率解释

白重恩　张琼

一、引言

2008 年以来中国经济增速明显放缓。扣除物价因素之后的经济增长率由 2000—2007 年间的年平均增速 10.51% 迅速下降至 2008 年的 9.6%；之后随着政府大规模经济刺激计划出台，经济增速在 2009 年触底后有所反弹，但 2011 年以来再次急转直下。2011—2013 年间年平均经济增长率为 8.23%，远低于 1979—2007 年间年平均 9.97% 的水平。①

对中国经济减速原因的解释和未来走势的判断，一直是国内外高度关注和广泛争论的问题。不少学者认为当前经济减速主要源于金融危机和欧洲主权债务危机（“欧债危机”）等的影响，一旦这些因素的影响消失，中国经济又将重回高增长模式。但也有学者认为中国这一轮经济增速下滑源于趋势性的变化以及自身的结构性问题；中国经济“降档增长”将成为新常态，同时进一步

---

*　白重恩，清华大学经济管理学院教授，副院长；张琼，任教于中央财经大学经济学院。

**　本文早期版本曾在中国比较经济学研究会和《比较》编辑室联合举办的内部研讨会上展示，与会专家（按讨论先后排序，排名不分先后）吴敬琏、钱颖一、余永定、张平、王小鲁、伍晓鹰、许宪春、岳希明、袁堂军等提出了诸多建设性意见，在此一并致谢，但文责自负。

①　我们基于 2012 年不变价计的国内生产总值（GDP）数据估算了各年的经济增长率。相关估算方法和数据来源我们将随后详细阐述。

的改革对防止经济过度降速至关重要。

在相关争论中，对中国过去经济增长源泉的理解是非常重要的前提。基于新古典增长理论，经济增长的来源包括人力资本的增长（更多和接受更高水平教育的适龄劳动人口）、物质资本的增长以及生产效率的改善。我们的分析结果表明，2008 年以来中国物质资本投入维持在较高的水平上，政府大规模刺激计划以及相关宏观政策所导致的投资大规模增长有力地推动了经济增长。经济增长下滑主要源于人力资本和全要素生产率增速的双重下降。1979—2007 年间中国扣除要素投入增长之后的生产效率年平均改善速度约为 3.78%，而 2008—2013 年间生产效率的年平均改善速度仅为 1.40%。对于人力资本而言，其增长速度下降的缘由非常清晰：我国人口老龄化趋势不断加剧以及全民普及“义务教育”政策已实施多年，人力资本增长的起点更高。因此，通过对全要素生产率增速变动机制的深入分析来理解其增速下降的原因，即成为理解当前中国经济增速下滑并进一步判断其未来走势的关键。

为此，本文首先基于增长核算分析框架，分别从技术效率、要素有效使用和配置效率三个维度，考察了我国 1978—2012 年间生产率的地区差异及其随时间变化的内在影响机制；① 之后对 2008 年以来生产效率下降的源泉进行了分解，并模拟了 2008 年以来大规模投资在“稳增长”中的作用；最后从生产率角度深入思考我国经济增长的未来走势。研究发现：首先，从对技术效率改善的影响的角度来看，对外开放程度对生产率有显著正向影响，而收入水平的影响则显著为负；其次，存货规模和劳动参与率通过影响要素的有效使用量，分别对生产率产生显著的负向和正向影响；再次，从对要素配置效率的影响的角度来看，政府规模和国有程度对生产效率有显著负向影响，建筑安装投资对生产效率影响为负，设备购置投资的影响为正，总的投资率对生产效率存在显著的负向影响，城镇化进程的影响为正；最后，没有发现生产效率受到显著的负向周期性影响。综合而言，“后发优势”不断减弱、对外依存度大幅下降、投资率攀升且向建筑安装投资倾斜、政府规模不断扩大和劳动参与率持续降低，均是我国 2008 年以来生产率下降的重要因素，而周期性影响不是主要因素。此外，2008 年以来的经济增长更多地依赖于投资率大幅上升，不利于生产率的提升和居民消费增长。我们认为，后危机时代我国经济增速放缓将是较

① 全国层面数据可以更新到 2013 年，地区数据目前只能更新到 2012 年。

长时间内的必然趋势，同时进一步的改革对防止经济过度降速至关重要。

值得一提的是，分析全要素生产率有不同的方法，各有利弊。一种方法是将上游生产环节的产出作为下游生产环节的要素投入，对生产过程中各个环节的效率都进行讨论，并且只考虑实际投入使用的要素的生产效率。这样做的好处是可以得到更加精确的结果，但问题是对数据的要求非常高，我们现在所占有的数据不能满足对所有环节进行这样分析的要求，而不对所有环节进行分析就难以全面讨论政策含义。另外，这样的方法本身不能解释从潜在的要素投入到实际的要素投入的转化效率，这也会影响政策讨论的全面性。在本文中，我们从人力资本和物质资本这两个基本要素的占有量——也就是潜在的基本要素投入——出发，考虑这些基本要素转化为最终产出的效率。这样做，我们统一考虑所有生产环节的综合效率，同时，我们认为要素未得到充分使用也应该视为效率损失，从而统一考虑将潜在要素投入转化为实际要素投入以及将实际要素投入转化为最终产出的综合效率。在此基础之上，我们通过比较不同地区在不同时间的综合生产率，结合这些地区在不同时间的特征，来定量分析影响生产率的因素，并基于从中的发现来全面讨论政策含义。我们认为，这是我们在给定数据可获得性的情况下，为了全面地讨论政策含义所能使用的最好方法。

本文接下来章节安排如下：第二节简要评述国内外学者关于“生产率及其估算”以及“生产率影响因素”的相关研究；第三节给出本文的逻辑分析框架；随后的第四节简要讨论指标选取和数据处理面临的主要问题，之后基于垂直分解思想识别影响要素使用效率的相关因素；第五节基于反事实研究法对近年来生产率变动的源泉进行分解；最后一节简要总结。

二、文献回顾①

本节将从两个角度对国内外相关研究进行简要回顾与梳理：一是关于全要素生产率及其估算的讨论；二是关于要素使用效率变动影响因素的相应思考。

1. “全要素生产率及其估算”研究述评

最为普遍使用的全面综合度量要素投入使用效率的指标是全要素生产率（TFP）。这一概念最早起源于魁奈（Quesnay，1766）关于“生产率”的定义，

① 关于本节的详细讨论，请参考白重恩和张琼（2014）。

意指平均每单位投入所能得到的产出水平；其成型可以追溯到丁伯根（Tinbergen，1942）的跨国定量比较研究。索洛（Solow，1957）在新古典增长理论框架中，将产出增长中不能用要素投入增长来解释的部分（即所谓的“索洛余值”）与“全要素生产率”相联系，系统地提出了 TFP 的测算方法。阿布拉莫维茨（Abramovitz，1956）在其研究中指出，基于统计核算得到的“生产率”包含了生产过程中与产出相关但不能核算为要素投入的各种可能因素，实际上相当于对“我们无知的度量”。随后众多学者沿着这一思路对索洛方法进行了拓展，但目前源于索洛的 TFP 测算方法仍然最为流行。

国内学者对 TFP 的关注始于 1980 年代初，进行了不少源于我国实际的探索，也取得了一些有意义的结果。史清琪等（1985）较早地开展了度量我国技术进步的研究，但较为系统地借鉴国外增长理论和方法考察我国经济发展过程中的 TFP 演进问题，则始于 1990 年代初。到目前为止，相关研究称得上“百家争鸣”。大致而言，目前这方面的研究主要集中在估计 TFP 增长率方面，而对 TFP 变动影响因素分解的关注相对较少。

一般而言，TFP 估算的关键在于如何处理好“估计方法”和“要素投入度量”这两大问题。对于前者，理论上自然离不开如何选取合适的生产函数以较为贴近地描述“投入—产出”生产过程，以及探讨不同生产函数之间的内在联系。经验研究则主要集中在如何利用投入和产出数据中的信息来揭示其背后所暗含的生产过程。目前经验研究中被普遍接受和采用的方法有很多，如基于索洛（1957）的参数估计的生产函数法或增长核算法、源于法雷尔（Farrell，1957）的确定性生产前沿或爱格纳等人（Aigner 等，1977）的随机前沿生产函数估计法、源于查尼斯（Charnes，1978）的数据包络分析法，以及源于卡夫等人（Caves 等，1982）的 Malmquist 指数法等。这些方法本身各有优劣；但对于考虑 TFP 变动内在机制的研究而言，增长核算方法可能更为合适（Barro & Sala - i - Martin，1995；Barro，1999）。

对于后者，争议主要集中在如何测算物质资本存量和考虑劳动力投入时是否包含人力资本因素。目前国内外学者研究我国 TFP 时重心主要集中在物质资本存量估算上；相关方面的研究基本选择“永续盘存法”（Goldsmith，1951），分歧主要表现在：首先初始资本存量和折旧率的假设千差万别（任若恩和刘晓生，1997）；其次是直接估算总的物质资本存量（张军和章元，2003；张军等，2004；Perkins & Rawski，2008），还是先单独估计所谓的“建筑安装”和“设备购置”物质资本存量，然后加总得到总的物质资本存量(Bai 等，2006；白重恩等，2007)。

在相关研究中，人力资本是否应该以及如何被纳入增长核算框架当中，是目前 TFP 相关研究中最为棘手的问题之一。一方面，人力资本对经济增长的重要作用已得到经济学界的广泛认可（Mankiw 等，1992），但经验研究中的“人力资本”指标的内涵和外延至今尚未达成一致标准，从而学者对测度人力资本的方法也各执一词。目前，关于我国不同时期人力资本水平较为代表性的研究有陈钊等（2004）。除“人力资本存量”估计本身之外，对于 TFP 相关研究而言，更为复杂的是如何正确考察其在经济增长中所扮演的角色。一方面，部分学者认为人力资本本身是综合考虑劳动力质量之后的劳动要素投入的度量，因而基于增长核算框架估计 TFP 时应该将其作为要素投入予以考虑；但与此同时，人力资本也可能通过不同途径对 TFP 产生影响（Benhabib & Spiegel，1994；魏下海和张建武，2010），因为人力资本不仅决定了经济体自身的技术创新能力（Romer，1990a），同时也影响了其向其他经济体学习的能力，进而影响其技术追赶和扩散的速度（Nelson & Phelps，1966），从而在考虑 TFP 影响因素时似乎也是不可回避的话题。综合而言，人力资本对经济增长的影响既可能包含在要素“有形”投入中，也可能是要素“无形”使用效率的重要构成；而在学者对其具体影响机制有全面认识之前，相关研究是将人力资本作为要素投入在估计 TFP 时纳入，还是包含在 TFP 影响因素当中，这两种做法都有其逻辑支持基础。

2. 关于生产率的影响因素

TFP 本身即代表对我们“无知”的度量，因而理论上并没有很好的框架来表明这一指标会受到哪些因素的影响；而在经验研究中，除了通常意义上的“技术进步”会影响 TFP 增长率外，学者对“投入—产出”生产过程的认知、所采用的估算方法以及所使用的数据中暗含的“测量误差”等都会对最终的 TFP 产生影响。尽管系统地直接考察 TFP 影响因素或内在波动机制的研究较为缺乏，但从不同视角出发来间接审视 TFP 增长率的研究依然不少。

早期的研究主要从不同角度对 TFP 变动或“技术进步”的原因进行探讨。如阿罗（1962）认为生产率的提高主要来源于“干中学”效应与“溢出”效应。罗默（1990b）指出企业有意识地通过研发活动将技术进步“生产”出来，这是 TFP 不断提高的主要源泉。而随着世界经济一体化进程加快，国与国之间越来越密切的经济往来使得外商直接投资（MacDougall，1960）和进出口贸易行为（Grossman & Helpman，1991；何元庆，2007）为技术溢出提供了更为便利的条件。

要素配置问题对于我国 TFP 研究而言非常值得关注。虽然单纯从要素配置角度来解释 TFP 变动的研究不多，但是从要素错配角度理解国别经济差异却是近年来经济增长文献的重要发展（Jones，2011）。班纳吉等（Banerjee & Duflo，2005；Restuccia & Rogerson，2008）都试图从理论或经验上指出低收入国家相对于发达国家的资源错配，很大程度上解释了这些国家与发达国家收入水平的差异。对我国来说，制度变迁或政策调整等对资源错配问题的纠正可能是我国释放增长潜能的重要源泉（Hsieh & Klenow，2009；Brandt 等，2012；罗德明等，2012）。

三、理论逻辑与分析框架

在本节中，我们首先介绍估计我国全国和省际层面 TFP 的方法，然后阐述选取 TFP 影响因素及构建相关指标的基本逻辑。

1. 关于 TFP 估计的方法

虽然估计 TFP 的方法很多，但对于“考察 TFP 影响因素”来说，增长核算方法为较优之选。具体而言，增长核算（Growth Accounting）方法基于对产出（Y）与物质资本存量（K）和人力资本存量（H）之间所满足的生产函数关系的假设，即假定 $Y = AK^{\alpha}H^{1-\alpha}$（其中 α 为资本收入份额，A 即为所谓的 TFP），可以得到以下三种不同的估计 TFP 增长率的方法：

（1）上述生产函数意味着 $\dot{A} = \dot{Y} - \alpha\dot{K} - (1-\alpha)\dot{H}$，即 TFP 增长率可以通过产出增长率、物质资本存量增长率、人力资本存量增长率以及资本收入份额所满足的上述关系估计得到。

（2）上述生产函数的变形 $Y^{1-\alpha} = A\left(\frac{K}{Y}\right)^{\alpha}H^{1-\alpha}$ 意味着 $\dot{A} = (1-\alpha)\dot{Y} - \alpha\left(\dot{\frac{K}{Y}}\right) - (1-\alpha)\dot{H}$，从而 TFP 增长率也可以采用产出增长率、资本产出比（K/Y）增长率、人力资本存量增长率以及资本收入份额所满足的上述关系来估计。

（3）上述总量形式的生产函数转换为人均形式 $y = Ak^{\alpha}h^{1-\alpha}$（其中 y、k、h 分别为 Y、K、H 所对应的人均形式），从而有 $\dot{A} = \dot{y} - \alpha\dot{k} - (1-\alpha)\dot{h}$，意即 TFP 增长率也可以等价地通过人均产出（$y$）增长率、人均物质资本（$k$）增长率、人均人力资本（$h$）增长率以及资本收入份额所满足的上述关系予以估计。

考虑到新古典增长理论中的稳态增长路径上的“资本产出比”为常数，从而当“资本产出比”发生变化时意味着结构发生了变化，并对应着新的稳态增长路径。因此在本文中，我们将采用第二种方法。

2. 关于要素使用效率影响因素的选取与指标构建①

在我们看来，全要素生产率意指考虑了可以定量测算的、“有形”的要素投入量之后与产出相关的剩余部分，因而扣除数据方面的影响，TFP 或者整个经济体要素使用效率，大致与以下两个方面三类影响因素相关：要么是要素投入量中的有效使用或开工率发生变动，从而表现为既定“名义”要素投入量不变时产出增加或减少；要么是单位要素的生产力提高或降低，此时给定要素“名义”投入量和“有效”使用量，产出水平也会相应发生变动。而对于“单位要素生产力提高”本身而言，则既有可能源于“技术进步”等带来的生产能力的提升，也包括社会经济、政治、法律和文化环境变迁等所导致的潜在生产能力的释放，但最终要么表现为要素整体生产力提高，要么表现为同一要素在不同地方的生产力存在差异从而使用结构（或要素配置结构）发生变化时，单位要素总的生产力有所提高。

出于这一逻辑，我们将从三个角度来展开讨论，并将与要素整体生产力提高相关的因素归结为“X－效率”（或技术效率）因素（Leibenstein，1966），与要素有效使用程度有关的因素归结为“要素有效使用”因素，而与配置结构变化导致要素总生产力变动有关的因素归结为“配置效率”因素。

更具体而言，第一类因素（与 X－效率或技术效率相对应），包括通常理解的“技术进步”（包括中性、资本节约型以及劳动节约型技术进步），也包括制度或法治水平等，相当于经济运行的“润滑剂”或“阻凝剂”，从而这类因素会对经济体中不同部门的资本和/或劳动的使用效率同时产生影响。

---

① 关于各指标数据来源及处理的详细说明请参见白重恩和张琼（2014b）。

我们主要考虑“相对收入水平”和“对外依存度”两个指标。前者对应于与“相对收敛”经济增长理论相关的“赶超效应”；后者则用于表征各省对外开放水平，以反映其受益于其他国家或地区“技术溢出”的程度。其中“相对收入水平”（*L.* ln*relativeGRP*）用“上一年度地区人均生产总值与美国人均 GDP 之比的自然对数值”来表示,① “对外依存度”（*ftd*）定义为“进出口总额占地区生产总值的比重”。

第二类是与影响要素有效使用程度相关的因素，主要源于以下几个方面的考虑。我们认为在估算我国 TFP 进而识别其影响因素时，较好的做法是将总的物质资本存量（无论其投入生产与否）和总的适龄劳动人口（无论其就业与否）作为相应要素投入的近似度量，这是因为：一是将使用数量和使用效率尽可能地分离，所估计的 TFP 更贴近其为“要素投入（量）之外余值”的真实含义。虽然与产出真正相关的是物质资本的流量使用和参与生产过程中的在岗就业人口，但物质资本存量不被完全使用或者适龄劳动人口未充分就业本身也隶属于资源浪费和效率损失；二是一定程度上可以将影响经济增长的需求面和供给面上的因素分离开来，因为供给面上的因素主要影响要素的（长期）投入量，而需求面上的因素则主要影响要素的（短期）有效使用。

我们引入“存货规模”、“劳动参与率”与“人力资本强度”三个指标，来分别衡量用于非生产性的资本积累与适龄劳动人口实际参与生产经营活动的程度，以及人力资本强度变化使得劳动力有效使用量变动的影响。其中“存货规模”（*inventory*）定义为“存货存量与地区生产总值（均以不变价计）之比”，“劳动参与率”（*lpr*）定义为“从业人员总数占 15—64 岁适龄劳动力人口比重”，“人力资本强度”（*princomp_ hc*）则定义为“各省各年 15—64 岁适龄劳动人口年龄别平均受教育年限的合成因子”。

第三类因素，与要素配置效率相关，借鉴于考察要素错配对经济增长影响的研究。虽然相关方面的统计数据不够全面，从而局限了这方面影响的正确测定，但仍可以通过选取合适指标来部分地捕捉这方面的影响。具体而言，不同部门在整体经济中的相对比重发生变动，如政府规模扩大，国有经济比重上

① “人均地区生产总值”以 2012 年不变价人民币计，“美国人均 GDP”以 2009 年不变价美元计（根据美国商务部经济分析局相关数据计算整理）。这一指标意味着我们总是将美国作为各时期的生产率前沿。

升，城镇化进程使得要素更多地流向城市，或者第三产业部门相对比重上升等，都可能意味着即便这些部门的“资本”和“劳动”要素使用效率本身没有变化，最终总的要素使用效率也会相应发生变动。

我们主要考虑“政府规模”、“国有经济比重”、“投资率”与“投资结构”、“产业结构”、“城镇化进程”以及“人口迁移”等因素。其中“政府规模”和“国有经济比重”用于度量“政府干预”程度，“投资率”主要考虑生产投资品和生产消费品的部门要素使用效率的差异，“投资结构”试图体现投资于“建筑安装”和“设备购置”的效率的差异，“产业结构”则用于反映不同产业部门要素生产率的差异，“城镇化进程”与“人口迁移”反映与之相关的要素流动的影响。

具体而言，“政府规模”（*govsize*）定义为“地方政府财政支出占地区生产总值的比重”；“国有经济比重”（*soe*）定义为“全社会固定资产投资中国有经济部门投资所占比重”；“投资率”（*inv_ rate*）定义为“资本形成总额占地区生产总值的比重”，“建筑安装投资规模”（*inv_ construc*）与“设备购置投资规模”（*inv_ equip*）分别定义为“建筑安装固定资产投资”与“设备购置固定资产投资”占地区生产总值的比重；“产业结构”包括“第一产业所占比重”（*prim*）与“第三产业所占比重”（*third*）两个指标，分别定义为“第一产业增加值”与“第三产业增加值”占地区生产总值的比重；“城镇化进程”定义为“城镇化率的增长率”（*urgr*），其中“城镇化率”定义为“城镇人口占总人口的比重”；“人口迁移”因素则包括“迁入率”（*migratein*）和“迁出率”（*migrateout*）两个指标，用于度量人口在不同地区流动对劳动力资源配置效率的影响，也部分地修正估计“适龄劳动力人口”与“人力资本存量”时，由于缺失详细数据假定“不存在人口迁移”所带来的偏误。

四、TFP 影响因素识别

与上述框架相对应，我们首先估计各年各省 TFP，并在此基础上给出上述相关因素对要素使用效率影响的估计结果。

1. 省际 TFP

基于增长核算分析框架估计 TFP 时，首先需要估计按不变价计的产出、资本收入份额、人力资本存量和按不变价计的物质资本存量。对于每一项指标而言，在选用数据时我们统一遵循“越新发布数据越准确”的基本原则，相应的估计方法与过程简述如下：①

（1）各省各年不变价地区生产总值。我们根据各省各年以可比价计算的地区生产总值指数，以及各省 2012 年以现价计的地区生产总值，得到以 2012 年不变价计的地区生产总值。

（2）各省各年资本收入份额。具体而言，我们所采用的资本收入份额为“不含生产税的资本收入份额”，因为在生产环节所征收的税为资本和劳动要素共同创造的收入。值得一提的是，增长核算方法要求计算 TFP 增长率时前后两年的资本收入份额相同。但对于快速转型期的中国而言，如果直接假定 1978—2012 年间各省相应资本收入份额均不变，这一假定可能有些太强：这不仅忽略了各省收入分配格局的历史变化，也模糊了各省间的相对变化差异。因此，我们采用折中的办法：在计算各省各年 TFP 增长率时，仅仅假定该年资本收入份额与上年相同。即，在计算某省 i 第 t 年 TFP 增长率时，所采用的资本收入份额为该省第 t 年与第 $t-1$ 年资本收入份额的算术平均值，以此类推。

（3）各省各年人力资本存量。据我们所知，大规模统计人口受教育程度的普查或抽样调查较少，直接估算各省各年人力资本存量数据较为困难。我们采用如下思路进行估计：首先分别估计各省各年以岁计的详细人口年龄结构，以及各省各年年龄别人口平均受教育年限；其次基于联合国将 15—64 岁人口作为适龄劳动人口的界定标准，计算各省每年 15—64 岁人口的总受教育年限（以年龄别人口数为权重，各年龄人口平均受教育年限加权求和），并以此作为各省各年人力资本存量水平的近似估计。

（4）各省各年物质资本存量。参照 Bai 等（2006）和白重恩等（2007），我们采用永续盘存法测算各省各年按不变价计的物质资本存量。具体而言，我们首先分别估计各省各年按不变价计（以 2012 年作为基年）的“建筑安装”和“设备购置”物质资本存量，然后加总得到各省各年以不变价计的总的物质资本存量。

---

① 以下如无特殊说明，我们所采取的数据首先来源于 NBS 网站，然后以《新中国六十年统计资料汇编》、《新中国五十年统计资料汇编》、各年《中国统计年鉴》、各年各省统计年鉴、《中国国内生产总值核算历史资料 1952—1995》等补充。

基于上述思路得到的相应指标，我们估计各省1978—2012年间各年TFP增长率，图1给出了所有这些TFP增长率的分布情况［含“频数分布（左轴）”与“Kernel拟合（右轴）”两种］。为了比较，我们在图1中同时给出了将人力资本作为要素投入一部分时估计得到的TFP增长率（以tfp_{hc}表示），以及将人力资本作为影响要素使用效率的重要因素时估计得到的TFP增长率（以tfp_{wp}表示）的分布。①

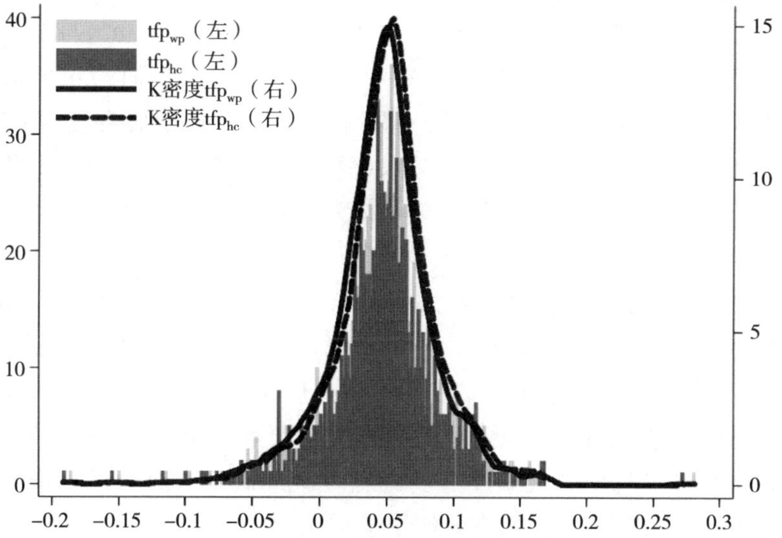

图1　1978—2012年间省际TFP增长率分布情况

我们发现无论是以考虑人力资本因素后的总人口受教育年限作为要素投入，还是以15—64岁适龄人口作为要素投入来估计，最终得到的TFP增长率非常接近。因此，在以下的分析中，我们将以tfp_{hc}为分析起点，并比较其与以tfp_{wp}（此时将人力资本纳入到要素生产率变动的影响因素当中）为考察对象的分析结论，以互相印证和补充。

2. 相关因素对TFP增长率影响估计结果

我们首先采用常见的IPS检验（Im等，2003）来考察所形成的面板数据

---

① 我们比较了这两个序列与其他研究［如Perkins & Rawski（2008）等］的估计结果，发现虽然所采用的数据不同、估计方法与数据处理存在一定差异，但最终的结果非常相似（差异主要体现在初始和截尾年份）。

中各变量的单位根问题和协整问题。① 更进一步，检验结果表明固定效应模型明显优于混合回归与随机效应模型。因此，在接下来的分析中，我们将采用固定效应模型来考察上述相关因素对要素使用效率变动（TFP 增长率）的影响。

（1）以 tfp_{hc} 为分析对象

表 1 的第一部分（第 1—5 列）首先给出了以 tfp_{hc} 作为被解释变量的估计结果。

第 1 列包含上述我们所提及的三类因素的所有变量。估计结果表明，与“X－效率或技术效率”有关的指标，“相对收入水平”（*L.* ln*relativeGRP*）以及“对外依存度”（*ftd*）分别对生产率存在统计显著的负向与正向影响。这与直观印象相符：前者与“追赶效应”相对应，经济发展程度越高时“后发优势”相对越不明显；而对外开放水平提高则有利于学习和引进其他经济体的先进技术，也有利于通过贸易更好地发挥比较优势，从而有利于生产率的提高。

与“要素有效使用”相关的两个指标中，“存货（相对）规模”（*inventory*）对 tfp_{hc} 存在统计显著的负向影响，而“劳动参与率”（*lpr*）存在统计显著的正向影响，这与我们的直观印象相符。存货规模上升意味着更多的产出用于积累并不直接参与生产活动的“存货”，从而降低了要素“名义”投入的有效使用量；而劳动参与率上升则意味着更多适龄人口进入生产经营活动成为从业人员，此时要素“名义”投入的有效使用量增加。

与“配置效率”相关的指标中，“政府规模”（*govsize*）对 tfp_{hc} 存在统计显著的负向影响。这与直观相符：政府干预通常被认为不利于要素的优化配置和使用。“国有经济比重”（*soe*）对 tfp_{hc} 存在统计不显著的负向影响，这可能源于我们所选取的指标为固定资产投资中的国有经济部门所占比重、从而不能完全代表整体经济活动中的国有经济的占比；也有可能源于如下一正一负两方面的传导机制：对于正向机制而言，一是“国有经济”有溢出正外部性（Bai 等，2000），二是所谓的“摘好桃子”现象所表征的同步相关关系：当经济中“好桃子”多了的时候，会同时表现为“国有经济”规模扩张与生产率上升；对于负向机制而言，则与文献讨论中常见的“国有经济”因为垄断等导致要素

---

① 常见的 LLC（Levin 等，2002），IPS（Im 等，2003）以及 Hadri（Hadri，2000）检验都可以用于面板数据的单位根检验，但 LLC 检验和 Hadri 检验要求平衡面板数据，我们这里构建的各个指标部分省某些年数据存在缺失情形，从而并不适用。

投入和使用无效率或低效率的批判相一致。

投资结构“建筑安装投资”（*inv_ construc*）与“设备购置投资”（*inv_ equip*）对 tfp_{hc} 存在统计不显著的 U 型和倒 U 型的影响；① “产业结构”（*prim* 与 *third*）、“城镇化率增长率”（*urgr*）与“人口迁移”（*migratein* 与 *migrateout*）等指标对 tfp_{hc} 的影响统计不显著。

表 1　TFP 增长率影响因素识别

	tfp_{hc}					tfp_{wp}	
	1978—2012				2003—2012	1978—2012	2003—2012
	(1)	(2)	(3)	(4)	(5)	(6)	(7)
L. ln*relativeGRP*	-0.103***	-0.086***	-0.083***	-0.075***	-0.103**	-0.124***	-0.100**
	(0.015)	(0.015)	(0.015)	(0.013)	(0.046)	(0.016)	(0.045)
ftd	0.039***	0.041***	0.040***	0.038***	0.035*	0.041***	0.035*
	(0.009)	(0.009)	(0.009)	(0.008)	(0.020)	(0.010)	(0.020)
inventory	-0.015**	-0.014**	-0.015***	-0.010*	-0.005	-0.014**	-0.005
	(0.006)	(0.006)	(0.006)	(0.005)	(0.019)	(0.006)	(0.019)
lpr	0.078**	0.092***	0.094***	0.086***	0.163***	0.085***	0.154***
	(0.033)	(0.028)	(0.027)	(0.023)	(0.056)	(0.033)	(0.053)
princomp_ hc						0.009***	0.005
						(0.003)	(0.004)
govsize	-0.059*	-0.053*	-0.061**	-0.039*	0.026	-0.063*	0.035
	(0.031)	(0.029)	(0.028)	(0.023)	(0.030)	(0.033)	(0.026)
soe	-0.021	-0.014	-0.012	-0.004	-0.001	-0.028*	-0.003
	(0.014)	(0.016)	(0.015)	(0.014)	(0.018)	(0.014)	(0.019)
inv_ construc	-0.033					-0.056	
	(0.058)					(0.060)	
inv_ construc 的平方	0.060					0.130	
	(0.072)					(0.080)	

① 实际数据中这两个指标的均值与中位数均位于 U 型与倒 U 型曲线的顶点所在位置的左侧，意味着这两个指标如果存在影响，则分别主要表现为负向和正向的影响。

续表

	tfp_{hc}					tfp_{wp}	
	1978—2012				2003—2012	1978—2012	2003—2012
	(1)	(2)	(3)	(4)	(5)	(6)	(7)
inv_ equip	0.149					0.161	
	(0.125)					(0.124)	
inv_ equip 的平方	-0.699**					-0.681**	
	(0.336)					(0.327)	
inv_ rate		0.052	-0.027	-0.018	-0.055***		-0.045**
		(0.057)	(0.021)	(0.018)	(0.018)		(0.021)
inv_ rate 的平方		-0.073					
		(0.053)					
prim	0.055	0.055	0.054	0.056	-0.469***	0.073	-0.415***
	(0.052)	(0.050)	(0.050)	(0.047)	(0.136)	(0.057)	(0.133)
third	0.012	0.001	0.006	-0.012	-0.197**	-0.007	-0.210**
	(0.043)	(0.043)	(0.043)	(0.037)	(0.080)	(0.049)	(0.086)
urgr	0.008	0.015	0.016	0.017*	0.002	0.005	0.002
	(0.011)	(0.010)	(0.010)	(0.010)	(0.008)	(0.010)	(0.008)
migratein	-0.000	-0.000	-0.000			-0.000	
	(0.000)	(0.000)	(0.000)			(0.000)	
migrateout	0.001	0.000	0.001			0.001	
	(0.001)	(0.000)	(0.000)			(0.001)	
省份固定效应	是	是	是	是	是	是	是
年份固定效应	是	是	是	是	是	是	是
观测值	793	914	914	1005	310	790	310
R^2	0.551	0.518	0.516	0.498	0.573	0.563	0.581

注：括号中为稳健标准差；*、**、***分别表示在10%、5%、1%水平上显著。

考虑到细分投资结构各指标的估计系数基本统计不显著，我们接下来不再区分不同投资类型，而是以“投资率”（*inv_ rate*）为视角加以考察。表1第2列中同时包含“投资率”及其平方项，以度量“投资率”可能存在的非线性影响；由于“投资率”的二次项系数不显著，我们在第3列中只包含“投资率”（*inv_ rate*）。考虑到“人口迁移”（*migratein* 与 *migrateout*）指标在部分年份数据缺失且其估计效果不显著，我们略去这两个指标重新进行了估计，估计结果见第 4 列。第 2—4 列结果中各相关变量的估计系数与显著性程度与第 1 列结果非常接近。

对于快速经济转型的中国而言，我们所分析的时间跨度（1978—2012 年）可能存在的结构性跳跃：不同因素在不同时期对 tfp_{hc} 的影响可能存在差异。比较典型的如“投资”，在中国发展的早期，“投资”尤其是“基础建设投资”等非常有利于资源重新配置和提高生产效率，而在经济发展的后期则有可能由于“投资—消费”失衡而不利于经济增长。因此，在第 5 列中，我们以 2003—2012 年为考察区间加以分析。选择这个时段的原因是国际金融危机的前后正好各占这一时段的一半。我们发现，其他各变量的估计基本与之前的分析相一致，此时“政府规模”（*govsize*）对 tfp_{hc} 的影响不再统计显著，① 而“投资率”（*inv_ rate*）则对 tfp_{hc} 存在统计显著的负向影响，“产业结构”（*prim* 与 *third*）则分别存在统计显著的负向影响。②

（2）以 tfp_{wp} 为分析对象

正如我们之前所讨论的，人力资本因素既可以作为“要素有形投入的重要构成”，也可以作为“要素无形使用效率的重要源泉”，从而作为影响 TFP 变动的因素来加以分析。表 1 的第一部分（第 1—5 列）给出了前一种情形的分析结论，我们接下来将考虑另一种情形，意即，估计 TFP 时将适龄人口作为要素投入量，而将人力资本作为影响 TFP 的因素之一。因此，我们接下来将 tfp_{wp} 作为被解释变量，而将“人力资本强度”（*princomp_ hc*）作为“要素有效使用量”相关影响因素之一，相关分析结果见表 1 的第二部分（第 6—7 列）。

估计结果表明，“人力资本强度”（*princomp_ hc*）对 TFP 增长率 tfp_{wp} 存在统计显著的正向影响；并且相比于表 1 的第一部分中各相应结果而言，以 tfp_{wp} 作为被解释变量，而将“人力资本强度”（*princomp_ hc*）纳入解释变量当中，其余各变量对 TFP 增长率的影响与之前的分析相一致。

---

① 这与近年来“地方政府财政支出”向“改善民生”等领域（从而有利于整体经济中要素潜在生产力的释放）倾斜相呼应。

② 表明“第一产业”和“第三产业”的生产效率均低于“第二产业”，前者是比较显然的，后者则可能是因为“第三产业”中包括了“公共管理与社会组织”等生产效率不高的部门。

尽管已有文献在将人力资本作为要素有形投入还是无形使用效率方面存在一定分歧，我们倾向于认为表1的第一部分更为清晰合适：因为我们之所以基于垂直分解思想来识别各因素对要素使用效率（TFP增长率）的影响，这固然与TFP为“对无知度量的黑匣子”从而并无其内在波动机制的理论表述相关，更重要的考虑则是我们囿于数据不能直接地进行细致分解，从而直接考虑这些因素对要素使用效率的影响，但人力资本存量一定程度上是可以估计得到的（正如我们之前的尝试一样），尽管这一指标的质量还有待进一步的提高。因此在以下的分析中我们将以 tfp_{hc} 为标准来考察2008年以来我国生产率下降的主要源泉。

五、近年来生产率下降源泉分解

我们在这一节考察2008年以来与2007年以前相比TFP增长率的跳跃程度，以及这一跳跃有多少可以被2008年前后各影响因素的变化来解释。

我们首先根据全国层面上2003—2012年间各年的TFP增长率（以 tfp_{hc} 衡量）①，“相对收入水平”（$L.\ln relativeGDP$）、②“对外依存度”（ftd）、“劳动参与率”（lpr）、“投资率”（inv_rate）以及“产业结构”（$prim$ 与 $third$）共计6个影响因素的相应数据，③ 比较“2003—2007年”与“2008—2012年”两个考察区间内相应指标的不同。我们关心2008年前后TFP增长率跳跃中不能被时间哑变量解释的部分，也就是TFP增长率的跳跃与时间哑变量跳跃之间的差，在多大程度上分别能由上面的6个影响因素解释以及各个因素的解释力度有多大。为此，我们计算各影响因素对TFP增长率的影响效果，④ 分析各影响因素2008年前后的跳跃对TFP增长率跳跃的解释比例。表2给出了相应的结果；上面的6个因素的变化的影响几乎可以解释TFP增长率跳跃与时间哑变量跳跃之间的差的全部（解释比例约为101.04%）。

① 选择这一时间跨度是因为正好可以将其等分为“2003—2007年（2007年以前）”和“2008—2012年（2008年后）”两个考察区间。

② 即为“上一年度中国人均GDP与美国人均GDP之比的自然对数值”。相关计算过程和数据来源见前述讨论。

③ 这6个指标的估计系数在表1的第5列中统计显著。相应指标的估计方法与数据来源见前述讨论。

④ 以表1的第5列中的估计系数为准。

表 2　我国 2008 年前后 TFP 增长率经过时间因素调整的跳跃幅度及可被解释比例

	考察区间均值		2008 年后跳跃		解释比例
	2003—2007	2008—2012	变化量	变化对 TFP 的影响	(%)
tfp_{hc}	0.04	0.01	-0.06	-	-
L. ln*relativeGDP*	-2.73	-2.25	0.48	-0.0495	88.47
ftd	0.60	0.49	-0.11	-0.0037	6.70
lpr	0.78	0.76	-0.03	-0.0042	7.53
inv_ rate	0.42	0.47	0.05	-0.0029	5.15
prim	0.12	0.10	-0.02	0.0084	-14.96
third	0.41	0.43	0.02	-0.0046	8.15
合计	-	-	-	-	101.04

注：(1) tfp_{hc} 的“变化量”根据时间因素进行了调整（2003—2012 年间时间哑变量基本呈现不断上升趋势，2003—2007 年间各时间哑变量估计的平均值比 2008—2012 年间各时间哑变量估计的平均值小 0.03，从而意味着根据时间因素调整后的 tfp_{hc} 的“变化量”为其本身的跳跃（-0.03）减去时间哑变量的跳跃（0.03）之差，即为 -0.06。(2)“变化对 TFP 的影响”为“变化量”与表 1 的第 5 列中相应变量的估计系数的乘积。

之后，我们基于“反事实研究法”（counter - factual analysis，CFA）在比较静态分析框架下详细分析我国近年来（2008—2013 年间各年）生产率变动的内在机制。具体而言，这一“反事实研究法”的基本思路是：对任意一个待考察的影响因素，假定整个考察期内该因素各年的取值均与其考察期的初始值水平相同（意即，假定该因素在整个考察期内不发生变化），代入表 1 中该因素的估计系数，从而得到各年“不考虑该因素时序上变化”的预测值（即所谓的“不含该因素”的 CFA 预测值），并将其与实际数据进行对照，从而揭示出在考察期内该因素对于 TFP 增长率的解释力度。更具体而言，对于任意一个待考察的影响因素 x 而言，考察期内各年“不含 x”的 CFA 预测值的计算公式如下：$tfp^{CFA}_{\text{不含}x,t} = tfp_t - \hat{\beta}_x \cdot (x_t - x_0)$，其中 tfp_t 为相应各年实际值，$\hat{\beta}_x$ 为该因素对生产率边际影响的估计值（即表 1 相应因素的估计系数），x_t 和 x_0 分别表示该因素在考察期内相应各年以及初始年份的取值。在这里，之所以称为“比较静态分析框架”，是因为我们忽略了各指标假定不变时的传导影响，以与我们随后将展开的动态还原分析相区分。①

① 譬如，如果“投资率”在 2008 年发生变化，则 2008 年的 TFP 将发生变化，从而影响 2008 年的 GDP，进而影响 2009 年的 TFP（因为 2009 年的 TFP 增长率与 2008 年的 GDP 相关），并影响 2009 年的 GDP。

在这里的分析中，我们以表 1 的第 5 列为基准。考察“相对收入水平”（*L.* ln*relativeGDP*）、“对外依存度”（*ftd*）、“劳动参与率”（*lpr*）、“投资率”（*inv_ rate*）以及“产业结构”（*prim* 与 *third*）6 个指标的影响。在进行具体分析之前，我们首先来验证所选取的 6 个指标在 2008—2013 年各年间对 TFP 增长率变动的综合解释力度。图 2 同时给出了这 6 个指标对此轮生产效率显著下降的综合作用（“不含时间趋势”曲线），以及综合考虑周期性因素之后这 6 个指标对 2008—2013 年间全要素生产率变化趋势的拟合效果（“含时间趋势”曲线）。其中“不含时间趋势”曲线为基于表 1 的第 5 列的相应估计系数，以及这 6 个指标在 2008—2013 年间的相应取值计算得到的估计值，而“含时间趋势”曲线则在“不含时间趋势”曲线基础上，进一步根据表 1 中第 5 列中相应年份哑变量的估计值进行周期性调整。①

图 2 表明，同时考虑 2008 年以来的结构性因素（6 个指标的拟合值）以及短期周期性因素（用时间哑变量估计值进行相应调整）之后，“含时间趋势”曲线在 2008—2013 年间与“实际数据”曲线保持了非常好的同步相关性。这一结果支持了之前基于面板数据和垂直分解思想来识别 TFP 增长率影响因素及其影响幅度的分析结论的合理性。“不含时间趋势”曲线则意味着是结构性因素（只包含所考虑的这 6 个指标时）使得同期 TFP 增长率在此期间不断下降，而非周期性因素。“不含时间趋势”曲线与“含时间趋势”曲线的差别反映了在投资之外的政策和其他没能考虑的随时间变化的因素的作用。

表 3 则基于反事实研究法详细给出了 2008 年以来这 6 个指标分别对此期间全要素生产率变动的影响。其中，“CFA 预测值”分别对应于假定相应指标在 2008—2013 年间均维持在 2007 年的水平上不变，而所有其他因素与实际情形相同时的估计值，其与“实际数据”的差异即可视为相应因素对要素生产效率变动的边际影响。

---

① 2013 年这 5 个指标的地区数据不全从而无法给出相应的预测值。由于对全国数据进行拟合时，没有对应于全国数据的年份固定效应的估计；而省际面板数据中变量和全国层面时间序列相应变量的平均值存在较大差异，从而两类数据的年份固定效应的估计值存在一定出入。为了更好地揭示“含时间趋势”曲线对实际数据的拟合效果，在图形中“实际数据”以左轴为基准，而“含时间趋势”与“不含时间趋势”曲线以右轴为准，这一做法本身不会对结论产生任何影响。

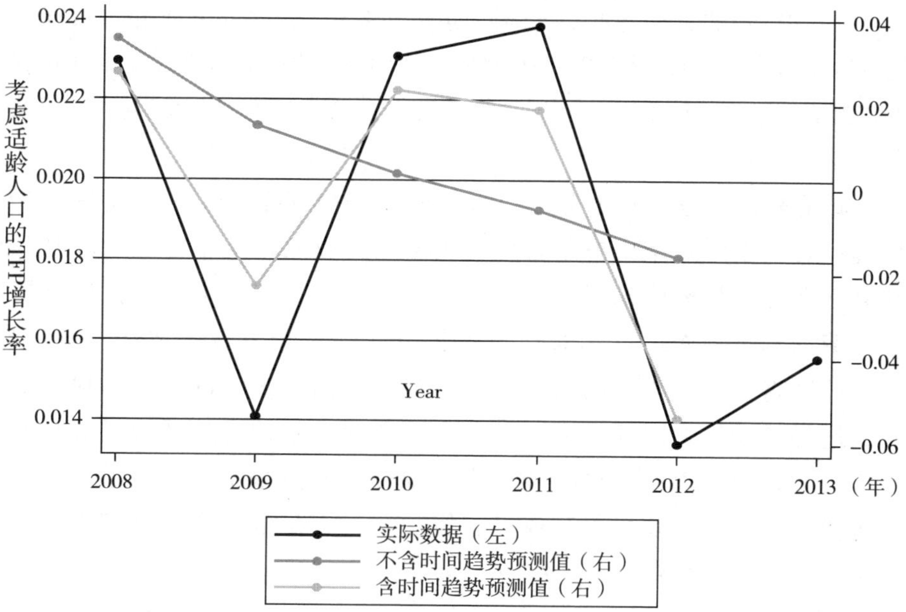

图 2　2008—2012 年间我国 TFP 增长率变化趋势及影响源泉

表 3　2008—2013 年间我国 TFP 变动主要影响因素的相对影响大小比较

		2008	2009	2010	2011	2012	2013
CFA 预测值	*L.* ln*relativeGDP*	0.031	0.031	0.053	0.062	0.059	0.067
	ftd	0.021	0.015	0.023	0.024	0.015	0.018
	lpr	0.020	0.010	0.021	0.022	0.012	0.014
	inv_ rate	0.020	0.011	0.022	0.023	0.012	0.014
	prim	0.019	0.006	0.015	0.016	0.006	0.007
	third	0.019	0.011	0.021	0.022	0.014	0.019
实际数据		0.019	0.008	0.018	0.019	0.009	0.011

注：表中“实际数据”为2008—2013 年间全国层面上的全要素生产率增长率（tfp_{hc}），“CFA 预测值”为假定相应指标在2008—2013 年间均保持在2007 年的相应水平上不变，而所有其他因素均取实际值的估计值，各数据与相应的实际数据相比即度量了该因素对全国层面上的生产效率改善速度的综合影响。

综合而言，表3 结果表明2008 年金融危机以来，我国人均收入水平与美国人均收入水平差距不断缩小使得“赶超效应”不断减弱，以及“对外依存度”、“劳动参与率”、“投资率”以及“第三产业比重”的相应变化，都对同期我国要素生产效率的改进产生了非常大的负面冲击，这一影响远远超过了“第一产业比重”不断下降带来的正面影响：如果2008—2013 年间这6 个因素均维持在2007年的水平上不变，则同期我国要素生产率增长率相应各年将分别比实际值高出0.016、0.035、0.045、0.054、0.065和0.074；并且相关负面冲击因素中，“相对收入水平”的影响最大，其次为“对外依存度”，“第三产业比重”影响次之，然后为“投资率”与“劳动参与率”。

由此看来，考虑到我国对外贸易总额已经位居全球第一，其进一步增加以提升要素生产效率的空间有限；我国人均收入增长率将在一段时间内继续高于美国人均收入增长率，“第三产业比重”不断上升，投资率居高不下且劳动参与率短时间内难以迅速提升，均意味着我国2008年以来经济增速放缓将成为较长时间内的必然趋势，我国寻求新的生产率提升突破口以促进经济增长之路任重道远。在相关方面，坚持对外开放以实现潜在生产力提升，辅之以简政放权和加快资源优化配置来不断释放潜力，并通过促进劳动力充分就业以提高要素有效使用，都是提升我国生产率进而促进经济增长的长效机制。

六、2008年以来大规模投资的作用

2008年金融危机以来我国政府所实施的大规模经济刺激计划对经济增长产生了很大的影响；这是这段时间内尽管生产效率改善的速度大幅下降，我们仍然保持了较快增长的主要原因。我们关心的一个问题是，如果没有这样的刺激情况会是怎样。由于投资的增加是刺激计划的主要内容，我们在本节中将以“投资率”（*inv_ rate*）这一指标为重点分析对象，基于“反事实研究法”动态还原2008年以来大规模投资的作用。相较于之前的“反事实研究法”而言，本节分析将考察“投资率”（*inv_ rate*）变动的动态传导影响。

具体来说，我们的做法如下。我们依然假定2008—2013年各年投资率（以及投资用于“建筑安装”和“设备购置”的比重）均维持在2007年的水平上不变，而其他所有指标均取实际值。① 我们首先根据表1第5列中的估计系数估计2008年的TFP增长率，并重新估计2008年的物质资本存量水平，之

① 在这里的分析中，我们统一地忽略了价格因素；GDP和物质资本存量都以不变价计（2012年为基年）。

后根据经济增长率与 TFP 增长率、资本产出比增长率以及人力资本存量增长率之间的相关关系，意即 $\dot{Y}=\frac{1}{1-\alpha}\dot{A}+\frac{\alpha}{1-\alpha}\left(\frac{\dot{K}}{Y}\right)+\dot{H}$，来估计 2008 年的 GDP。① 然后我们基于估计得到的 2008 年的 GDP 和假设的 2009 年的投资率来估计 2009 年的 TFP 增长率，并重新估计 2009 年的物质资本存量水平，接着重新基于上述经济增长率计算公式得到 2009 年的 GDP。以此类推。之后我们基于相应的 CFA 预测值，计算了 2008—2013 年各年的经济增长率、资本产出比增长率和 TFP 增长率。更进一步，我们通过假设 2008—2013 年各年的“政府消费支出占 GDP 的比重”以及“净出口占 GDP 的比重”均取实际值,② 而“资本形成总额占 GDP 的比重”（即投资率）则维持在 2007 年的水平上不变，基于新的估算得到的 GDP 数据得出各年的“居民消费支出”，并在此基础上计算了 2008—2013 年各年的居民消费支出增长率。

图 3 分别给出了上述方法得到的“经济增长率”、“TFP 增长率”、“资本产出比增长率”以及“居民消费支出增长率”CFA 预测值与实际数据的比较结果。图 3 首先表明，2008 年以来我国大幅上升的投资率水平有效地缓减了金融危机对我国经济增速的负面冲击，尤以 2009 年最为明显：如果 2008—2013 年间我国投资率维持在 2007 年 41.6% 的水平上不变，则在此期间我国经济增长率将分别为 8.20%、6.56%、9.27%、8.32%、7.07% 和 7.79%，分别低于实际数据 1.40、2.64、1.13、0.98、0.63 和 -0.09 个百分点。图 3 结果同时表明，投资率大幅上升对同期 TFP 增长率产生了不利影响（分别使得 TFP 增长率下降了 0.12、0.44、0.74、0.86、0.92、0.98 个百分点），但却非常有利于资本投入的增加（资本产出比增长率分别上升了 2.24、3.28、3.40、2.37、2.46 和 2.71 个百分点）。此外，对居民消费支出而言，投资率大幅上升在 2008—2010 年间非常不利于居民消费支出的增长（分别使得居民消费支出增长率下降了 5.11、6.93 和 1.51 个百分点），但在 2011—2012 年间由于经

① 由于这里估计时 GDP 会影响资本产出比，进而影响资本产出比增长率；所以我们不能简单地代入“经济增长率”的计算公式中来计算 GDP 增长率。我们采用迭代求解的方法，所找到的 GDP 增长率能够同时实现“经济增长率”计算公式中左边的“GDP 增长率”与右边的“资本产出比增长率”等相平衡的值。

② 与“政府规模”和“对外依存度”均取实际值的 CFA 分析保持一致。

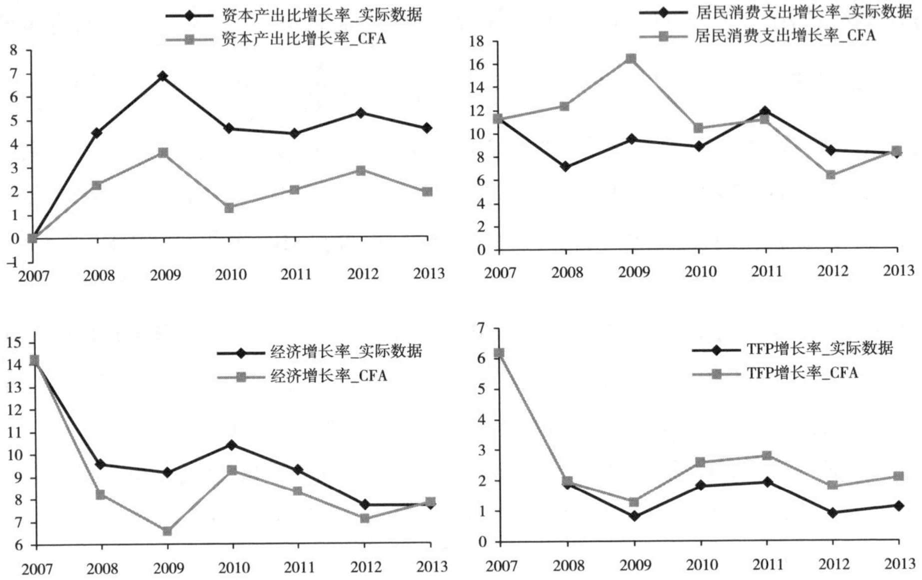

图3　2008—2013 年间我国大规模投资的影响

济总量进一步扩大而使得居民消费支出呈现一定的同步增长趋势（居民消费支出增长率分别增加了 0.73 和 2.18 个百分点），2013 年模拟的消费支出增长率相比于实际数据又有所降低（低 0.12 个百分点）。

综合而言，图 3 结果表明，2008—2013 年我国投资率水平大幅攀升并维持在较高水平上不变，虽然整体上有力地缓减了金融危机对我国经济增长的负面冲击，但不利于生产效率的改进，同时也抑制了居民消费支出。并且，经济刺激计划等带来的大规模投资并未逆转经济增速不断下降的长期趋势。

七、主要结论

2008 年金融危机以来中国经济增速明显放缓，对其原因的解释和未来走势的判断，一直是国内外高度关注和广泛争论的问题，其答案有重要的政策含义。部分学者认为当前经济减速属于短期周期性波动，而部分学者则认为中国这一轮经济增速下滑将成为较长时间内的结构性趋势。实际上，2008 年以来中国经济增长下滑主要表现为人力资本和全要素生产率增速的双重下降。前者的影响机制非常清晰，我国人口老龄化趋势不断加剧以及全民普及“义务教育”政策已实施多年，人力资本增长的起点更高。因此，对于全要素生产率增速变动机制的深入分析，即成为理解当前中国经济增速下滑进而判断其未来走势的关键。

在以往关于我国全要素生产率的讨论中，学者基于不同的研究方法和数据对全国、地区或部门层面上的生产率进行了估计，部分研究基于指数方法对全要素生产率的变动原因进行了分解，并将其与我国改革开放背景中的制度变迁等“改革红利”联系起来理解我国经济增长。但相关研究的 TFP 估计千差万别，争议主要集中于方法的选择、可信数据的选用和数据处理的科学性方面。正基于此，我们通过详细梳理相关历史数据，借鉴和发展评估要素使用效率指标的相关方法，构建较为一致可比的指标数据集，估计了我国各省和全国层面上的全要素生产率水平。在此基础上，首先基于面板数据并借鉴垂直分解思想，从技术效率、要素有效使用和要素配置效率三个维度，识别了我国要素使用效率变动的影响因素。之后基于反事实研究法，对 2008 年以来我国全国层面上要素使用效率波动的源泉进行了分解，并模拟了 2008 年以来大规模投资在“稳增长”中的作用。

我们发现：首先，从对技术效率改善的影响的角度来看，对外开放程度对生产率有显著正向影响，而收入水平的影响则显著为负；其次，存货规模和劳动参与率通过影响要素的有效使用量，分别对生产率产生显著的负向和正向影响；再次，从对要素配置效率的影响的角度来看，政府规模对生产效率有显著负向影响，建筑安装投资对生产效率影响为负，设备购置投资的影响为正，总的投资率对生产效率存在显著的负向影响，城镇化进程的影响为正；最后，没有发现生产效率受到显著的负向周期性影响。综合而言，“后发优势”不断减弱、对外依存度大幅下降、投资率攀升且向建筑安装投资倾斜、政府规模不断扩大和劳动参与率持续降低，均是我国 2008 年以来生产率下降的重要因素，而周期性影响不是主要因素。此外，2008 年以来的经济增长更多地依赖于投资率大幅上升，不利于生产率的提升和居民消费增长。我们认为，后危机时代我国经济增速放缓将是较长时间内的必然趋势，同时进一步的改革对防止经济过度降速至关重要。

参考文献

[1] 白重恩、钱颖一、谢长泰，中国的资本回报率，《比较》，第 28 辑，2007：1—22。

[2] 白重恩、张琼，用“已知”倒推“未知”：中国全要素生产率研究展望，《中国金融评论》，2014，1：135—151。

[3] 白重恩、张琼，中国资本回报率波动机制分析，清华大学中国财政税收研究所工作论文，2014。

[4] 陈钊、陆铭、金煜，中国人力资本和教育发展的区域差异：对于面板数据的估算，《世界经济》，2004，12：25—31。

[5] 何元庆，对外开放与 TFP 增长：基于中国省际面板数据的经验研究，《经济学(季刊)》，2007，6（4）：1127—1142。

[6] 罗德明、李晔、史晋川，要素市场扭曲，资源错置与生产率，《经济研究》，2012，3：4—14。

[7] 任若恩、刘晓生，关于中国资本存量估计的一些问题，《数量经济技术经济研究》，1997，1：19—24。

[8] 史清琪、秦宝庭、陈警，技术进步与经济增长，科学技术文献出版社，1985。

[9] 魏下海、张建武，人力资本对全要素生产率增长的门槛效应研究，《中国人口科学》，2010，5：48—57。

[10] 张军、章元，对中国资本存量 K 的再估计，《经济研究》，2003，7：35—43。

[11] 张军、吴桂英、张吉鹏，中国省际物质资本存量估算：1952—2000，《经济研究》，2004，10：35—44。

[12] Abramovitz M. Resource and output trends in the United States since 1870. *American Economic Review Papers and Proceedings*, 1956, 46: 1 – 23.

[13] Aigner D, Lovell CA, Schmidt P. Formulation and estimation of stochastic frontier production function models. *Journal of Econometrics*, 1977, 6 (1): 21 – 37.

[14] Arrow KJ. The economic implications of learning by doing. *The Review of Economic Studies*, 1962, 29 (3): 155 – 173.

[15] Bai CE, Li D, Tao ZG, Wang YJ. A Multi – Task Theory of the State Enterprise Reform, *Journal of Comparative Economics*, 2000, 28 (4): 716 – 738.

[16] Bai CE, Hsieh CT, Qian Y. The Return to Capital in China. *Brookings Papers on Economic Activity*, 2006: 61 – 88.

[17] Barro R, Sala – i – Martin X., 1995. *Economic Growth* (2nd Edition). Cambridge, Massachusetts: MIT Press.

[18] Barro RJ. Notes on growth accounting. *Journal of Economic Growth*, 1999, 4 (2): 119 – 137.

[19] Benhabib J, Spiegel MM. The role of human capital in economic development evidence from aggregate cross – country data. *Journal of Monetary Economics*, 1994, 34 (2): 143 – 173.

[20] Banerjee A V, Duflo E. Growth theory through the lens of development economics. *Handbook of Economic Growth*, 2005, 1: 473 – 552.

[21] Brandt L, Van Biesebroeck J, Zhang Y. Creative accounting or creative destruction? Firm-level productivity growth in Chinese manufacturing. *Journal of Development Economic*, 2012, 97 (2): 339 – 351.

[22] Caves DW, Christensen LR, Diewert WE. The economic theory of index numbers

and the measurement of input, output, and productivity. *Econometrica*, 1982, 50 (6): 1393 – 1414.

[23] Charnes A, Cooper WW, Rhodes E. Measuring the efficiency of decision making units. *European Journal of Operational Research*, 1978, 2 (6): 429 – 444.

[24] Chen K, Wang H, Zheng Y, Jefferson GH, Rawski TG. Productivity change in Chinese industry: 1953 – 1985. *Journal of Comparative Economics*, 1988, 12 (4): 570 – 591.

[25] Chow GC. Capital formation and economic growth in China. *The Quarterly Journal of Economics*, 1993, 108 (3): 809 – 842.

[26] Chow GC, Li KW. China's Economic Growth: 1952 – 2010. *Economic Development and Cultural Change*, 2002, 51 (1): 247 – 256.

[27] Farrell MJ. The measurement of productive efficiency. *Journal of the Royal Statistical Society*. Series A (General), 1957: 253 – 290.

[28] Goldsmith RW. A perpetual inventory of national wealth. Studies in Income and Wealth, Volume 14. NBER, 1951: 5 – 74.

[29] Grossman GM, Helpman E. Trade, knowledge spillovers, and growth. *European Economic Review*, 1991, 35 (2): 517 – 526.

[30] Hadri K. Testing for stationarity in heterogeneous panel data. *Econometrics Journal*, 2000, 3: 148 – 161.

[31] Hsieh CT, Klenow PJ. Misallocation and manufacturing TFP in China and India. *The Quarterly Journal of Economics*, 2009, 124 (4): 1403 – 1448.

[32] Im KS, Pesaran MH, Shin Y. Testing for unit roots in heterogeneous panels. *Journal of Econometrics*, 2003, 115 (1): 53 – 74.

[33] Jones CI. Misallocation, economic growth, and input-output economics. National Bureau of Economic Research working paper w16742, 2011.

[34] Leibenstein H. Allocative efficiency vs. "X – efficiency". *The American Economic Review*, 1966, 56 (3): 392 – 415.

[35] Levin A, Lin CF, Chu CS. Unit root tests in panel data: asymptotic and finite – sample properties. *Journal of Econometrics*, 2002, 108 (1): 1 – 24.

[36] MacDougall GDA. THE BENEFITS AND COSTS OF PRIVATE INVESTMENT FROM ABROAD: A THEORETICAL APPROACH. Bulletin of the Oxford University Institute of Economics & Statistics, 1960, 22 (3): 189 – 211.

[37] Mankiw NG, Romer D, Weil DN. A contribution to the empirics of economic growth. *The Quarterly Journal of Economics*, 1992, 107 (2): 407 – 437.

[38] Nelson RR, Phelps ES. Investment in humans, technological diffusion, and economic growth. *The American Economic Review*, 1966, 56 (1/2): 69 – 75.

[39] Perkins DH, Rawski TG. Forecasting China's economic growth to 2025. China's great economic transformation, 2008: 829 – 86.

[40] Quesnay, F. (1766/1973), The economic table – Tableau economique, New York, Gordon Press.

[41] Romer PM. Human capital and growth: theory and evidence. Carnegie – Rochester Con-

ference Series on Public Policy. North – Holland, 1990, 32: 251 –286.

[42] Romer PM. Endogenous technological change. *Journal of Political Economy*, 1990, XCVIII: S71 – S102.

[43] Solow RM. Technical change and the aggregate production function. *The Review of Economics and Statistics*, 1957, 39 (3): 312 –320.

[44] Tinbergen J. Zur theorie der langfristigen wirtschaftsentwicklung (On the Theory of Long – term Economic Growth). Weltwirtschaftliches Archiv, 1942: 511 –549.

海外特稿

Special Feature

Comparative

经济增长的过去、现在和未来

丹尼·罗德里克

1. 引言

过去十年对于发展中国家及其贫困的公民来说都极其美好，以至于许多人将这些国家看作世界经济的救星。它们的经济以前所未有的速度扩张，造就了极端贫困的大幅缩减以及中产阶级的显著膨胀。最近，发展中国家和发达国家的增长率差距增至 5 个百分点，部分是由富裕国家的经济下滑导致的（图 1.1）。中国、印度和少数其他亚洲国家经济增长的表现最好，拉丁美洲和非洲经济增长也有所恢复，正赶超（而且往往超越了）1950 年代和 1960 年代所经历的增长速度（图 1.2）。

经济增长是改善发展中国家公民生活水平和提高预期寿命的先决条件。最近的增长表现能否持续至未来，果断地扭转 19 世纪以来世界分化为富国和穷国的“大分流”?

在回答这个问题时，乐观者会认为，发展中国家应改善政府治理和宏观经济政策；要充分利用经济全球化的潜力，通过外包和技术转让在贫困地区培育新兴产业。悲观者则发愁于富裕国家对世界经济的拖累，全球化面临的威胁，以及工业化后起之秀的国家必须克服的、来自中国以及其他老牌出口国的竞争压力。

---

* Dani Rodrik，普林斯顿高等研究院教授。

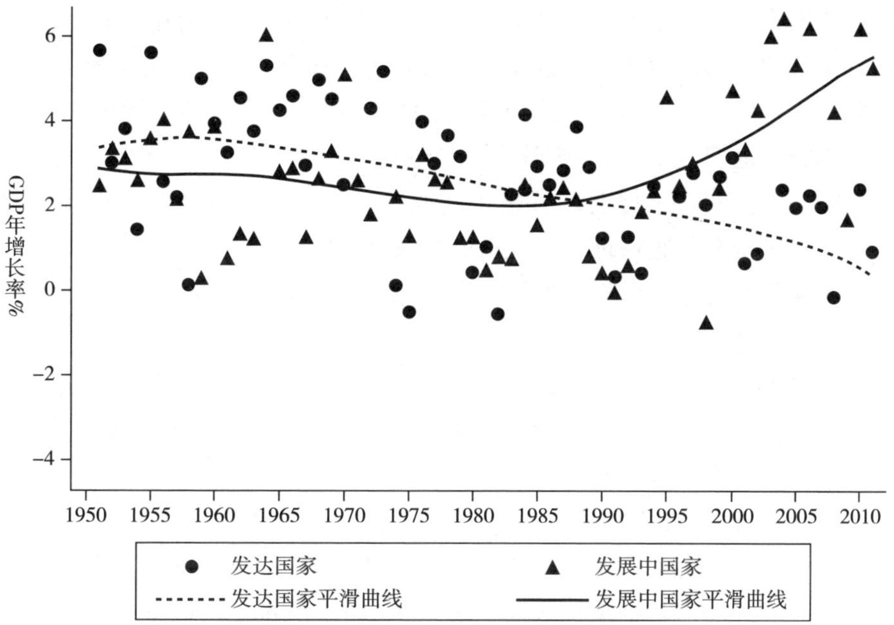

图 1.1　1950—2011 年发展中国家和发达国家的增长趋势

资料来源：Rodrik（2011b）自己搜集的数据，有更新

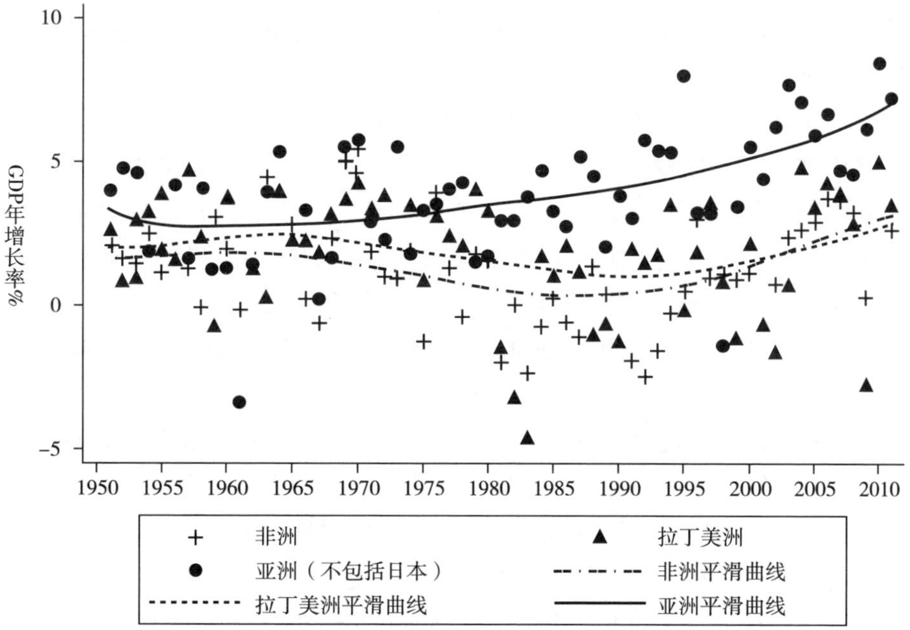

图 1.2　1950—2011 年按地区划分的发展中国家的增长趋势

资料来源：Rodrik（2011b）搜集的数据，有更新

这些因素（或许还有其他因素）的权重取决于一个人对落后国家经济增长最终动力的看法。对于未来世界的发展方向，外推法并不一定奏效。

我们也可以换一个角度看待经济增长的可持续性问题：各国和全球范围内什么样的制度框架变革最有利于快速增长和相互趋同？这是关于所需政策的规范性而非实证性问题。但要回答这个问题同样需要弄明白增长的驱动力是什么。这个问题研究得越透彻，对政策的含义越明朗。

本文从长期视角来看经济增长，以加深对经济增长主要驱动力和约束力的理解。

本文给出了一个由经验证据推动的分析框架，并用传统的经济学方法来分析经济增长。尽管在许多方面都很正统，但框架强调某些不同的战略重点，以更好地分析发展中国家的异质性增长。

本文强调了增长背后的两个主要推动力。一是以人力资本和制度为表现形式的基础能力的发展。长期增长最终要依赖于这些能力的积累——从教育卫生到更好的监管框架和政府治理（Acemoglu and Robinson，2012；Allen and others，2013；Behrman and Kohler，2013）。但是基础能力是多维度的，初始成本很高，并表现出互补性。因此，投资于此往往收效甚微，直至积累出充分的、广泛的能力，也就是说，直至发展过程的相对后期。依靠基础能力积累的增长是缓慢的、旷日持久的。

二是结构转型，即新兴（更高生产率）产业的诞生和扩张，劳动力从传统或低生产率活动转移至现代化的生产活动。除非自然资源丰裕，极高的增长率几乎都是结构快速转型特别是工业化的结果。所谓增长奇迹就是在基础能力水平低下时由工业化促进的快速经济增长：贫穷国家即使技能较低，制度不健全，也可以经历结构转型。这有助于解释“二战”后东亚国家的经济快速起飞，从 1950 年代末期的中国台湾地区到 1970 年代末期的中国大陆。

积累基础能力所需的政策和促进结构变化所需的政策无疑会有重叠，但它们是不同的。第一类政策要求在技能、教育、管理能力、政府治理等更广范围内的投资；第二类则可以采取范围较窄的、有针对性的补救措施。如果宏观经济不稳定，产权保护不利，新兴产业就不会出现。但一国也无须达到瑞典那样高质量的制度水平，才能够在许多制造业领域同瑞典生产商竞争。此外，正如我将在下面所探讨的，培育新兴产业往往需要与基础能力有所冲突的非常规次优政策。一旦成功，非正统的政策会发挥恰当的作用，因为它们可以弥补基础能力的不足。

随着经济发展，现代和传统部门之间的二元结构消失，整个经济活动变得更为复杂。相应的，两个驱动力以及一系列支撑政策交汇在一起。基础能力超过结构转型成为主导力量。换句话说，如果强劲的基础能力没有最终发挥作用，由结构转型推动的增长会摇摇欲坠，不堪一击。

本文的结构如下：接下来的第 2 部分描述近期经济增长表现对全球收入分配的影响。从分析中得出的显著事实是，发展中国家的经济增长（尤其是中国）对全球的“平均公民”来说是一种福音，已在全球范围内催生出一个新的中产阶级。第 3 部分考察经济史，突出反映不同的工业化模式导致的世界经济核心和边缘之间的巨大贫富差异。第 4 部分总结了迄今为止的经济增长记录中的六条经验规律（“典型化事实”）。其中的关键是制造业中存在劳动生产率的无条件趋同。第 5 部分根据这些经验规律来解释成功国家的政策经验。第 6 部分提出一个明确的分析框架，区分三种不同类型的经济部门：技术停滞的传统行业；生产率取决于（增长迟缓的）基础能力的现代服务业；受益于非常规趋同的工业部门。第 7 部分根据能力演化和结构转型速度，运用分框架提出一个“2 ×2”型的增长结果。分析四种情形：无增长、缓慢增长、阶段式增长和快速可持续增长。第 8 部分分析了限制工业化的因素。第 9 部分检验了工业化的数量限制，将分析框架扩展至全球供应链（第 9 部分）和自然资源出口国（第 10 部分），随后是预测（第 11 部分）和政策含义的讨论（第 12 部分）。

2. “平均人”是如何做的？增长和全球收入分配

“平均人”可以被定义为处于全球收入分配中间位置的人，即在全球经济中处于中等收入水平的人。衡量全球不平等程度的一种方法是将中位收入和全球平均收入（即人均全球生产总值）进行比较。如果收入分配均等，中位收入和平均收入相同。全球经济越是不平等，两者的差距越大。如表 2. 1 所示，将世界作为一个整体，两者的差距是非常大的，甚至是世界上收入最不平等社会（如巴西）的两倍。因此全球不平等要远高于一国内部的不平等。①

---

① 根据世界银行的 Branko Milannovic 整理的数据计算而得（Milannovic，2011）。由于数据来自全国住户调查，与人均 GDP 统计数据中反映的收入水平不匹配（一般来说都低于 GDP 统计中的收入水平）。

表 2.1 1988 年和 2005 年世界和样本国家的中位收入和平均收入 （单位：美元）

经济体	中位收入	平均收入	比率
世界			
1988	846	3523	4.16
2005	1209	3946	3.26
增长百分比	42.9%	12.0%	n. a.
美国			
1988	12327	14819	1.20
2005	15664	20001	1.28
增长百分比	27.1%	35.0%	n. a.
中国			
1988	310	361	1.16
2005	1013	1303	1.29
增长百分比	226.8%	260.9%	n. a.
巴西			
1988	1901	4030	2.12
2005	2107	3890	1.85
增长百分比	10.8%	-3.5%	n. a.

注：n. a. 表示没有可用数据。

资料来源：作者基于 Milanovic（2011）整理的数据计算而得

好消息是，这一比例自 1980 年代以来显著下降。主要是受全球中位收入增幅远超平均收入增幅的推动。1988 年，全球中位收入为 846 美元（按照 2005 年购买力平价调整后的美元计算）。到 2005 年，全球中位收入已经升至 1209 美元，在不到 20 年时间内增长了 43%。同期全球平均收入的增幅仅为 12%（从 3523 美元增至 3946 美元）。因此，全球不平等程度大幅降低，至少这一指标测量的结果确实如此，① 尽管全球最大的经济体（如美国和中国，而不是巴西）内部的不平等有所上升（如表 2.1 所示）。

图 2.1 显示了 1998 年和 2005 年全球人际收入分配的变化。② 图中分布曲线向右偏移，表明平均收入上升。更引人注目的是分配形状的变化。1988 年，全球分配在两端呈现明显的凸起，一个是贫穷国家的，另一个是富裕国家的

① 如表 2.2 所示，有些衡量指标显示全球不平等加剧了。

② 将国家内部收入按 10 分位或 20 分位记（取决于数据可获得性）进行核密度平滑处理得到这一分布。

（后者凸起不如前者明显）。到2005年，两个凸起几乎都消失了，在收入分配的中间融合。两个时间段之间的变化主要是因为中国，这个在1980年代贫困人口占世界很大比例的国家，已经填补了收入分配的中间部分。自1980年代起，中国已经从一个大部分人口的收入水平低于全球中位收入的贫穷国家，转变为一个国内中位收入水平赶超全球中位收入的中等收入国家（见表2.1）。如今，中国的收入分布位于全球收入分配的中间位置。因此全球经济现在拥有了一个更庞大的中产阶级，其中中国家庭占了很大一部分。

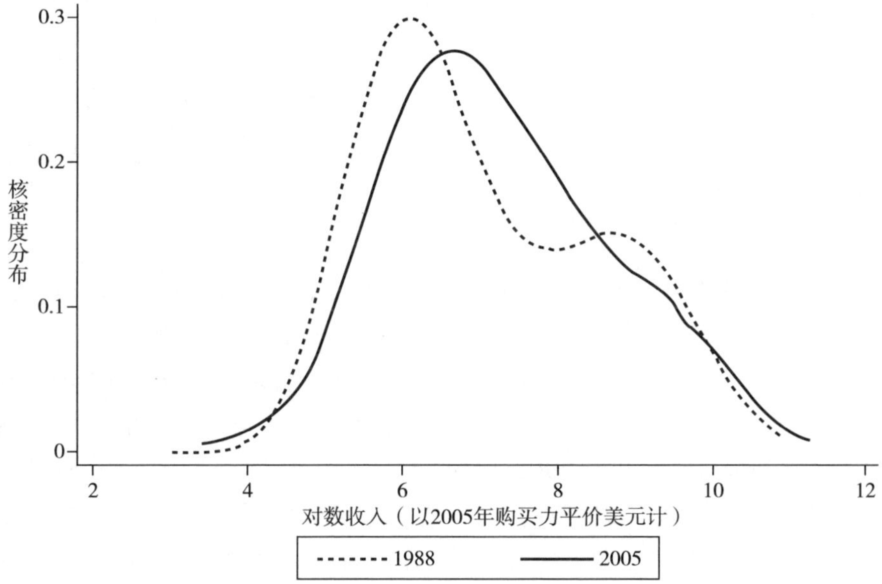

图2.1　1988年和2005年全球收入分配

资料来源：作者基于 Milanovic（2011）的数据计算而得

中国经济增长对全球收入分配的影响反映出全球不平等的一个重要特征，即大部分的全球不平等是由国家间平均收入的差异而不是国家内部收入的差异造成的。相关数据可参见表2.2，表中将全球不平等分解为国家内部成分和国家间成分。基于比平均收入—中位数收入比率更多的信息，表2.2展示了不平等的三种测量方法：基尼系数、对数偏差均值和泰尔指数。其中只有后两种是可分解的。根据测量方法和时间段，国家间的不平等——即国家间人均收入的差异——解释了全球收入不平等的75%—80%；国家内部收入不平等仅占1/4或更少。正是由于这个原因，中国经济的快速增长使全球中产阶级迅速扩张，尽管中国内部的收入不平等再加剧。

表 2.2　1998 年和 2005 年全球不平等分解

	基尼系数	对数偏差均值	泰尔指数
1988			
全部不平等	0.69	1.07	0.89
国内不平等占比（%）	无	19.4	22.0
国家间不平等占比（%）	无	80.6	78.0
2005			
全部不平等	0.70	1.04	0.95
国内不平等占比（%）	n. a.	26.5	26.5
国家间不平等占比（%）	n. a.	73.5	73.5

注：n. a. 表示没有可用数据。

资料来源：作者基于 Milanovic（2011）的数据计算而得

更长期的视角可以通过将这些数据与布吉尼翁和莫里森（Bourguignon and Morrisson，2002）提供的全球收入分配历史证据相结合得出，这些历史证据可以追溯到 19 世纪早期。全球不平等中的国内不平等成分长期保持相对稳定。但国家间不平等成分却大幅攀升，从 1820 年的 5% 提高到 1929 年的 33%，再攀升至 2005 年的 76%（图 2.2）。国家间不平等所占全球不平等的份额从 1820 年的 12% 增至 2005 年的 73%。由于世界各地的经济增长模式各不相同，一个人的出生国越来越决定了他的经济财富（Milanovic，2011）。

为了把这一点讲清楚，我经常询问读者是愿意做一个穷国的富人，还是一个富国的穷人？为了明晰这个问题，我阐释了此处“富人”和“穷人”的含义。我告诉他们，所谓富人是指位于一国收入分配中的前 10%，穷人则位于一国收入分配中的后 10%。同样，按照人均收入排名，富裕国家位列所有国家的最高 10% 组，贫穷国家位列最低 10% 组。他们将如何选择？

大多数人会毫不迟疑地选择做一个穷国的富人，这是错误的选择。正确的选择是“做富国的穷人”，做一个穷国的富人远不如做一个富国的穷人。依照上面的划分，按购买力平价在国家间进行调整后，富国的“平均”穷人的收入是穷国“平均”富人的 3 倍（Rodrik，2011b）。其他福利方面的差异，比如

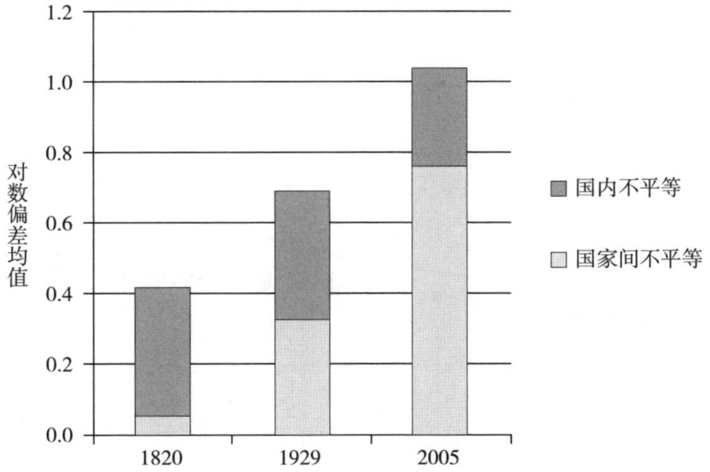

图 2.2　1820—2005 年全球收入不平等

资料来源：作者基于 Milanovic（2011）的数据计算而得

婴儿死亡率，也有类似的差距。因此，一个富国的穷人要比一个穷国的富人好得多。

当然，穷国也有自己的超级富豪，但这些超级富豪家庭在穷国仅占非常小的比例——或许不会超过总人口的万分之一。当将收入分配规模扩大至包括一个典型穷国最高收入 10% 的人群时，所达到的收入水平不过是一个富国最贫困人口收入的一小部分而已。国家间的收入差距（以及健康和其他福利指数）要比国家内部大得多。你的出生国很大程度上决定了你的可能生活。

观察国家层面总经济增长的强大影响力的另一种方法是，比较不同时点的收入分配水平。图 2.3 按照 10 分位或 20 分位（取决于数据的可获得性）描绘了 1988 年和 2005 年巴西、中国、印度、美国的收入水平。印度和中国的比较特别能说明问题。1988 年，印度每个 10 分位的收入水平都要稍高于中国相应 10 分位的收入水平。到 2005 年，在收入分配的所有点上，中国已经远超印度。同样，1988 年任意中国 20 分位的收入水平要低于全球相应 20 分位的收入水平。到 2005 年，中国较贫穷的一半人群的收入水平已经高于全球一半低收入群体的收入水平。

从全球收入分配的最新证据中可以得出以下三个结论：

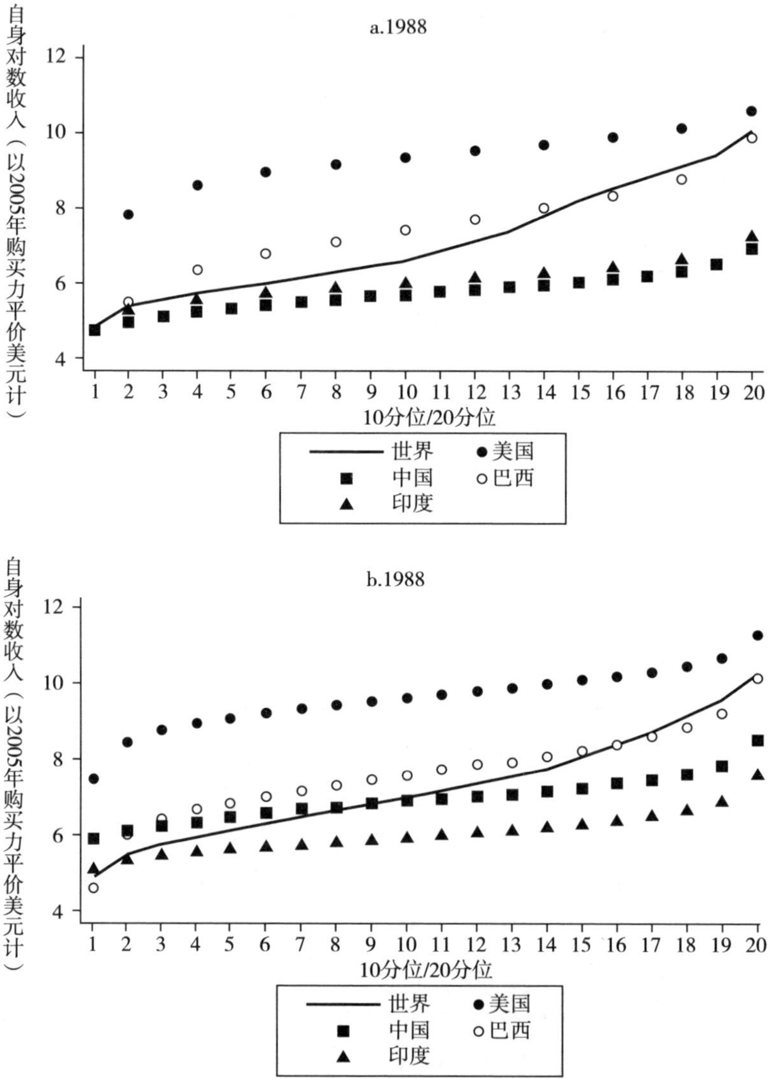

图 2.3　1988 年和 2005 年，世界和样本国家的收入分配

资料来源：作者基于 Milanovic（2011）的数据计算而得

- 全球收入分配的中间位置近几十年来已被填满，这在很大程度上要归功于中国的崛起。
- 各国平均收入水平的差异仍然是全球不平等背后的主导力量。
- 最贫穷国家的总经济增长是降低全球不平等最强有力的工具。自 1990 年代以来，贫穷国家更快速的经济增长已成为降低全球不平等的关键。

3. 长期增长：工业化与大分流

工业革命到来之前，世界上最富有和最贫穷的经济体之间的差距大约为2∶1，在全球不平等中，国家间不平等的成分很小。如今，世界上最富有和最贫穷的经济体之间的差距已经超过80∶1。这期间世界部分经济体，如西欧、美国、日本和其他一些国家实现了经济起飞，而世界其他地区增长却十分缓慢，虽然经历短暂增长但通常是在倒退（图3.1）。兰特·普里切特（Lant Pritchett，1997）将这个过程称为“大分流时代”。

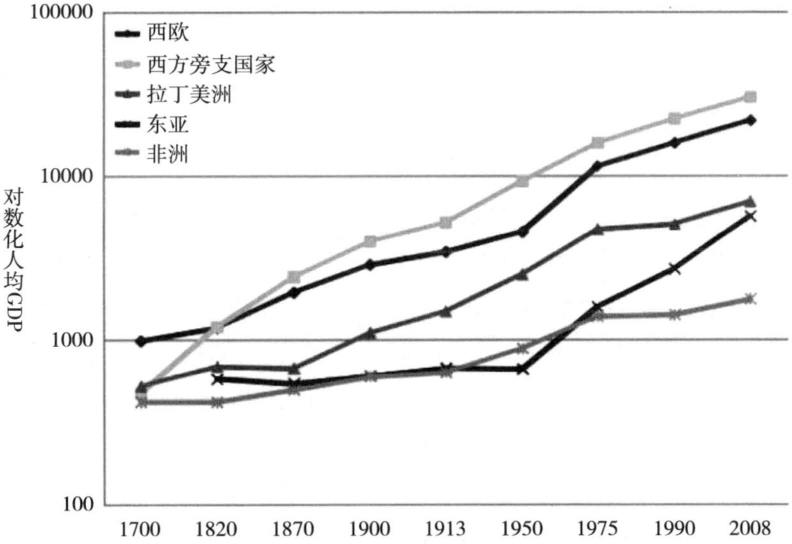

图3.1　1700年以来按地区划分的经济增长

资料来源：Maddison（2010）

没有比从全球不同地区的工业化经历来分析“大分流”更好的视角了。表3.1提供了一些有趣的数据，来自保罗·贝罗奇所做的开创性工作（Bairoch，1982）。为了便于跨地区和跨时期的比较，将1900年英国人均工业产值固定为100。1750年，工业革命到来之际，这一指数在英国为10，现在的发达国家在当时为8。现在的发达国家和现在所谓的发展中国家两者在1750年的人均工业产值指数几乎没有差别。当时，中国的工业化水平与西欧相当。

表 3.1　第一次世界大战前人均工业产值指数（英国 =1900 年为 100）

国家	1750	1800	1830	1860	1880	1900	1913
发达国家	8	8	11	16	24	35	55
英国	10	16	25	64	87	100	115
美国	4	9	14	21	38	69	126
德国	8	8	9	15	25	52	85
日本	7	7	7	7	9	12	20
发展中国家	7	6	6	4	3	2	2
中国	8	6	6	4	4	3	3
印度	7	6	6	3	2	1	2
巴西	—	—	—	4	4	5	7
墨西哥	—	—	—	5	4	5	7

注："—" 表述数据不可得。

资料来源：Bairoch（1982）

从 19 世纪起，该指数开始以惊人的速度拉开差距。英国人均工业产值指数从 1750 年的 10 上升至 1860 年的 64，随后在第一次世界大战前夕又增至 115。发达国家作为一个整体，基本上沿着一条类似的、较平缓的轨迹上升。但是，真正引人注目的不仅在于发达国家和拉丁美洲以及亚洲（日本除外）之间的差距越拉越大，而是在于今天的发展中国家几乎都经历了去工业化。中国人均工业产值指数从 1750 年的 8 缩减至 1913 年的 3，同一时期印度则从 7 跌至 2。数值下降是因为工业产出未能跟上人口增长的步伐。

罪魁祸首是 19 世纪第一个全球化时期促进的全球劳动分工。来自欧洲以及后来来自美国的廉价制造业产品，特别是棉纺织品，充斥了周边地区以原料和自然资源为主的市场。例如，在奥斯曼帝国，到 1870 年代，进口的棉纺织品已经接近国内纺织市场 75% 的份额，而 1820 年代仅占 3%（Pamuk and Williamson，2009）。这次全球劳动分工不仅是由市场力量推动的，而且也是由正式和非正式的帝国势力推动的：欧洲列强，以及后来的美国，轰开了印度、中国、日本和奥斯曼帝国的国门，强迫它们开放市场，而且它们的海军可以确保商人和金融家的安全。

世界上接受工业革命的地区拥有两种共同优势。① 第一，它们拥有足够的

① 本节其余部门大量借鉴了 Rodrik（2011b）第 7 章的内容。

接受过相对良好教育的、有一定技能的工人，可以满足新式工厂运行的需要。第二，它们的制度比较健全：运行良好的法律体系，稳定的政局，对国家征用的限制，这激励了私人投资和市场扩张。有了这些前提条件，大部分欧洲大陆很容易吸收英国开发和应用的新型生产技术。其他地区，工业化依靠“进口”技能和制度。

洲际劳动力流动是一个巨大优势。凡是欧洲人大量定居的地区，他们都给当地带去了技能，推动制度朝更具代表性和市场友好型的方向发展，促使经济活动符合他们的自身利益。但对原住民造成的后果却是灾难性的，原住民在欧洲的侵略中大量消亡。但是在被经济史学家安格斯·麦迪森（Angus Maddison，2001）称作“西方旁支”的地区，即美国、加拿大、澳大利亚和新西兰，却能够获得先决条件，这主要归功于大规模的移民。在大规模欧洲资本流入的支持下，这些经济体最终成为工业的“核心”地区。

殖民化对世界其他地区的影响却有很大差别。当欧洲人遇到阻止他们大规模定居的不友好情况时，或者需要大量人工开采自然资源时，他们设置的制度完全不同于针对西方旁支的制度。设计这些纯粹的“榨取式”制度是为了尽可能廉价地将原材料运往工业化核心地区。这导致了极大的财富和权力不平等，使得极少数社会精英——通常是白种人和欧洲人，统治数量庞大的原住民或奴隶。建立在榨取模式基础上的殖民统治几乎无益于保护普遍产权，也不利于支持市场开发或刺激其他经济活动。加勒比地区种植园经济模式和非洲矿业经济模式是典型的例子。经济学家和经济史学家的研究证实，这种制度发展的早期经验——或者是制度缺失——对非洲和拉丁美洲产生的负面效应，时至今日仍然存在（Engerman and Sokoloff，1997；Acemoglu、Johnson and Robinson，2001）。

一旦工业化国家和原材料输出国之间拉开距离，强劲的经济动力会进一步加大这一距离。原材料输出国实现经济多元化的激励或机会非常小。随着19世纪运输成本的下降和工业化核心国家的需求增长，这些国家经历了商品繁荣。这种繁荣有利于攫取了矿产和种植园的少数人，但不利于制造业，制造业受到了挤压。国际贸易正如教科书中的模型那样：那些拥有比较优势的国家利润增加，拥有比较劣势的地区利润减少。

国际贸易促使工业化国家持续投资于技能、技术和经济增长的其他推动因素。由于现代制造业部门给技能带来了高回报，这鼓励了家庭少生优育。外国发展中国家的情形正好相反，专注于初级商品生产并不鼓励技能积累，也延迟了生育率和人口增长率的下降：直到20世纪发展中国家的出生率仍然居高不下，不像工业化国家，在19世纪末就经历了生育率的大幅下降。用经济学家奥戴德·盖勒等人（Oded Galor and Andrew Mountford，2008）的话来说，原材料出口国以生产率为代价换取人口增长。发展中国家依然在试图摆脱这种劳动分工的长期影响。根据1914年之前第一个非西方国家实现工业化的经验来看，摆脱这种后果是可能的，这个国家是日本。

19世纪中叶，日本和其他外围国家没有什么两样。它主要依靠出口原材料——生丝、纱线、茶叶和鱼类——来换取制成品。在1854年美国海军准将佩里（Commodore Perry）强迫日本开放和自由贸易后，日本商业蓬勃发展。如果任其自行发展的话，日本或许会和其他外围国家走一样的发展道路。但日本本土拥有一群受过良好教育的爱国实业家和商人，更重要的是，1868年明治维新后的政府一心一意想搞经济（和政治）现代化。那时的日本政府面对西方政治精英中盛行的自由放任思想毫不动摇。日本官僚明确表示，国家在经济发展中具有重要作用。

明治时期的官僚推行改革的目的是建设现代国民经济需要的基础设施：统一的货币、铁路、公共教育、银行业和其他立法。在今天所称的产业政策方面也做出很多努力：国家努力促进新兴产业的发展。日本政府在许多领域成立并运营国有企业，包括棉纺织品和造船业。尽管很多企业以失败告终，但它们起到了重要的示范效应，同时培养了许多熟练技工和管理人员，这些人随后将这些技能应用于私人企业运营中。国有企业最终被私有化，促使私营部门在国有部门基础上成立。政府还出资聘用外国技术人员，购买技术，并资助日本学生出国接受培训。此外，随着日本从国际条约中恢复关税自主权，政府提高很多工业品的关税，以鼓励本国制造。这些努力在棉纺织业中的效果最为显著：到1914年，日本已经拥有世界一流的棉纺织业，不仅取代了本国市场甚至还取代了亚洲邻国市场上的英国进口棉纺织品。

日本在二战中奉行的军国主义和扩张主义政策抹杀了它所取得的成就，但该国在经济方面取得的成就表明，也可以通过另外的途径实现工业化，使一国经济摆脱对原材料生产的依赖。即使一国最初面临的国际劳动分工不利，但如果有一个意志坚定且努力促进经济发展的政府，以及充满活力的私营部门，也可以实现经济增长。

日本的经验可以成为东亚和东南亚其他国家的一个榜样。尽管具体政策有所不同，这些模仿者都依赖于和日本相同的出口导向型的工业化模式，通过私营部门的企业家精神和政府诱导的共同作用得以实现（唯一的例外是中国香港，政府对产业的干预仍然很小）。下面我会着重探讨这些增长策略。

4. 经济增长的六个典型化事实

日本和其他亚洲国家的经济增长奇迹导致了一种看似永无止境的争论。这些国家是成功的国家指导型工业化的案例吗？或者是依靠市场和全球化所推动的工业化的案例吗？沿此思路，这一问题会引起更多关注。真正起作用的是市场和政府支持两者明智的组合，而不是牺牲其中之一。

但是，为什么需要这种组合，“明智的”含义究竟是什么，这一理念是如何操作的？为了回答这些问题，还需要从经济增长的一些基本的典型化事实开始说起。本部分选取与政策背景特别相关的六个典型化事实。接下来的部分会对这些典型化事实进行解读，并基于这一经验背景，试图弄清楚世界各地的成功与失败。

典型化事实 1：增长随时间的推移不断攀升

当工业革命席卷英国和其他早期工业化国家时，经济活动的生产率增长非常缓慢，几乎觉察不到。当前，很难精确界定工业革命或者现代经济增长的开端时间，因为根本不存在清晰的时间分界线。经济史学家估计 1780 年后的那个世纪内，全要素生产率以 0.5% 的年增长率不断提升。这种增长显然要比前几个世纪中几近零增长率的技术进步好得多，但这仅仅是 20 世纪下半叶工业化国家所经历的一部分而已。

图 4.1 描绘了随时间推移增长率的情况，图中给出了将世界作为一个整体的情况，也给出了表现特别成功的国家的情况。图中显示了每个时期世界经济平均增长率和经济增长最快经济体的增长率。二战之前，最成功的时期是 1870—1913 年，即金本位时期，期间人均 GDP 以超过 1% 的年均增长率在扩大。这一比率与 1950 年代以后的扩张相比，就相形见绌了，1950 年代到 1970 年代中期，世界年均增长率接近 3%。尽管 1970 年代的石油危机后，增长率有所下降，但仍远远超过二战之前的速度。

图 4.1 中表现尤为突出的是二战后经历了史无前例的惊人增长率的国家：

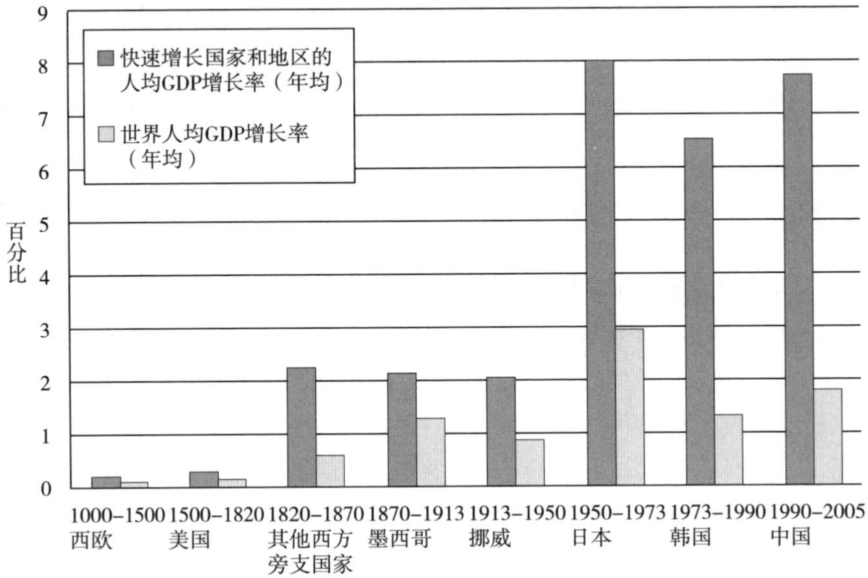

图 4.1　世界以及特别成功的国家的历史增长率

资料来源：Maddison（2010）

1950—1973 年间的日本，1973—1990 年间的韩国，以及 1990 年以来的中国。这些"东亚虎"以及一些邻国，人均 GDP 年均增长率达到了 7%—8%，生活水平快速趋同于西方。这些增长奇迹源于快速的工业化和制成品出口。显然，战后全球经济为那些采取正确政策的落后国家带来了丰厚的回报。

典型化事实 2：趋同是例外而非规律

经济史学家和当代增长理论家认为，经济落后国家也有其优势：可以引进和采用先进国家开发的技术，可以抄近路追赶。全球市场使小型经济体可以专注于它们擅长的领域，全球市场上有充足的资本和廉价的中间投入品。全球金融市场为投资扩大了资金来源，而不仅仅依靠国内储蓄。

然而在实践中，极少发展中国家能够利用这些优势。东亚经济增长领先国家的经验是规律中的例外。与理论预期相反，并没有趋势显示贫穷经济体的增长速度超过富裕经济体。过去十年的经验根本不足以代表历史。透过足够长的时间跨度就能发现，各国经济增长率与其初始生产率或与技术前沿的距离（图 4.2）基本不相关。中等收入国家或富裕国家可能与贫穷国家一样经历快速的增长。

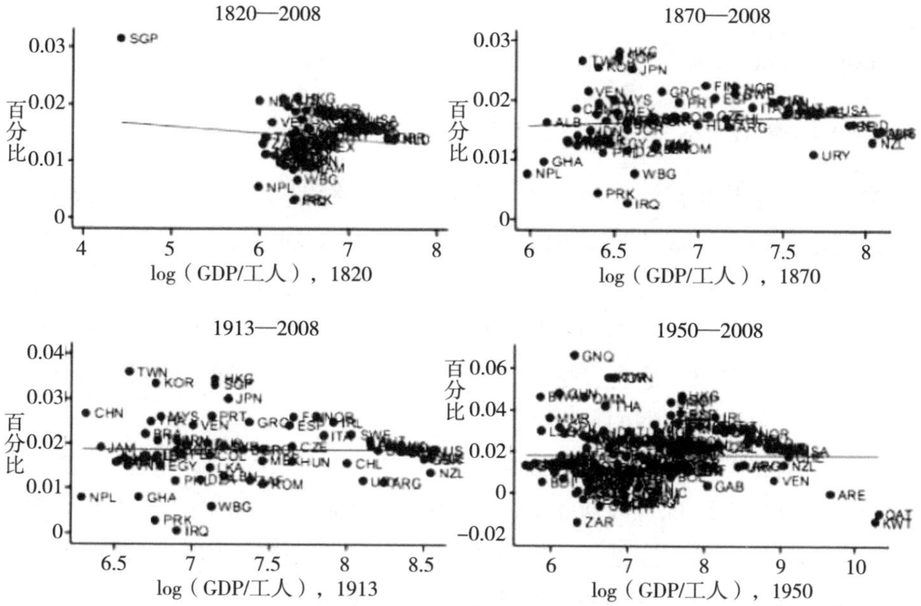

图 4.2　增长相同，无趋同的趋势

资料来源：作者根据 Maddison（2010）的数据计算而得

在经济增长经验研究文献中，这种结果被称为缺乏“无条件”趋同，与“条件”趋同不同，后者在跨国数据方面具有较强的规律。当增长率用一部分变量如人力资本、投资、制度水平、贸易开放度、宏观经济稳定性等来控制时，增长残差与初始人均 GDP 水平呈系统性负相关关系。巴罗（Barro，2012）的经验分析将条件趋同率确定为每年 2% 左右。换言之，只有在条件变量相似的国家中，经济趋同才会出现。

条件趋同的结果乍看起来是有用的，能够揭开经济增长的秘密。不幸的是，在增长回归模型中通常被引入的条件变量本身可能就是增长的结果或内生变量，对推动增长所需要的具体政策而言，没有现实意义。例如，它可能有助于说明高水平的投资和人力资本或更好的制度能够促进经济增长，但并没有说明，如何才能实现这些条件。到底要怎样增加人力资本：是建造更多的学校，降低教师缺勤率，还是向父母提供更好的信息？是通过减少行政审批还是提供税收优惠来推动私人投资？是通过借鉴国外的法律和制度还是通过设计本国方案来提高治理能力？从政策的角度来看，这些问题最终都必须得到解决。

不幸的是，运用直接政策变量的计量经济学分析并未产生有用的结果。政策改革背景性极强，不允许大而化之（Rodrik，2007；Commission on Growth and Development，2008）。下面我将会详细阐述这一点。

典型化事实3：经济发展与生产多元化齐头并进

贫穷经济体并非富裕经济体的缩小版，它们在结构上有很大的不同。当现代增长理论应用于发展中国家时，传统发展经济学的这一重要洞见常常被遗忘。发展中国家的特点是传统和新兴部门的生产率之间存在巨大的结构性差距。因此，发展的本质是结构转型，促使劳动力从传统的低生产率部门转移到现代的高生产率部门。后者在区位、组织、技术等方面不同于前者。快速增长的国家更易消除结构转型的瓶颈。

这种结构转型可通过多种方式来实现。一项特别重要的研究成果来自伊姆波斯和瓦奇亚克（Imbs and Wacziarg，2003），他们发现随着国家越来越富裕，其经济专业化程度逐渐降低，会越来越多元化。贫穷经济体提供商品和服务的范围相对较窄；随着不断增长，经济活动范围不断扩大。过了某一时点，多元化停止，在高收入水平上会出现更高水平的专业化。但这一转折点会出现在发展进程的后期，收入水平大致类似于爱尔兰。

从结构主义发展思路的角度来看，伊姆波斯他们的结果并不意外。然而，这的确与强调贸易和比较优势在促进经济发展中的作用的方法有些出入。毕竟，古典贸易理论的核心观点是一国从专业化生产具有比较优势的产品中获益。基于比较优势的专业化生产看起来似乎是增长的有效途径，通常被用于强调全球化收益这样的政策讨论中。无论贸易收益是什么，专业化都不是致富之路，还恰恰相反。

典型化事实4：历史上看，工业化与制成品出口是推动持续快速增长最可靠的工具

日本、韩国和中国的增长奇迹都是基于快速的工业化。其他赶超国家的情况也类似。只有极个别的小国是从自然资源中获得暴利（并且尽量不挥霍浪费这些资源）的，事实上，几乎所有经历了几十年持续快速增长的国家都是先从制造业开始。工业化是英国和其他早期模仿国迈入现代经济增长的关键，也是促使后来者赶超的关键。

表4.1列举了历史上所有经历了持续极高速增长的情况。我所定义的“极

高速增长”是指人均 GDP 的年均增长率至少为 4.5%，而“持续”是指增长至少保持 30 年。这样的实例并不多，事实上很多都少于 30 年，也正因为此才能称之为“增长奇迹”。

表 4.1　持续至少 30 年人均年增长率至少为 4.5%的经济体

1950 年前			1950 年后		
国家	三十余年中最快的年增长率（百分数）	时期	国家	三十余年中最快的年增长率（百分数）	时期
1900 年前					
澳大利亚	5.8	1823—1853	希腊	7.3	1945—1975
新西兰	7.1	1840—1870	意大利	5.9	1945—1975
			西班牙	4.9	1949—1980
			葡萄牙	4.6	1950—1980
			南斯拉夫	4.9	1952—1982
	1900—1950		以色列	4.7	1953—1983
委内瑞拉	5.5	1907—1939	爱尔兰	4.6	1976—2006
			伊拉克	5.3	1950—1980
			利比亚	7.4	1950—1980
			沙特阿拉伯	6.1	1950—1980
			阿曼	7.4	1955—1985
			博茨瓦纳	7.3	1960—1991
			赤道几内亚	9.3	1974—2004
			佛得角	5.5	1977—2007
			日本	7.4	1945—1975
			中国台湾地区	7.2	1946—1976
			朝鲜	4.7	1951—1981
			中国香港地区	6.0	1958—1988
			新加坡	6.7	1964—1995
			韩国	7.3	1965—1995
			印度尼西亚	4.7	1967—1997
			马来西亚	5.1	1967—1997
			中国大陆	6.7	1976—2007
			缅甸	4.9	1977—2007

资料来源：Rodrik（2011），基于 Maddison（2010）的数据计算

表4.1中有两个明显的重要趋势。第一，几乎所有的增长奇迹都发生在1950年之后。只有三个实例发生在1950年之前：澳大利亚和新西兰（两个西方旁支，得益于19世纪资源扩张热引发的移民潮），以及委内瑞拉（20世纪上半叶经历了石油繁荣）。相反，自1950年以来已经出现了24个不同的增长奇迹实例。这种模式与典型化事实1中所指的随着时间推移，增长率不断攀升，是一致的。

第二，大部分1950年后的增长奇迹都发生在快速工业化的国家。如表4.1所示，它们来自两个群组。一个群组包括意大利、西班牙、葡萄牙、希腊等西欧外围国家，它们首先得益于二战结束后的欧洲重建，随后又得益于欧洲一体化进程。对这一群组的大部分国家来说，这样的增长模式持续到1970年代后期。唯一的例外是爱尔兰，是1970年代后才经历了繁荣的国家。

第二个群组中包括著名的东亚和东南亚的“亚洲虎”经济体，包括日本、韩国、中国台湾地区、新加坡、中国香港地区、马来西亚和中国大陆。不同于第一个群组，这些国家并不共享（至少在初期）地理优势。但一战前日本的工业化，以及1950年代恢复经济增长的事例，为该地区提供了示范效应。韩国的战略直接受日本的影响，中国大陆则受香港地区和台湾地区的影响。东南亚的马来西亚和印度尼西亚等国看到所谓四小龙（韩国、台湾地区、香港地区和新加坡）的成功后，明确要致力于工业化。所有这些经济体几乎都发展具有高竞争力的制造业，都迅速提高了对制造业出口市场的占有率。

表4.1中第三类1950年后经历增长奇迹的国家包括沙特阿拉伯、伊拉克、博茨瓦纳等，这些国家从自然资源（石油和钻石）的持续繁荣中获益。这些情况会让人联想到1950年以前的一些情况。我会在文章的后面讨论依靠丰富的自然资源获得成功的实例。

典型化事实5：制造业“特殊之处”在于它往往表现出无条件趋同

我在典型化事实2中指出，发展中国家并没有向发达国家生产率水平趋同的趋势。然而，发展中国家的现代产业部门似乎颇为不同。正规制造业显示了令人惊讶的高度趋同性（Rodrik，2013）。图4.3中的每个点代表的是特定国家两位数制造业近十年来的经历。很明显散点图中呈现的斜率为负，即远离劳动生产率前沿的产业经历了更快速的生长率增长——即使没有控制常规变量（usual variables），如人力资本和制度水平。

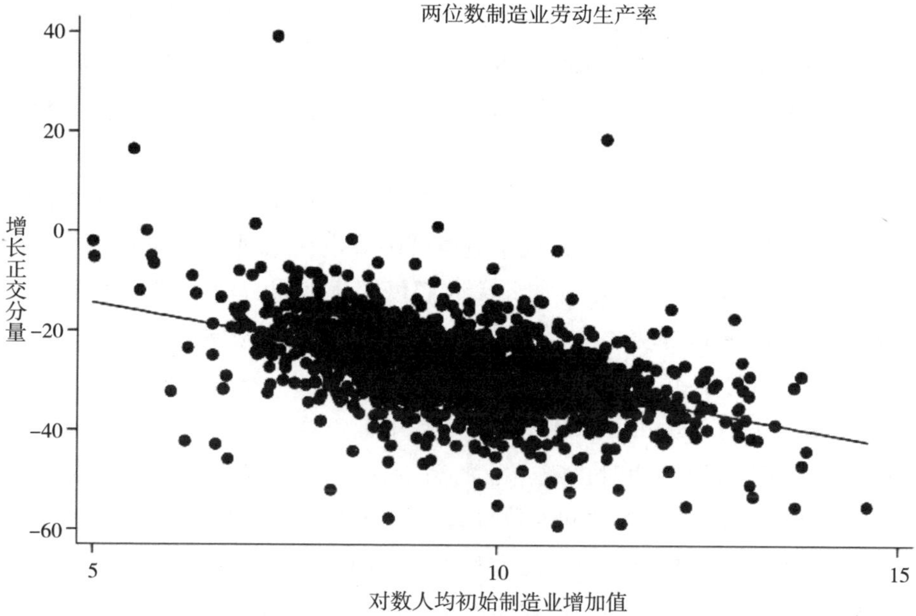

图 4.3 （正规）制造业中存在生产率无条件趋同

资料来源：Rodrik（2013）

每年的趋同率约为 2%，类似于工人人均 GDP 总量的条件趋同率，如果分解数据似乎趋同率会更高。该结果对不同的参数设定、时间段和样本似乎是稳健的（在我 2013 年的研究中，基础样本覆盖了 118 个国家和 2000 多个两位数产业的观测值）。数据（来自联合国工业发展组织）的主要缺陷是没有包括大多数贫穷国家的最小的或非正规的制造业企业。因此这一趋同结果仅适用于有组织的、正规的制造业部门。

尽管有这样的附加说明，但研究发现仍然引人瞩目。它并没有贬低好的政策或有利的外部环境的作用：如我（2013）之前所述，条件趋同率甚至更快，就意味着制度和政策较好的国家经历了更快速的制造业生产率增长（特别是，贸易较多、金融发展水平较高的国家很可能为制造业趋同提供更好的条件）。但这也表明，正规制造业是自然“提升”的产业，即使面临糟糕的政府治理、不利的政策和环境，往往也能推动经济向前发展（我 2013 年的数据包括的国家范围从位于低端的埃塞俄比亚、马拉维、马达加斯加到位于高端的日本和美国）。生产率趋同在经济的这些部门，相比其他部门，如传统农业或大部分服务业，似乎更容易实现。部分原因可能是制造业的可贸易性和跨国技术转让相对更容易。同时，制造业趋同在最近几十年内更广泛的全球化和更多地使用外包的情况下，似乎并未加快速度。1960 年代后期和 1970 年代的趋同率和 1990 年代以来的趋同率并没有太大的区别。在下文的分析框架部分我会重新谈论这些问题。

这一研究发现提出了一个难题。如果制造业呈现无条件趋同，为何不足以产生总的趋同？低收入国家的正规制造业部门规模往往很小，雇佣人数不足最贫穷国家人口总数的 5%。尽管如此，人们仍期望随着劳动力和其他资源从技术停滞的产业转移到自动“提升”的产业，可以实现国家层面的趋同。

困难之处在于，必要的结构转型不是自动实现的。这种转型过程往往充斥着政府和市场失灵（Rodrik，2008b）。实践中，正规制造业的扩张往往受阻于政府政策（如进入壁垒和对正规企业的高额税收）和市场不完善（如协作问题和学习的外部性），两者共同导致投资于现代产业的回报率要低于社会回报率。这些因素相应的权重取决于国家和内外环境。

因此，几乎所有地方的制造业生产率都有趋同的趋势。成功国家与其他国家的区别之处在于它们能够快速地扩大制造业的就业和产出。成功的发展中国家经历了制造业趋同和快速的工业化。经济表现欠佳的国家只经历制造业趋同而已。

典型化事实 6：最成功的国家并非国家干预最少的国家

图 4.4 概括了四个主要发展中国家（巴西、中国、印度和墨西哥）的经济政策。其中，过去几十年亚洲国家经济表现明显好于拉丁美洲国家。正如美国传统基金会指数评级所表明的，亚洲国家的特征还包括在国际贸易、国际金融和国内市场方面更多的政府干预。

政府的标准措施（如税率或市场限制指数）和经济增长率之间，无论从哪个方向看，都难以找到很强的相关性。很容易得出这样的结论：严重阻碍私营部门的中央计划式的极端控制不利于经济增长。但处于中央计划和自由放任之间的国家——也即世界上大多数国家——较少的干预不一定有利于经济运行。

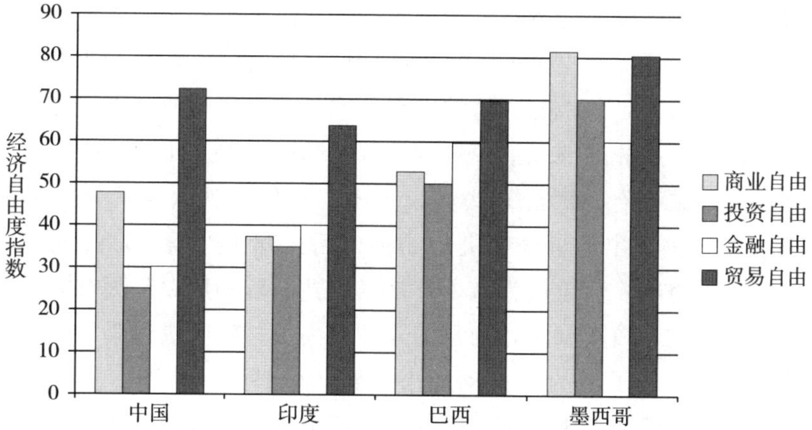

图 4.4　最成功的国家并非干预最少的国家

资料来源：http：//www. heritage. org/index/

5. 改革策略

政府失灵和市场失灵都会阻碍结构转型。相关的政府失灵众所周知：过度的管制和行政审批、高税收、腐败、限制性的劳动法、金融压制、产权保护乏力、合同执行不到位以及宏观经济不稳定。所有这些因素都会扼杀企业家精神，尤其是高度依赖制度环境的现代经济活动中的企业家精神。为解决这些问题做出的努力正是"华盛顿共识"及其后续共识等这些"正统"发展日程的核心内容。

专注于消除政府失灵的改革日程，似乎是释放可行的结构转型的最显著和最直接的方式。然而，实践中，仍然存在三个问题。

第一，关于市场失灵的盲点。新兴产业无法培育，不只是因为它们面临高税负或过多的行政审批，还在于低收入环境下的市场不足以给企业家的投资提供足够的社会回报。两个最重要的制约因素是协调失灵和示范效应（Rodrik，2008a）。当规模经济阻碍了原本有利可图的互补性投资时，便出现了协调失灵。例如，一个成功的食品加工企业既需要上游的投资（确保稳定的、高质量且符合国家健康和卫生检验标准的原材料供应），也需要下游的投资（确保与国外市场连同的高效、及时的运输和物流网络）。一个企业要盈利，各个环节都要到位，而且必须运运作良好。

示范效应是指无偿的学习溢出效应。在一个全新的经济活动领域的任何潜在投资者都必须考虑失败的风险。如果破产，他需要承担全部成本；如果成功了，他就为其他企业家树立了可以效仿的榜样。换言之，新兴产业大部分收益是社会化的，但损失是私人的。这种现象就像是对新兴产业征税一样。标准的福利经济学认为在这样的情况下，应该采取补贴或政府干预的措施。

第二，改革派政府的标准方法假设太多。自华盛顿共识的推崇者们发现1990年代在拉丁美洲出现了令人失望的结果后，列出的需要弥补的政府失灵的清单又长又不明确。清单认为减少补贴、正式的贸易壁垒和国有规模是不够的。许多经济学家和政策制定者为了消除政府失灵，呼吁进行第二代甚至第三代制度改革：从更“灵活的”劳动力市场到减少腐败，从更好的法院到更好的政府治理等。显然，如果基础制度薄弱，标准的政策改革并不会产生持久性的效果。恰当的政策需要良好的制度土壤。

因此，正统的改革议程变得越来越无定论。有时看起来，设定待办事项列表是为了确保政策建议者不会出现失误：若进行了广泛的改革后经济运行仍然不佳，就总是指责政府的不足，没有继续进行更多的改革。这种论点的典型就是2004年安妮·克鲁格（Anne Krueger）演讲的题目“本意甚好，浅尝辄止，大都失败”。按此逻辑得出的结论，这种改革路径的设计是完全无用的。本质上应该这样说“如果想变得富裕，就应该有富裕国家的样儿”。

由于大多数的正统改革具有内在互补的特性，许多分析人士会沿此进行分析。为了一项改革成功，国家需要同时进行多项其他改革。例如，如果财政制度不足以弥补贸易收入，资本市场不能够为逐渐扩张的产业部门融资，海关官员既不称职也不诚实，劳动力市场制度不能够很好地减少转型性失业，等等，贸易自由化将无法推进。

要完全看清这个问题，可以看看经济被中央计划体制高度扭曲的中国在1978年推行的传统改革议程。分析人士可能会认为恰当的改革要从农村开始，因为那里居住的人口最多。如果考虑得足够周全，分析人士也会意识到要采用传统的改革方法，即每一项改革需要获得其他改革的支持才会更有效。农业低生产率需要价格改革，这又要求产权改革的支撑。农业价格改革迫使税制改革，因为价格管制是当时政府财政收入的重要来源。由于食品价格上涨，城市居民就要求更高的工资。国家必须给国有企业一些自主权，以应对价格和工资的变化。但由于国有企业是垄断企业，任何价格自主权都必须匹配相应的提升竞争力的政策，如贸易自由化。进口的增加会逼迫企业改制，这又迫使政府要为下岗工人提供更好的金融和社会安全网。图 5.1 诠释了这些相互关联的改革的因果关系。

第三，标准方法忽视了非正统捷径的贡献。几乎没有国家的快速增长是通过刚刚讨论过的全面制度改革的方式实现的：成功的经济转型的标志是渐次放开“硬性约束”（binding constraint），采用适合当地情况的政策工具（Rodrik，2007）。正因为此，在看起来扭曲的制度环境中快速增长才有可能，而按照常规的教科书标准，任何政策补救措施都是非正统的。中国经济为这些原则提供了最具说服力的例证，但所有的东亚国家都遵循类似的改革议程。①

问题		解决途径
低农业生产率	⟶	价格自由化
生产激励	⟶	土地私有化
财政收入损失	⟶	税制改革
城市工资	⟶	公司化
垄断	⟶	贸易自由化
企业改制	⟶	金融部门改革
失业	⟶	社会保障网络
……		

图 5.1　作为反例的中国：需要什么样的正统改革

阻碍新兴产业发展的清单可能很长，政府和市场失灵都包括在内。然而，以远低于发展潜力的方式运营经济的优点在于，要产生很大的影响并不需要一切都到位。旨在放松最严格限制的补救措施便可以产生大量的投资反应。盲目地试图解决尽可能多的问题，如果没有针对性，可能未必有效。例如，如果投资的最大障碍是信贷成本高，降低产品市场的管制可能无济于事。相反，如果投资是受阻于合同执行不力，降低信贷成本反而更加有利。

接着考虑需要解除的一项特定限制。假设创业受到低私人回报的抑制，低私人回报可能是高风险的或不良的制度环境造成的。最直接的补救措施是针对

① 双轨制改革，包产到户和乡镇企业是中国人缩短制度的互补性的一些创新（Rodrik，2007）。

相关扭曲，从源头上切除。但出于经济和政治原因，这样做可能是不切实际的。经济上，可能无法准确指出有关扭曲。政治上，政策制定者可能不愿触动既得利益集团。另外一种更可行的策略是通过其他方式提高企业家的利润——通过补贴或其他政策工具——来补偿他们由于无法消除的扭曲而产生的成本。

一些为外向型工业化所做的努力都是这种次优策略的结果。韩国和中国台湾地区直接进行出口补贴。新加坡给外国投资者补贴。中国设立了经济特区，并通过直接补贴和低估的汇率间接补贴出口。毛里求斯设立出口加工区。在这些事例中，没有一例是因为进口自由化或全面的体制改革导致了向高增长的转型。

一旦成功，这种非正统的次优策略就可以从重大的经济或政治障碍中开辟出一条发展道路（Rodrik，2008c）。例如，中国的经济特区在边缘创立了新的企业和出口机会，并未触动受到高度保护但效率低下的国有企业。而传统的全面进口自由化会使这些国有企业受到严重冲击，导致城市地区的就业减少，出现社会和政治问题。同样，通过试探性的价格激励，农业中的价格双轨制改革使政府财政收入免受激励改革的不利影响。

成功的促进增长的改革的底线是求真务实，抓住机遇。特别是通常由非常规政策激励的工业化，补偿了企业家和投资者由恶劣的市场和制度环境导致的高税收。在这种次优环境下，有时干预较多比干预较少要好。对抗市场或政府失灵最有效的方式是间接地弥补这种失灵，而不是试图消除这种失灵。

6. 一个分析框架

现在我根据上面所讨论的经验背景的关键因素，构建一个分析框架。框架聚焦于经济活动的结构性差异，并将其作为发展中社会的主要特征，而将结构转型作为推动增长的关键动力。我的目的有三：明确我所构思的“增长模型”背后的一系列假设，对这些观点进行一致性检验，为探讨的未来增长议程构建分析框架。

根据各自的动态特征，我把经济划分为三个部门。第一个是传统部门（主要是自给自足的农业和非正规经济部门），该部门在发展的早期阶段雇佣了大量劳动力，但劳动生产率停滞不前。为了方便起见，将传统部门的劳动生产率与经济中的固定劳动力供给统一设定为：$y_T = l = 1$ 。

其他两个属于现代部门，一个是“制造业部门”，另外一个是“服务业部门”（这种区分既不判定这些名称下的多种活动，也不会根据下面所强调的特征互相重叠。我现在这样使用是为了确立一些观点）。服务业的劳动生产率取决于整个经济的能力，记为 θ，具体来说，θ 决定部门潜在的（或稳定状态的）劳动生产率 $y^*(\theta)$，这里服务业劳动生产率为 y_s，趋同率为 γ，

$$\widehat{y}_s = \gamma(\ln y^*(\theta) - \ln y) \quad (1)$$

y 是总体经济的劳动生产率，变量上的符号“∧”表示比例的变化（$\widehat{x} = dx/x$）。服务业生产率呈现条件趋同，每个部门长期生产率水平由该部门的能力决定。

我使用术语“能力”来代表人力资本和制度水平。内生增长和金融发展模型都将部分内生化了这种能力，尽管政策选择最终仍然是此类模型的决定性因素。我把基础能力视为发展的外生驱动力之一。我假设 θ 和 y^* 之间的关系如图 6.1 所示。潜在产出最初增长缓慢，随着技能和制度能力的积累，在 θ 达到足够高的水平之后即开始加速增长。这里我想到的是，θ 代表的能力具有多维性，而且多个维度之间具有互补性。如前所述，某一经济领域的有效改革往往需要其他改革的配合。例如，一个运行良好的医疗体系需要有恰当的激励机制，高效的服务提供机制，以及充足的医疗专业人员供给（见 Behrman 和 Kohler 2013 年关于提高人力资本有关的复杂的相互作用）。建立有效的监管机制不仅需要更高水平的人力资本，也需要更加可问责的政治体制和选贤任能的官僚文化。一个产业供应链需要供应商网络和各种各样的专业技能。提高每个领域的潜在产出所需要的具体能力很难孤立地形成。① 特别是由于服务业的非贸易性，主要依赖国内需求，其经营规模严重依赖其他部门生产率的提高（不像制造业）。一个服务业部门的改革成功需要其他部门成功改革的支持。

这种情况造成了贫困陷阱和协调失灵，而这又阻碍了现代经济活动的发展；需要“大推进”才能跳出这个怪圈（Murphy、Shleifer and Vishny，1989；Rodrik，1996；Sachs and others，2004）。“大推进”往往受规模报酬的驱动，

① 我使用的“能力”一词类似于，同样也受启发于 Hidalgo and Hausmann（2009），但我不仅将它应用于可贸易产品，也应用于非贸易的复杂服务业。Sutton 的“能力竞争”是另外一篇重要的参考文献，尽管 Sutton 所指的更多是私人企业的能力而不是整体经济的能力（Sutton，2012）。而此处我所用的“能力”只的是社会性的，而不是私人的，可被视为让所有企业获益的公共投入（Ricardo Hausmann 也是这个意思）。

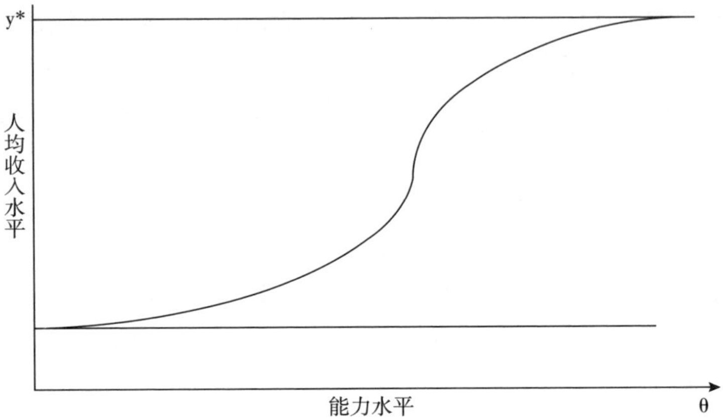

图 6.1 能力与潜在产出之间的关系

但同样的观点也适用于不同领域的制度安排互为补充，且需要初始成本的情况。不幸的是，“大爆炸”式的制度改革通常并不可行。极少数情况下是通过战争（如日本）或让渡主权（如加入欧盟的前社会主义国家）的方式实现的。在其他情况下，制度能力只能逐步积累。

制造业不同于服务业之处在于，生产率也从一个无条件趋同成分中获益。我 2013 年对这一假设进行了实证研究，该研究结果显示有组织的制造业的无条件趋同率每年约为 2%。因此，制造业的劳动生产率增长也可以用条件部分和无条件部分之和来表示：

$$\widehat{y}_M = \beta(\ln y_M^* - \ln y_M) + \gamma(\ln y^*(\theta) - \ln y) \tag{2}$$

y_M^* 表示制造业的全球生产率前沿。公式（2）意味着低生产率国家也可以出现快速的制造业生产率增长，即使该国的整体能力 θ 值很小——也就是说，即使这些国家的技能低下、政策不当、制度薄弱、区位不利。θ 值变大可以进一步促进经济增长。这一设置（specification）与我 2013 年文章一致，该文中预测条件趋同率大约是无条件趋同率的两倍。

随着制造业接近技术前沿，自动趋同效应逐渐消失。进一步提升生产率就需要一系列复杂的能力，就像现代服务业那样。

分别用 α_M、α_S、$1-\alpha_M-\alpha_S$ 表示三部门的就业比例。工人人均实际 GDP 通过各部门劳动生产率的加权平均来衡量：

$$y = \alpha_M y_M + \alpha_S y_S + (1 - \alpha_M - \alpha_S) \tag{3}$$

（为了不失普遍性，将基期相对价格统一固定。）我用 π_i 表示每个部门的相对生产率，因此 $\pi_i = y_i/y$ 。对方程（3）求微分并且两边同除以 y 就得出了工人人均 GDP 增长的表达式：

$$\begin{aligned} \widehat{y} = & (\alpha_M\pi_M + \alpha_S\pi_S)\gamma(\ln y^*(\theta) - \ln y) && (A) \\ & + \alpha_M\pi_M\beta(\ln y_M^* - \ln y_M) && (B) \\ & + (\pi_M - \pi_T)d\alpha_M && (C) \\ & + (\pi_S - \pi_T)d\alpha_S && (D) \end{aligned} \tag{4}$$

公式（4）为下面的讨论提供了组织框架。它给出了四种不同的增长渠道。第一种是伴随基础能力（如技能和良好的治理）不断积累的趋同过程（A）。这可以称之为“基础”渠道，因其依赖于对人力资本和制度安排的广泛投资。第二种是推动制造业无条件趋同的力量（B）。而通过劳动力从传统部门重新配置到更高生产率的制造业部门（C）和现代服务业部门（D），可以潜在地增强这两种动态效应。

这些渠道的力量在不同的发展阶段对推动经济增长各有差异。考虑一个位于发展初期的贫穷国家，这样的国家面临许多障碍。不仅基础能力 θ 值很小，根据 θ 值和潜在产出的对数关系，即使 θ 值逐渐变大，得到的回报也很小。因此，通过渠道 A 获得的增长最多也只能是温和的。

由于 $\ln y_M^*$ 和 $\ln y_M$ 之间巨大的差距，制造业存在强劲的趋同力量。但由于贫穷国家内仅极少数劳动力在有组织的制造业内就业（即 α_M 值很小），即使制造业增长迅速，所带来的总 GDP 增长也微不足道。

例如，假如一国位于国家间制造业劳动生产率分配的最低 10 分位，因此 $\ln y_M^* - \ln y_M \cong 2.30 = \ln(10)$ 。假设 $\alpha_M = 5\%$, $\beta = 3\%$, $\pi_M = 400\%$ ，在这样一个国家，这些数据貌似是合理的。通过渠道 B 实现的年增长仅为 1.4%（$= 0.05 \times 4 \times 0.03 \times 2.30$），尽管制造业增长率至少为 6.9%。因其在经济中所占份额极小，制造业趋同的影响力难以发挥。

在其余的两种渠道中，将劳动力重新配置到制造业部门（渠道 C）可能是目前最为重要的力量。沿用上面所使用的参数，$\pi_M - \pi_T$ 值约为 3（由于 $y_T = 1$ 以及在发展的初期阶段传统部门雇佣了大量劳动力）。因此，如果每年有 1% 的劳动力转移到制造业——东亚国家曾经设法进行的结构转型方式——增长率会提高 3 个百分点。这是纯粹的制造业趋同（渠道 B）所能取得增长的两倍。

相比之下，在低收入水平下，劳动力重新配置到服务业部门（渠道 D），几乎不会带来增长，这是因为，按照定义，贫穷国家的 θ 值和 $\ln y^*(\theta)$ 值都很小，因此 π_S 值不会超过 π_T 值很多。的确，服务业部门很可能由小型服务业和非正规活动主导。当农民迁移到城市只能从事非正规、低生产率的经济活动时，不会大幅推动经济增长。

总之，低收入国家实现快速增长的最好方式是将劳动力重新配置到正规制造业部门（渠道C），并寄希望于制造业的趋同（渠道B）。这两种渠道一起每年可以产生工人人均GDP 4%—5%的增长率。经济其他部门很难有这样的贡献，因为必要能力的积累是一个需要时间的过程。换句话说，即使一国技能低下、政府治理不利，仍然可以同瑞典的许多制造业展开竞争，但要达到瑞典那样的制度水平，可能需要一个多世纪的时间。鉴于此，快速工业化是所有增长奇迹的共同要素。

但是，工业化也有其局限性，因为制造业生产率的增速会随着愈来愈趋向于技术前沿而不断放缓（公式2），更重要的是，在实践中 α_M 有一个上限。从历史上看，α_M 很少超过30%。后面我会考虑这个上限的决定因素，这些都与需求、技术和贸易模式等相关。现在要注意的是 α_M 的上限意味着，制造业对整个经济发展驱动只有这么多。随着工业的就业比例达到上限，除非其他渠道可以继续推动，否则经济总体的增长会放缓。

理论上，基础能力 θ 可以成为经济增长的新引擎。如果所讨论的国家已经在技能和制度方面进行充分投资，使该国经济接近图6.1的拐点，就会出现这样的结果。趋同的新动力会被激活，也就是公式（4）中的渠道A和渠道D。该国会开始出现生产率增长中的“条件趋同”成分，此时，即使以去工业化为代价，将劳动力转移至服务业部门也能潜在地促进经济增长（渠道B）。在这个更加成熟的发展阶段，经济增长将更加依靠广泛的能力而不是将劳动力转移到制造业。

因此，去工业化对人力资本充足和制度健全的国家而言几乎不构成威胁。在这样的经济体内，被替代的劳动力可以被吸纳到高生产率的服务业，几乎不会对经济增长或公平性产生不利影响。

香港是经历这一过程的典型案例。作为原东亚四小龙之一，香港依靠快速的工业化和制成品出口，在1960年代和1970年代经历了快速增长。自1980年代以来，它同样经历了快速的去工业化进程。如图6.2所示，1990—2005年间制造业就业比例下降了20多个百分点，在此期间，服务业（金融、保险、物流和信息技术）发展迅速，平均生产率已经高过了制造业。此外，随着去工业化，从制造业中退出的技能劳动力和人力资本被重新配置到可贸易服务业部门。公式（4）渠道 D 的收益远远超过了渠道 C 的损失。实践证明香港的去工业化促进了经济增长。

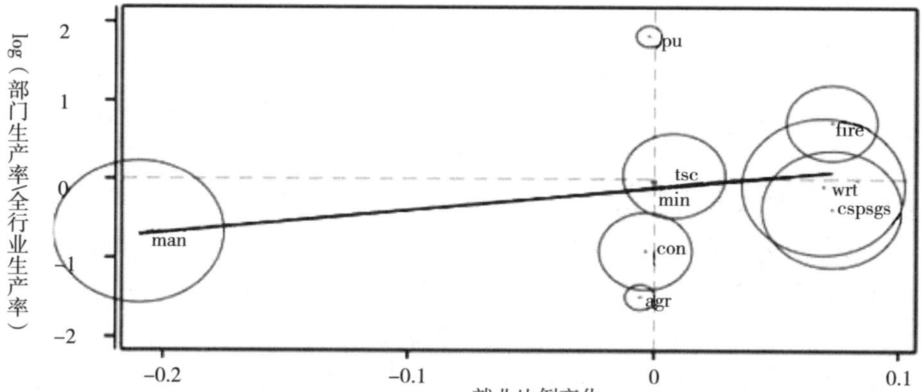

图 6.2　1990—2005 年香港的部门生产率和就业比例的变化

注：圈的大小代表了 1900 年的就业比例，线形显示的是拟合值。

资料来源：McMillan and Rodrik（2011），根据 Timmer and de Vries（2009）的原始数据整理而得

即使是在更发达的国家，虽然具备了所有的能力但分布并不合理时，这种双赢的局面往往也不会出现。例如，英国和美国的服务业（金融、商业服务和信息技术）虽然都很发达，但未能提供足够的就业机会来弥补工业部门就业机会的萎缩。低生产率服务业与先进服务业一并扩张，导致一个分叉的工资结构和增长减弱的结构转型。中等收入国家的情况更加糟糕，如阿根廷、巴西和土耳其等国，大部分劳动力仍然被先进行业拒之门外，随着制造业的就业机会的减少，除了被吸纳到非正规行业之外，选择的余地很小（McMillan and Rodik，2011）。

7. 增长结果的分类

第 6 部分展示的分析框架中有两个关键的“增长动力变量”：工业化率（$d\alpha_M$）和能力水平（θ）。结果可以通过表 7.1 中所示的 2×2 矩阵来概括，

给出了这些变量演化的四种增长结果。

表 7.1　给定工业化率和能力水平可能的增长结果

能力水平（θ）	工业化率（$d\alpha_M$）慢	工业化率（$d\alpha_M$）快
低	（1）没有或极少增长	（2）阶段式增长
高	（3）缓慢增长	（4）快速可持续增长

框（1）代表未能刺激工业就业或积累重要的人力资本和制度能力的经济体。这些经济体的表现是无增长或极少增长。大多数撒哈拉以南的低收入国家一直就是这种情形。它们偶尔经历了工业化井喷（如 1960 年代和 1970 年代早期）或商品繁荣（2000 年左右）所带来的些许增长，而且自 1990 年代以来，通过改善政府治理，多数国家的"基本能力"已经有所提高。但是工业化很大程度上已经消失，能力改善非常有限。

框（2）中的经济体经历了显著的工业化进程，从而快速增长了一段时期，但一旦工业化达到极限，最终都偃旗息鼓，因为能力 θ 值仍然很小。这种情形是"中等收入陷阱"的一种。基于进口替代型工业化实现了快速增长的许多国家最终发现它们就属于这种情况，巴西和墨西哥是典型的例子。它们的增长不成比例地依赖于"基础能力"，因此增长率仍然显著低于工业化快速发展阶段（1950—1980 年）。中国很可能最终也会发现自己属于这种情况，因其制度发展，特别是有关的政治制度发展，明显落后于工业发展。

框（3）中的经济体遵循传统的增长模式：它们非常重视人力资本积累和制度改进。但是在缺乏专门推动工业化的互补性政策的情况下，出于前面已探讨过的原因，特别是收入水平很低时，增长微不足道。这是严格遵守"华盛顿共识"以及后续共识的国家的典型命运。例如，萨尔瓦多，在 1980 年代的国内战争后，进行了广泛的制度和政治改革。批准实施新宪法、加强司法独立、强化财政、革新税收体系、开放贸易和银行业、改善对金融体系的管制和监督、私有化其大部分国有资产、改革社会保障体系、扩大并授予地方教育体系自主权。然而，除了至 1997 年的初期复苏外，收入停滞，人均 GDP 与美国之比只相当于 1970 年代末的一半多（Hausmann and Rodrik，2005）。

表 7.1 中框（4）表示的是长期成功的增长，依靠工业化驱动，一旦工业

化达到极限，不断积累的人力资本和制度水平等基础能力可以维持服务业驱动型的增长。当今先进的工业国家都属于这一类，尽管它们也感受到前面所提到的去工业化的压力。东亚经济体中，只有少数经济体可归为此类，包括韩国、香港地区和台湾地区。

除了提供一个有用的分类，表 7.1 还有助于我们理解跨国数据中更令人费解的一个特征。制度质量与人力资本水平都与收入水平高度相关，但制度和人力资本的改善并非经济增长的可靠指标。分析框架表明这种情况并不矛盾。只有那些稳步提高基础能力的国家才能逐渐致富。① 但投资于 θ，并非致富的最简便方式，至少在发展初期是如此。在发展早期是快速工业化推动了经济增长。实现快速工业化需要的政策与传统的基础能力相差很大。那些完全依赖广泛的基础能力培养的国家只能实现温和的增长，结果很容易导致这些国家偏离那些政策。

表 7.1 还阐明了在解释现有增长模式上，区分“基础能力”和“结构转型渠道”的重要性。在一二十年间经历了经济快速井喷式增长的国家往往（一般来说的确是）未能从人力资本或制度的显著优势中获益。其实存在可以弥补基础能力缺乏的捷径。专注于基础能力的观点更容易解释滞胀而不是 1960 年代的韩国以及 1970 年代后期的中国令人惊叹的经济起飞。同时，离开长期对基本能力的投资，快速增长是不可持续的。

8. 工业化的限制是什么？

工业化的极值 α_M，在分析中发挥着重要作用，因为它决定了工业化的历程。α_M 值越高，一国经济在不必依赖 θ 值的情况下持续快速发展的时期越长，或者说，在不会对增长产生不利影响的情况下留给 θ 值达到要求水平的时间越长。因此，关键的问题在于是什么决定了 α_M 的上限。

以 GDP 平减指数计价，$\varphi(<1)$ 为制造业占国内支出的比例，b 为制造业贸易盈余（以占 GDP 的比例衡量）。此前，基期相对价格固定为 1。由于需求模式取决于相对价格的变动，用 p_M 代表制成品的（相对）价格。制造业市场出

---

① 对制度质量或人力资本水平是否是推动收入增长的长期动力，争辩非常激烈，参见 Acemoglu、Robinson and Johnson（2001）与 Glaeser and others（2004）之间的争论。我对争辩保持中立，融合了二者醒目标注的“能力”。

清方程式可以表示为：

$$p_M \alpha_M y_M = \varphi(1-b)y + by \tag{5}$$

注意 $\alpha_M y_M$ 是国内生产的制成品的总量。因此，等式（5）左边表示的是生产总值，右边是对国内制成品总需求的价值。由于 $y_M/y = \pi_M$，等式（5）也可以表示为：

$$\alpha_M = \frac{1}{p_M \pi_M}[\varphi(1-b)+b] \tag{6}$$

$p_M \pi_M$ 是以价值表示的制造业的相对生产率。

为了对此方程式给出解释，首先考虑长期均衡情形，此时贸易盈余为零（$b=0$），以价值表示的跨部门相对生产率被均等化（$p_M \pi_M = 1$）。在这种均衡情形下，等式（6）简化为 $\alpha_M = \varphi$。因此，制造业就业比例的上限由制造业占国内总支出的比例决定。在各种可能的情况下，这一比例都是下降的，因为随着收入的提高，需求模式更趋向于健康、娱乐和各类专业的服务。

在发展中国家，制造业生产率通常要高于其他部门（以价值表示），导致 α_M 进一步下降。我（2003）利用联合国工业发展组织（UNIDO）的数据表明，位于国家间收入分配中间 10 分位的国家，$p_M \pi_M$ 值在 2—3 之间。如果 $p_M \pi_M = 2.5$，α_M 值仅能提高到 φ 值的 40%。

还请注意，π_M 与技能密集型和资本密集型的制造业活动直接相关。如果全球技术发展趋势要求提高制造业的技能和资本，π_M 值会上升，进一步拉低 α_M 的上限值。可以肯定的是，鉴于劳动力的成本更低，发展中国家通常更依赖劳动密集型技术。但是实践中要素可替代程度是有限的。

等式（6）的最终决定因素是制造业贸易盈余 b。由于 $\frac{d\alpha_M}{db} = \frac{1}{p_M \pi_M}(1-\varphi) > 0$，通过减少制造业贸易赤字或增加贸易盈余，制造业规模在任何收入水平上都能够增大。贸易平衡所扮演的角色是一个重要的政策考量。它使诸如本币低估的重商主义政策成为低收入国家青睐的手段，以从工业化中得到最大化的收益（Rodrik，2008b）。

9. 全球供应链和制造业变革

近年来全球经济的一个显著变化是理查德·鲍德温（Richard Baldwin，2011）所说的“第二次分离”，即促进了生产全球分布的供应链的发展。在传统工业化模式下，例如 1960 年代和 1970 年代韩国沿袭的模式，各国必须构筑产业的所有环节，从投入阶段到制成品阶段。随着交通和通信成本的下降，即使不具备大的产业基础或国内市场，各国依然可以在全球供应链上寻找自身的发展空间。中国通常被看作这种模式的典范，当然，中国两种优势都具备。库普曼等人（Koopman、Wangand Wei，2008）估计，来自国外的投入占中国出口额的一半，这一比例比其他所有国家都要高，而在技术精密的电子产品领域，这一比例甚至高达80%。中国作为苹果3G产品的组装地，只贡献了产品最终成本179美元中的6.5美元（Rassweiler，2009，引自Xing and Detert，2010）。

鲍德温（2011）认为全球生产链通过降低进入成本促进了工业化。发展中国家只需贡献廉价的劳动力即可，所有的技术要求、资本密集型的投入等可以在其他地方进行。但正因为此，工业化对发展中国家总体经济增长的驱动作用变得更小。技术吸收和溢出效应仍然由控制着供应链的国外跨国公司掌控。当地产业吸纳的就业（α_M）取决于全球供应链管理者分配给特定国家的各种外包生产量。

在这种背景下，要想充分抓住工业化带来的机遇，各国采取的政策与过去产生过作用的策略并不需要有太大的不同。问题的核心仍然是需要鼓励人们投资于那些在现有环境下私人不愿意投资的现代化产业（或其中的一部分）。近期可能需要更多地聚焦于行业中的一部分而不是整个行业，更多地专注于国外投资者而不是本地投资者。但最终我（2007，2008a）讨论了，基于公私伙伴关系的合作产业政策仍然适用。

事实上，如果不理解中国决策者针对投资制定的各种政策，不可能解释中国成功利用全球供应链的原因。这些政策包括直接补贴、国产比率要求以及本币汇率低估。当苹果公司寻找能够迅速切割一种新型玻璃模板用于iPhone屏幕的工厂时，一家中国供应商利用政府补贴已经建成了新工厂，并可以提供金融优惠和灵活劳动力供应，其他供应商很难做到。一位苹果公司的高管如是说，“现在整个供应链在中国，需要1000只橡胶垫圈？隔壁的工厂生产。需要100万个螺丝钉？距离该生产工厂一街区之隔。需要的螺丝钉有一点点不同？距离该工厂三个小时车程。”（Duhigg and Bradsher，2012）

正如这段引文所表明的，全球供应链并未消除集聚经济。中国等国家已经建成一个庞大的国内制造基地，通过集廉价劳动力、灵活的劳动力市场和政府支持于一体，它们发现自己能够更好地吸引新的投资。

10. 自然资源出口国如何适应？

自然资源行业可以被视为一种特殊的制造业：由于能够利用现成的引进技术，该行业既能够快速趋同于全球前沿，但它属于资本和技术高度密集型，因此所能吸纳劳动力有限。此外，其上下游的关联极其微弱，因而对经济其他部门的溢出效应很小。该行业产生的收入以租金或利息的形式归国家、少数（通常是外国）投资者和一些特权工人享有。采矿业和其他自然资源活动在繁荣时期可以带来快速的经济增长，其代价是收入分配高度不平等。一旦自然资源繁荣时期结束——由于资源枯竭或贸易条件恶化——经济往往会陷于崩溃。这种崩溃通常被宏观经济扭曲和与资源繁荣有关的分配冲突所放大（Rodrik，1999）。撒哈拉以南非洲和拉丁美洲的经济史充满了这种繁荣与萧条的周期循环。

理论上，可以通过自然资源财富来维持对人力资本和制度的持续投资，形成广泛的基础能力。这样做可以将自然资源繁荣转变为长期的经济成功。然而，这种转变途径往往受阻于与自然资源驱动的繁荣相关的不利的经济和政治动态。从自然资源中获得的租金满足了一小部分政治精英团体，其权力来自政治垄断，因此他们对扩大政治参与度和提高人民教育水平都不感兴趣（Sokoloff and Engerman，2000）。基于自然资源的比较优势会降低人力资本的回报率，延缓其积累（Galor、Moav and Vollrath，2008）。随着自然资源带来的繁荣，本币的实际价值会上升，这会抑制对制造业或其他非传统贸易部门的投资（Rajan and Subramanian，2011）。这就是著名的“自然资源诅咒”综合征。一旦自然资源繁荣的初始影响消退，它们的综合效应便是阻碍确保持续增长所需能力的积累。

一些国家已经将自己的资源财富用于促进长期可持续发展。一些国家已经从特殊的初始条件中获益。按照阿西莫格鲁、约翰逊和罗宾逊（Acemoglu、Johnson and Robinson，2001）的逻辑，澳大利亚和新西兰都在发展早期就制定了合理的公共制度。挪威和荷兰则是在已经富裕、制度健全且积累了高水平的人力资本之后获得了意外的收益（分别从石油和天然气中）。当自然资源繁荣出现在具有良好制度和高水平人力资本的国家或者是处于相对高水平发展阶段的国家时，是不太可能变成“资源诅咒”的。

博茨瓦纳的经历正属于这种情况。从 1960 年代初期至 1990 年代中晚期，这个非洲南部内陆国家依靠钻石热潮经历了极其快速的经济增长。但增长之初，博茨瓦纳既没有人力资本的积累，也没有与现代、民主治理有关的制度。阿西莫格鲁等人（2003）将博茨瓦纳的成功根源归于“鼓励广泛参与”的部落做法；农林牧业利益集团长期拥有政治权力，这减少了典型的非洲政权对城市的偏向；独立后政治领袖“高瞻远瞩”的决策。他们认为这些特征形成了维持宏观经济稳定的政策，对腐败和寻租产生了制衡，并且提高了政府机构的效率。尽管并非所有领域的公共政策都成功（例如，博茨瓦纳国内艾滋病肆虐），阿西莫格鲁等人（2003）认为，“领导力”，以及根深蒂固的历史环境，确实会产生不同的结果。

在维持经济的多元化方面，领导力也有重要的作用。要让靠自然资源致富的国家切断对自然资源的依赖，尤其需要积极的政策来刺激现代产业发展，预防“荷兰病”。亚洲再次向我们展示了这种模式。东亚和东南亚国家开始时在制造业上都不具备比较优势。一些国家，特别是马来西亚和泰国，拥有丰裕的自然资源禀赋，如果政府没有强调工业化，它们仍然是以自然资源为基础的国家。多亏它们的产业政策，尤其是有管理的汇率制度预防了货币高估，尽管都从类似的专业化模式开始，但这些国家的工业化程度要比拉丁美洲国家高得多。

一些拉丁美洲国家过去10年中经历的商品繁荣也让未来充满了希望。智利、哥伦比亚、秘鲁、墨西哥和巴西等国的决策者们都在试图避免过去的错误，预防自然资源带来的巨额财富导致不可持续的消费和过度借贷。其中有些国家已经立法要求保存出口收据。它们在教育、卫生和减贫上进行了大量投资。这种基础能力的改进有助于减少自19世纪就困扰拉丁美洲的收入不平等和宏观经济不稳定问题。

同样，由于大部分大宗商品价格高企，非洲过去20年中经历了勉强称为经济复兴的阶段，为非洲可能最终走上可持续发展的道路点燃了希望。增长率一直较高，民生和社会指标有所改善，民主治理成为常态而不是例外。也有一些积极的结构性变化迹象，尽管大部分的收益来自城市服务业而非制造业（Martinez and Mlachila，2013；McMillan，2013）。

目前尚不清楚的是，如果大宗商品价格不再高企，这些国家的快速增长还能够持续多久。人力资本和制度水平的提高缓解了波动，推动了更可持续的增长。但制造业部门通常受到货币升值的打击和中国进口产品的竞争挑战。然而，认为无论是拉丁美洲还是撒哈拉以南非洲地区，现代服务业将取代大宗商品出口成为增长新引擎的乐观看法还为时尚早。

11. 诊断

上述分析框架展示了基础能力的改善（技能和制度进步）和针对快速的结构转型（特别是工业化）政策是如何通过相互作用，带来可持续的长期经济增长。长期来看，趋同于富裕国家需要人力资本的积累和高质量的制度。但致富的最快捷方式是制定有助于现代产业发展的政策，并使其吸收劳动力的比例不断增加。此类政策与培育基础能力的政策有所重叠，但二者并不等同，往往还相去甚远。如果过分注重“基础能力”，转移了政策制定者的注意力，使其注意力偏离了能使现代产业起飞的（通常是非常规的）政策，则可能导致增速放缓。同样，如果随着时间的推移没能构建必要的技能和制度，过分强调工业化也可能最终导致经济崩溃。

理论上，这个广泛适用的药方未来可以继续为发展中国家所用。特别是，它可以使世界上最贫穷的非洲国家进行亚洲式的结构转型和快速增长。但一些考虑表明发展中国家未来数十年将面临较强的阻力。

全球背景

未来全球经济活力可能要明显低于近几十年的活力。世界上最富裕的国家陷入公共债务困境，这往往会导致低增长，催生防御性的经济政策。欧元区正面临着生存危机。即使欧洲能够维持现状，但这些问题仍会继续削弱欧洲的“动物精神”。这些富裕国家的政策制定者们仍将忙于应付国内的挑战，无暇展示其全球领导力。

全球游戏规则对发展中国家的要求更加严苛。世界贸易组织（WTO）禁止使用一系列产业政策（补贴、当地含量要求、专利产品的授权），而这正是过去几十年中亚洲国家用于推进结构转型并收效良好的政策。① 幸运的是，这些限制并没有适用于最贫穷的发展中国家。

由于发达国家自身的经济困难，贸易将变得更加政治化，可以预见要求发展中国家缩小政策空间的压力会更大。之前实施的补贴计划在更严格监控下可能会被诉至 WTO 并遭到打击报复。无论有无 WTO 的默许，欧洲和美国都将更

---

① 中国和印度都使用当地含量要求来迫使外国投资者发展国内高效一流的供应商（Sutton, 2004）——如今这成了一项非法策略。

愿意保护本国产业免遭受进口激增的冲击。通过干预外币市场或控制资本流入使本币价值低估的发展中国家很有可能被贴上“货币操纵者”的标签。旨在保持货币竞争力的策略——东亚国家的另一标志性特征——迄今为止一直在回避全球准则。但这些年国际货币基金组织（IMF）也一直致力于对货币价值进行监督，WTO将币值低估视同出口补贴也引起了越来越多的讨论。即使这些多边努力未见成效，国内政治压力也会迫使美国政府对被认为不公平地利用了全球贸易优势的一些国家（如中国）采取单边行动。

与较大的发展中国家相比，较小的发展中国家拥有更大的政策空间：很难想象华盛顿或布鲁塞尔的政策制定者们在研究埃塞俄比亚或萨尔瓦多的产业政策。这意味着世界上绝大多数的发展中国家——撒哈拉以南非洲的几乎所有国家，在结构转型政策方面很少受到外部阻力的限制。这是一个好消息。坏消息是较大且具有系统重要性的经济体，如印度和中国，其贫困人口占全球贫困人口的比例仍然很高。在可获得数据的最近年份，即2008年，每天生活费用不足2美元的世界人口中，其中62%居住在中国和南亚；仅23%居住在撒哈拉以南非洲地区（Chen and Ravallion，2012）。这些人口大国的持续增长对全球减贫依然至关重要。

制造业内部的变化

相关的第二个阻力是制造业内部正在发生的变化。技术变革使制造业更趋资本密集型和技能密集型，降低了工业化的就业弹性和制造业从农业和非正规部门吸纳大量非熟练劳动力的能力。全球供应链或许有助于能够吸引国外投资的低成本国家进入制造业，但也减少了制造业同经济其他部门的关联以及发展当地上游供应商的潜力。位于生产链顶端的跨国公司可轻易地变换供应商，导致这些行业仅是昙花一现。

由于这些原因，许多制造业实际上越来越像自然资源飞地：技能和资本密集型，与国内经济脱离，短暂性。一种潜在的弥补趋势是一些服务业也具有类似制造业的属性。① 某些服务行业，如食品和服装零售业，也开始逐渐吸收国外技术，雇佣相对非熟练的工人，与国内经济建立重要的联系（超级市场是其中一个例子）。如果此类服务业活动也服从于绝对生产率趋同（似乎也合情合理），那么它们未来可以成为带动经济发展的上升行业。

---

① 我很感谢Kemal Derviş的这个建议。

全球竞争加剧

还有其他不利于制造业的要素。标准化制造业部门的新进入者们面临的全球竞争，要比1960年代和1970年代韩国或台湾地区以及1990年代中国企业面临的竞争大得多。尽管生产成本一直上涨，但中国对任何试图进军全球市场的生产者而言都是强大的竞争挑战。亚洲几乎所有的制造业强国都发迹于受保护的国内市场，这样就为它们提供了积累经验的国内平台，并确保在国内获得的利润用于补贴对世界市场的开拓。大多数非洲制造商目前面临着来自中国和其他亚洲出口国的廉价进口品的冲击，这使得它们很难在本土生存，更谈不上跨界补贴其国际活动了。因此，这些国家的政府政策所担负的培育和发展本国制造业企业的责任也相应加大了。

环境问题

环境问题较之过去将发挥更大的作用，使发展传统的“污染行业”的成本更高，如钢铁、造纸和化工。根据比较优势和经济逻辑，这些行业迁移到较贫穷的国家。但所有地区的生产者都将面临压力采用技术以减少污染和温室气体排放（Steer，2013）。环境问题提高了运营这些行业的技术要求，因此会弱化发展中国家的比较优势。绿色技术对资本和技能的要求也更高。人们经常呼吁对这些新技术进行补贴并推广到贫穷国家。但这种情况能否实现还是一个悬而未决的问题。

12. 政策含义

以上这些分析表明，世界经济进入了一个新的阶段，其中东亚增长模式自身将难以维系，也很难被下一代效仿。未来的增长与刚刚过去的增长会有很大不同。二次战结束后的60年也可能被证明是一个非常特殊的时期，可谓“前无古人后无来者”。穷国和富国的趋同率相较于过去20年可能会大幅下降。发展中国家的增长速度仍可能快于发达国家，但这主要是因为发达国家的经济增速放缓。

最终，增长还是要依赖于国内的发展。即使世界经济提供的阻力要比动力多，但过去成功国家采取的合意政策的很多特征现在仍然通用：稳定的宏观经济框架；对经济结构调整和多元化的激励（既包括市场主导的，也包括政府提供的）；应对不平等和包容性问题的社会政策；持续对人力资本和技能投资；持续不断地加强监管、司法和政治制度。这些方面做得较好的国家要比做得差的国家发展得更好。

然而，除了这些共性外，主要的政策含义是未来增长战略的重点，将与过去有所不同。特别是，要逐渐用国内（某些情况下是区域）市场和资源取代对国外市场、国外金融和国外投资的依赖。而国内市场的升级使得将收入分配和中产阶级的健康作为增长战略的组成部分非常必要。换言之，社会政策和发展战略要在更大程度上互为补充。

从全球角度看，追求金融和贸易方面广泛的一致和协调政策，不仅不可持续也不合意，因为世界各地的需求和偏好千差万别。国际机构最好适应全球化步伐的放缓（或者是去全球化），而不是给各国制定不适用的规则。工业化国家需要开辟一些政策空间来重启社会协商，正如发展中国家需要政策空间进行经济调整一样（Subramanian and Kessler，2013）。发达国家和新兴市场大国之间需要制定新的解决方案，因为后者不再认为自己是搭了前者政策的便车。

正如伯兹奥尔（Birdsall）在她的论文里所强调的，全球经济对良好的全球治理的需求远远大于供给（也可参见 Rodrik，2011b）。其中一些供需差距可以通过改革和新的方法来解决，例如通过公民个人和国家在采取行动时能更加意识到自身决策所造成的全球性后果，激进分子和监管机构扩大其跨国网络，以及多边经济机构提高自身治理。然而，这些变化至多出现在具有较强离心力的环境中，其特点是参与者越来越多，利益越来越多元化。如果能有效控制这些力量，便不会危及经济全球化本身。但如果政策制定者未能顾及这些，它们更可能削弱而不是加强对开放全球经济的支持。

最终，一个健康的世界经济依靠的是各国健康的经济和社会。严格限制国内政策空间的全球规则反而会适得其反，因为这会压缩促进增长和公平的政策的空间，从而削弱了对全球开放经济的支持，甚至全球开放经济的合理性。当前面临的挑战是设计一个框架，这个框架尊重各国对国内事务的优先权，同时确保能够应对主要的跨境溢出效应和全球公共品问题。

（国家发改委国防动员研究发展中心　孙丽燕）

由于篇幅所限，参考文献略，特向作者和读者致歉，有需要者可向《比较》编辑室索取：bijiao@ citicpub. com。

再分配、不平等与经济增长

乔纳森·奥斯特里　安德鲁·伯格　哈拉兰博斯·昌加赖兹

一、引言

不平等加剧、危机风险和可持续增长之间的关系，日益成为经济学家关注的焦点。拉詹（Rajan，2010）着重指出了不平等如何加剧了金融杠杆和金融周期，从而播下了危机的种子。斯蒂格利茨（Stiglitz，2012）强调了危机到来前促使金融过度膨胀的政治经济要素（特别是富人的影响）。伯格和奥斯特里（Berg and Ostry，2011）则以数十年的多国数据证明，更加平等有助于持续的经济增长。本研究基于围绕经济增长的文献所达成的初步共识，即：不平等侵蚀医疗卫生和教育进步，引发政治和经济动荡，从而导致投资下降；而当面对重大社会冲击需进行调整时，不平等又阻碍形成必要的社会共识；概言之，不平等会阻碍经济增长的速度和可持续性（Persson and Tabellini，1994；Easterly，2007；Berg et al.，2012）①。

平等似乎可驱动更快速和更可持续的经济增长，但这一点本身并不能支持与再分配有关的努力。特别是，不平等可能会阻碍增长，至少部分原因是它会催生通过财政系统进行再分配的行动，而这恰恰会损害增长。在这种情况下，

---

*　作者任职于国际货币基金组织。

①　其他学者的研究超出了本文讨论的范围，他们集中讨论了发达经济体不平等加剧趋势所带来的社会和政治后果（如 Wilkinson and Picket，2009；Reich，2011）。

即使不平等有损增长，税收和转移支付可能恰恰是错误的药方。尽管现有的研究对此尚存争议，但再分配和经济增长难以兼得的理念，在决策者脑海中似乎已根深蒂固。事实上，再分配政策损害经济增长，是亚瑟·奥肯（Arthur Okun）1975年出版的名著的核心主题。在该书中，奥肯集中讨论了效率和公平的取舍，并认为减少不平等的行动会导致效率损失。

我们不应急于下结论，认为治疗不平等的药方，或者说再分配，会比不平等本身更损害经济增长。我们首先要问的是，促进平等的干预措施，是否像奥肯等人假定的那样，会不可避免地带来经济效率的损失。仔细想想，这实在是一个太过于大而化之的结论。我们都熟知，能同时改善效率和平等的双赢政策是存在的。例如，对有负外部性的行为课税，这些行为（比如说金融领域的过度冒险）损害了穷人，课税的绝大部分则由富人承担；再如，发展中国家旨在鼓励初等教育的现金转移支付，以及在公有资本或教育上的支出，这些都会惠及穷人。大量研究（如Roland，2000；Bleaney et al.，2001；Roland，2002）都指出，某些类型的政府支出，可以既推动经济增长，又促进平等，如政府对基础设施的投资以及在教育、卫生和提供社会保险方面的支出；而另外一些类型的支出，则可能暗含着奥肯特别关注的效率与公平之间的取舍。再分配政策的宏观经济影响可能反映了财政组合中不同组成部分之间的平衡。而在实践中，再分配究竟是利于增长，还是阻碍增长，看起来是一个经验研究问题。

在面对这种不确定性时，一个有价值的路径是，在不同国家的具体情景中，认真审视再分配性财政政策具体要素方面的事实，并努力借鉴最有效率的再分配方式。在这里，我们将从正面来提出更具概括性而又相辅相成的问题：从历史上的宏观经济数据来看，不平等、再分配和经济增长之间关系如何？更具体地讲，能否找到证据，表明不平等对经济增长的负面影响超过了降低不平等对经济增长的积极影响？

为了厘清不同路径，我们需要一个同时分析再分配性转移支付和不平等对经济增长影响的框架。这不仅需要一个恰当的计量经济学的设定和准确测量不同效应的标准，还需要对政策的理性探讨。这种联立分析研究进展缓慢的原因之一在于，它同时需要多个国家在课税和转移支付前的不平等（即所谓“市场不平等”）和课税和转移支付之后的不平等（即所谓“净不平等”）这两方面的数据。这些数据都非常稀缺，而且很不完善。本文是首份利用最新编辑的跨国数据库（Solt，2009）展开的研究。该数据详尽区分了净不平等和市场不平等，从而使我们得以利用同时覆盖了发展中国家和发达国家的大量国别和年度观测数据来计算再分配性转移支付①。在这里，再分配性转移支付是指度量市场不平等和净不平等的基尼系数之间的差异。

我们分析了五年期的经济增长率（经济增长面板回归）和经济增长期的持续时间（duration of growth spells）。经济增长期（growth spells）的定义参见伯格等人2012年的研究（Berg et al.，2012）②。我们认为，经济增长期的持续时间是评价经济增长过程更有效的方式，对于新兴经济体和发展中国家更是如此。我们的主要发现可总结如下：

首先，越是不平等的社会，越倾向于再分配更多。在OECD成员国中，较高的不平等水平和较高的再分配水平之间大体上存在一一对应关系，因此净不平等和市场不平等之间几乎没有总体上的相关性。在非OECD成员国中，尽管这种效应要弱得多，但它依然是存在的。因此，要试图理解经济增长和不平等之间的关系，区分市场不平等和净不平等是很重要的；同样，在经济增长和不平等研究中，独立控制再分配这个变量也很重要。

其次，在既定的再分配水平下，较低的净不平等可推动更快、更可持续的经济增长。这些结果很好地支持了我们先前的研究，而且不仅包含了持续时间分析（duration analysis），以及早期文献中常用的面板回归方法，还控制了净不平等/市场不平等的影响。

再次，再分配对经济增长的影响，总体而言是良性的；只有在极端的案例中才有证据表明，它可能对经济增长有直接的负面影响。因此，综合考虑再分配的直接和间接影响，包括它们降低了不平等对经济增长的影响，总体而言，再分配是有利于增长的。

对于上述结果，我们须切记的是，这些有关再分配的数据，比有关不平等的数据甚至都更为稀缺，可靠性也更差。事实上，对于我们得出的这个结果，一个可能的解释是，这些再分配的数据没有包含足够的信息来推论出直接的负面（或正面）影响。但即便如此，我们还是坚信我们做出的研究结果是有意义的。我们将目前可得的最好数据，用于分析许多国家随时间而发生的变化。

---

① 有很多致力于考察市场不平等或净不平等的文献，但Scolt（2009）取得了突破性进展。他的努力使许多不同国家、不同年份、不同来源的基础性数据具有了可比性。

② 经济增长期指的是经济增长加速和减速之间的时间周期。

对经济增长期的研究，不可避免要用到更早但可能也是更不具可比性的数据，但即使仅限于用最可靠的近期数据进行分析，对经济增长影响的结论也依然是成立的。

当然，在从跨国数据回归分析中得出明确的政策含义时，我们应保持审慎。鉴于各种不同类型的政策在不同国家、不同时点上可能都会有不同的影响，建立具有完全置信度的因果关系是非常困难的。微观经济分析固然有其自身的价值，但仍给人们留下这样的疑惑：总体关系是怎样的？通过观察森林而不是树木，我们能得到什么？我们的发现是，不应假定再分配和经济增长之间存在重大取舍——因为目前可用的最好的宏观数据并不支持这一结论。

本文接下来的部分将这样展开：第二部分我们将通过回顾经济增长、不平等和再分配方面的文献，为后面的分析做准备；接下来的第三部分将呈现我们用于经验研究的数据；第四部分呈现经济增长的面板回归；而第五部分将讨论持续时间分析，建立经济增长的可持续性和平等、再分配以及一些传统决定因素之间的关联。最后是结论。

二、对平等、再分配和经济增长相关文献的回顾

已有大量文献考察了本文感兴趣的这三个变量，并就其关系给出了一系列复杂的提法。在对事实进行考察之前，有必要花些时间来理解各种可能的路径（总结为图 1），进而来理解为什么在这些问题上理论并没有提供有力的指导。

不平等对经济增长（图 1 中的线 E）的积极影响，可通过如下方式：（1）为创新和企业家精神提供激励（Lazear and Rosen，1981）；（2）若富人的储蓄占其收入的比例更高，不平等提高了储蓄和投资（Kaldor，1957）；（3）使至少一些人能积累到创办企业所需的资金规模，以及获得良好的教育；这一点可能在一些穷国里更有意义（Barro，2000）。但不平等也可能损害经济增长，这是因为：（1）它剥夺了穷人保持健康和积累人力资本的能力（Perotti，1996；Aghion et al.，1999；Galor and Moav，2004）；（2）导致政治和经济动荡，从而减少投资（Alesina and Perotti，1996）；（3）阻碍针对冲击进行调整和维持经济增长所需的社会共识的形成（Rodrik，1999）。不平等和经济增长之间的关系，可能是非线性的。例如，贝哈鲍比（Benhabib，2003）的理论模型即指

出，当不平等从较低的水平上升时，它提供了促进经济增长的激励，但当不平等超过某一点再上升时，则会刺激寻租行为，削弱经济增长。

对于市场不平等和再分配之间的关系（图 1 中线 A），我们着重阐述梅尔策和理查德（Meltzer and Richard，1981）在其开创性论文中所强调的影响机制。他们提出，较高的不平等水平会带来再分配的压力。其中的道理在于，至少在民主政体中，政治权力的分配要比经济权力的分配平均得多，因此大多数投票者有权力和动力投票支持再分配。但是恰如罗兰（Roland，2000）曾指出，且斯蒂格利茨（2012）也强调的那样，如果富人比穷人有更大的政治影响力，情况就未必如此。

在第三个议题（再分配与经济增长的关系）上，政策研究主要讨论直接影响（图 1 中线 D），并通常假定再分配损害经济增长（Okun，1975）。其原因在于，较高的税收和补贴抑制工作和投资的激励。给定无谓损失（dead-weight costs）函数的凸性，那么损失是税收或补贴水平的增函数。再分配导致的损失在税率低时较小，但会随着税率或补贴率的提高而急剧上升（如 Barro，1990；Jaimovich and Rebelo，2012）。但也有研究认识到，再分配对经济增长并不是天然地具有破坏性，比如当再分配涉及减少税收支出（tax expenditure）和堵塞导致富人得益的税收漏洞，或者是作为更广泛的税收改革的一部分时（例如，征收高额遗产税的同时降低对低工薪收入的课税），便不会如此。更广泛地讲，再分配的方式还包括，以累进税方式为公共投资筹资，以社会保险支出来提高穷人的福利和风险承受能力（Roland，2000），或者，以更高的卫生和教育支出造福于穷人，帮助他们克服劳动力市场和资本市场的不完善（Saint-Paul and Verdier，1993；Saint Paul and Verdier，1997）。在这些情况下，再分配政策将同时促进平等和经济增长。已有研究经常忽略再分配的总体效应，这包括直接影响（图 1 中的线 D）以及通过不平等发生的影响（线 C 和线 E）。这是因为很少有研究同时考察不平等和再分配。下面我们将回到这个议题上来。

显而易见，理论最多能为这些议题提供部分指导，因此我们需要转向经验研究。关于不平等和经济增长，统计数据通常支持不平等阻碍经济增长这一观点，至少在中期是这样的。而后，关于经济增长的经验研究的风向发生了变化，学者开始考察经济增长率的长期变化（Alesina and Rodrik，1994；Perotti，1996；Persson and Tabellini，1996）、不同国家的收入水平（Easterly，2007）

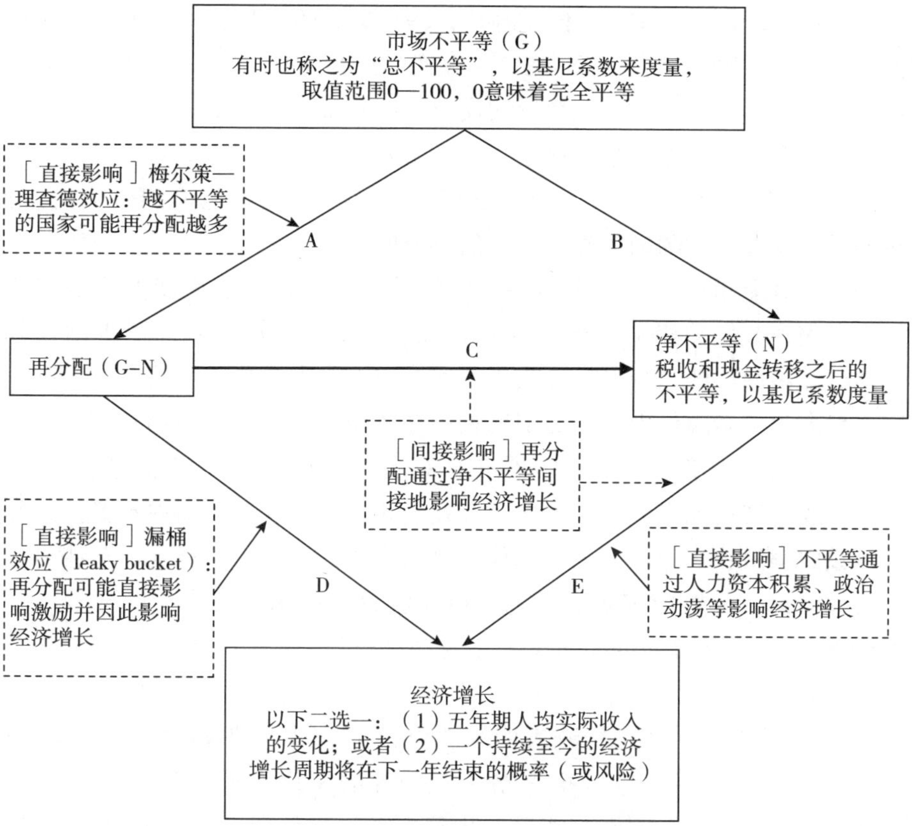

图1　不平等、再分配与经济增长的关系

注：这张图呈现了本文考察的主要影响路径。我们从经济计量角度评估了再分配（线D）和净不平等（线E）的影响，在实际的每种情形中，都保持其他变量不变。我们还计算了再分配对增长的总影响。我们假定，再分配不影响市场不平等，因此再分配对净不平等的影响是一一对应的。因此，总影响是估算的直接影响（线D）和间接影响之和，其中，间接影响是再分配对净不平等的影响（线C）和估算的净不平等对经济增长的直接影响（线E）的组合。在图中还可以画出其他箭头，如从经济增长指向不平等和再分配。此外，还有一些与收入水平、不平等和再分配有关的可能路径。如在文中所讨论的，本文重点关注图中已呈现的这些路径。

以及经济增长期持续时间（Berg et al.，2012），并发现不平等与更慢、更不可持续经济增长相关。少数几个例外（Forbes，2000；Banerjee and Duflo，2003）则倾向于得出模棱两可的短期相关性（Aghion et al.，1999；Banerjee and Duflo，2003；Oechslin et al.，2010）。

关于不平等和再分配性转移支付之间关系的证据并不清晰。这种模糊性部分是源自很多研究在评估再分配时，都用社会支出或税率等来替代（Perotti，

1996；Bassett et al. ，1999)，但这种替代是有瑕疵的。我们所认为的一些再分配性支出（如教育或社会保险支出)，在实际运行中未必真是再分配性的，比如说很多贫困国家对中等以上教育的支出，以及很多发展中国家对正规部门就业人群的社会保险支出。米拉诺维奇（Milanovic，2000）的研究表明，当使用再分配的直接测量时，梅尔策和理查德（1981）的假设能得到事实的支持，即越不平等的社会，的确实施了更多的再分配。

关于再分配和经济增长之间关系的经验研究，在一定程度上也是有分歧的。当考察再分配的假定指标（如税收或政府支出）时，倾向于得出再分配多会阻碍经济增长的结论。但在收入方面，则会出人意料地发现，很少有证据表明，提高税率会降低中长期经济增长。总体而言，很难证明坦茨等人（Tanzi and Zee，1997）得出的结论。他们的研究发现，有些一般性的指标表明，经济增长和总税负水平或所得税之间存在负相关，但这种关系并不稳健，并且对模型设定很敏感。至于支出，林德特（Lindert，2004）注意到，一些再分配性的公共支出（如医疗卫生、教育和以税收投入的基础设施建设支出）并没有对经济增长造成明显的负面影响，就某种意义而言，这些社会性支出是“免费的午餐”。

值得强调的是，已有研究表明，要在这些关系中明确地分清原因和结果，是非常困难的。一些分析考察了不平等的变化，及其对收入水平产生的影响；在这里，不平等被视为外生变量①。其他研究依赖使用滞后信息来试图梳理出原因和结果。运用这两种方式的研究表明，不平等和增长之间存在因果关系。另外一些研究则考察经济增长或收入水平对不平等的影响这一反向问题。对我们而言，主要关注点是高经济增长能否促进平等。在此情形中，我们需特别担心的是，我们得到的可能是经济增长对平等的影响，而不是平等与高经济增长之间的因果关系。但是集中探讨较高收入水平是否与较高或较低的不平等相关的研究文献，已达成一定程度的共识，认为总体而言没有净效应（Dollar and Kraay，2002；Dollar et al. ，2013)。我们将把增长与滞后的不平等关联起来，并运用统计方法将单向因果关系提取出来，这样做更为恰当。最后，在经验研究中，我们在建立经济增长与滞后的不平等

① Easterly（2007）考察了与殖民地土地占有模式相关联的不平等的影响。他认为，作为由地形决定的、以种植园为基础的农业制度的遗产，一些国家目前变得更不平等。这种不平等的变化，看似降低了人均收入。

之间关联的同时，控制滞后的收入水平，从而控制了收入水平和不平等水平之间任何长期的关系，如一些国家在发展过程中可能会变得更平等或更不平等。换言之，我们探寻的是，在一国给定的收入水平下，不平等水平对未来经济增长前景有何影响？

在市场不平等和再分配之间建立明确的因果关系，也是非常困难的。很多再分配方面的研究都假定，市场不平等通过政治经济学/梅尔策—理查德效应推动再分配。例如，一些学者（Caminada et al.，2012；OECD，2011；Paulus et al.，2009）的研究都假定，在一定的市场不平等水平下，再分配性财政政策减少净不平等。IMF（2014）在其财政再分配分析中，本质上也做出了同样的假定。但是，再分配无疑会以影响那些可能改变劳动力供给和市场工资的行为来影响市场不平等。鉴于两种潜在的相互抵消的影响，很少有事实证据可以指明这种效应的方向和大小。再分配把富人的钱取来给穷人，这可能会同时减少富裕和贫困群体的劳动力供给——前者被征收了更多的税，而后者得到了家计调查补助金，减少了努力工作的激励。无论这对市场收入带来何种影响，只要对富人和穷人两个群体的影响是沿相同方向的，这些影响大体上可能相互抵消。

那么，如何来看这方面的大量研究呢？这些研究强调了四个方面的教训。首先，针对问题使用合适的数据是至关重要的。例如，分析不平等如何影响增长的基础实际上关注（税后的）净不平等，它在影响激励的同时，也影响社会稳定和社会共识的前景。然而，大部分先前的研究很少注意到这一关键区别，他们经常同时使用税前和税后数据。第二个教训是，要认识到在我们感兴趣的不同变量——经济增长、不平等和再分配——之间存在复杂的相互关联，这意味着要放在一起进行经验研究。第三个教训是，要对经验研究呈现的结果保持开放的心态，因为一个理论通过很多条可能的路径发挥作用。对于再分配的各种替代品及其对增长的影响（无论是积极影响还是消极影响在事前看来似乎都是可能的）更是如此。最后一个教训是，要意识到数据的稀缺性。特别是，对经济增长期持续时间的分析需要回溯足够长的时间来观察持续周期的始点，这样就要考虑其中可能包含了一些来自发展中国家更早期同时也可能是更不具可比性的数据。在这样的背景下，我们转向下一部分，讨论我们所用的数据和一些典型事实。

三、不平等与再分配：一些事实

先前研究不平等和经济增长问题受到的主要限制，是缺乏在很多国家可比基础上衡量净不平等和市场不平等的数据。这使研究者难以区分不平等的影响和再分配的影响。在调查的质量和覆盖范围上都存在很多问题，对于发展中国家和更久远年代的调查更是如此。最突出的问题也许是，尽管有很多再分配方面的家计调查数据，但它们通常是不可比的。例如，一些调查测量的是人均收入，而另一些测量的则是家庭的平均收入；一些试图测量可支配收入，而另一些则测量总支出。

在解决这些问题方面，索尔特（Solt，2009）呈现了最佳的成果。他整合了来自各种可资利用的调查得出的信息，推算出可比的净不平等和市场不平等的基尼系数序列，该序列尽可能覆盖更多国家和更多年份①。他从可利用的调查中收集不平等度量的数据，并决定哪些调查数据质量好，值得收录到其数据集中。再分配被定义为市场不平等和净不平等序列之间的差异。如此产生的序列在统计上是不确定的，需要判断哪些观测值满足了某种最低的信息阈值②。

表 1 呈现了我们对再分配性转移支付的测量和此前研究中所采用的各种再分配的替代品之间的相关关系。从表中可以看出，相关系数大致分布在 1/2 到 3/4 之间。我们发现，这既保证了我们的测量与很多对转移支付的常识性直观测量保持了高度的一致性，同时又包含了独特的信息（因为相关系数大大低于 100%）。这与观察到的情况一致，即在一些特殊情形中很多被认为是转移

---

① Solt 将调查分成了 21 种类型，进而使用整个数据库来推断如何将 21 种调查的每一种调查映射为对净不平等和市场化不平等的标准化测量。他将净不平等定义为与直接税和补贴之后的收入相关，而市场不平等则与税前和补贴前的收入相关。本文采用的是 Solt（2009）数据库的 3.1 版本，它包含了 153 个发展中国家和发达国家从 1960 年到 2010 年间尽可能多年份的数据。Solt（2009）追踪了大量文献，对处于观测年之间但接近实际观测年份的某些观测点进行了插值。Lustig、Pessino and Scott（2013）呈现了包括一些拉丁美洲国家的更为完善的图景，但这并未形成实现我们研究目标所需的足够广泛的样本。

② 我们遵照 Solt（2009），并在我们的基准样本中限于选择更可靠的次级样本。下面我们探讨并呈现了我们的研究结果对两组不同样本的敏感性。一个更具解释性的研究使用了所有可利用的数据，而另一个则像 Solt（2009）一样限制得更为严格。表 4 的注释对所有样本进行了描述。

支付性的再分配并非如此。它同时也反映，索尔特（2009）定义的净不平等通常并没有反映出政府提供的非现金形式的商品和服务的影响或间接税的影响，因为作为其基础的家计调查通常并未采集到这些数据。

表1　再分配与转移支付的相关性

转移支付变量名称	相关系数
税收收入（占 GDP 百分比）（WBWDI）	0.51
补贴和其他转移支付（占支出百分比）（WBWDI）	0.49
所有政府（general government）支付的社会保障金（占 GDP 百分比）（OECD）	0.55
居民家庭收到的经常性转移支付（current transfers）（占 GDP 百分比（OECD）	0.52
补贴（占 GDP 百分比）（OECD）	0.42
社会支出（占 GDP 百分比）（OECD）	0.68
税收总量（占 GDP 百分比）（OECD）	0.70

资料来源：SWIID[①] 3.1、世界银行世界发展指数（2013）、OECD 国民账户数据库（2012）和作者的计算。其中，再分配的计算方法为市场不平等和净收入不平等之间的差值。

现在我们先来看一看不平等和再分配的趋势。图 2 展示了数十年间不平等的演进。其中，每个箱线图呈现了 OECD 成员国和非 OECD 成员国样本的市场不平等和净不平等水平的分布情况。从中可以看出三点：第一，从上面的图形来看，过去半个世纪全球不平等的中位数非常稳定。第二，这种稳定性背后隐藏着不同组别之间的重要差异：OECD 成员国过去 30 年间市场不平等正在扩大（中间图形）；而发展中国家则正在下降（下面图形）。第三，工业化国家市场不平等和净不平等之间的差异要比发展中国家显著得多（比较中间和下面的图形），这表明前者有更广泛的税收和转移支付系统。但是 OECD 成员国在过去几个世纪的净不平等已在上升，因为再分配没能跟上市场不平等上升的步伐（OECD，2011；IMF，2014）。

我们已强调了各组国家的平均不平等水平及其随时间是如何演进的。另一个视角则关注国家间变化。例如，市场不平等水平较高的国家是否更倾向于进行再分配？图 3 比较了纵轴的净不平等和横轴的市场不平等（每一个点代表了

① SWIID，即标准化世界收入不平等数据库（Standardized World Income Inequality Database），具体参见 Solt（2009）——译者注。

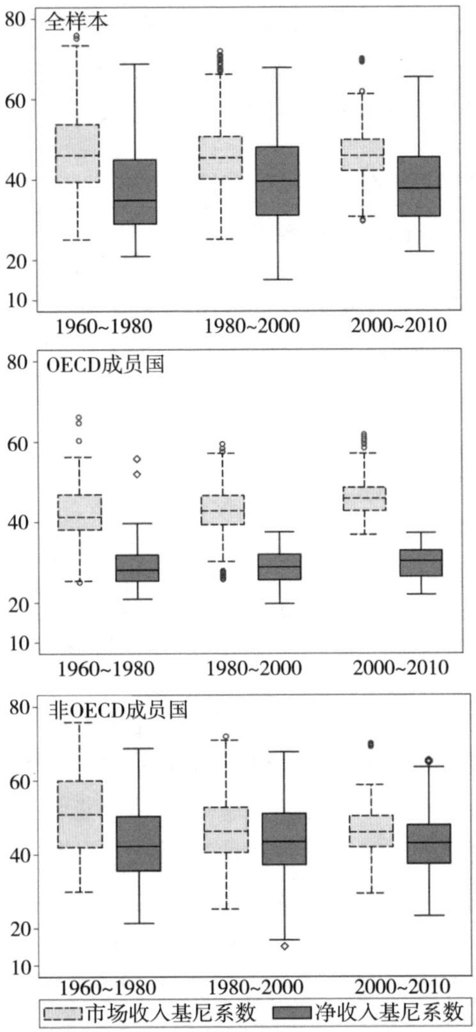

图 2　市场不平等和净不平等的演进（1960—2010）

注：以基尼系数来测量不平等，其取值范围为 0（完全平等）到 100（所有收入集中于一人）。框线图/箱线图表示顶层四分位和底层四分位的四分位间距（inter-quartile range），箱体的中间线代表中位数。虚线下端表示比下分位数小不超过 1.5 倍四分位距的最小数据；而虚线的上端则表示比上分位数大不超过 1.5 倍四分位距的最大数据[①]。

资料来源：SWIID 3.1 和作者的计算

① 在上下四分位数向外 1.5 倍四分位距处画的线段，称为内限，落在这两条线段之外的数值为异常值——译者注。

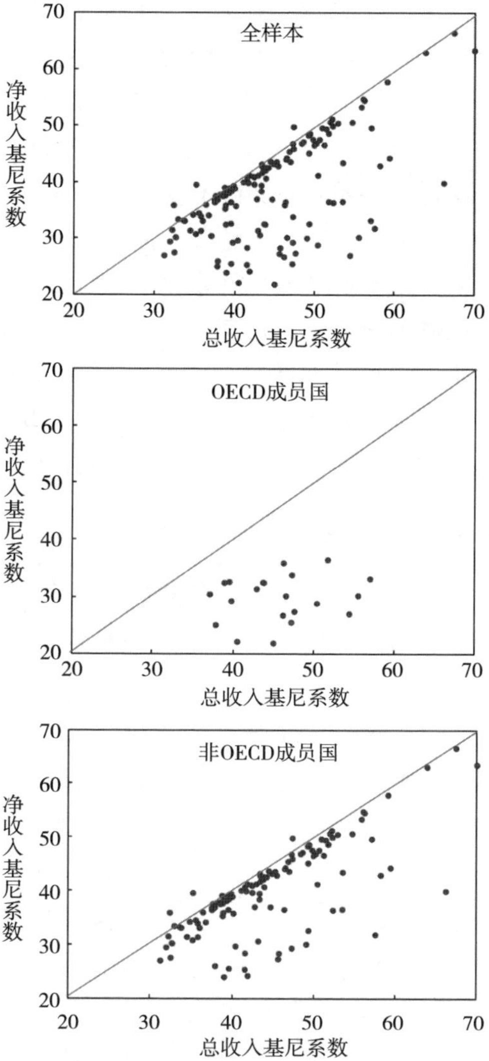

图 3　不同国家组的市场不平等和净不平等分布（1960—2010）

注：采用的是市场不平等和净不平等可得的最新年份的数据，中间的斜线表示 45 度线。

资料来源：SWIID 3.1 和作者的计算

一个国家可以获得的最近一年的数据）。落在 45 度线上的国家具有完全相同的净不平等和市场不平等水平。远落在这条线之下的国家，其净不平等水平比市场不平等水平要低得多（大量的转移支付）。大多数国家位于这条线之下，这意味着都存在某种程度的再分配。一般说来，到这条线的距离随着市场不平等水平的增大而增大，这表明相对不平等的国家确实倾向于再分配更多。OECD 成员国进行了大量的再分配（中间图形）。事实上，在这一组中，市场不平等水平相对较高的国家，其净不平等水平仅略高于平均水平（图形中的这些点大体上沿着水平线聚集）。当然，这只是一个平均结果，任何一个特定国家，或者甚至整个组都不是随时间保持不变的。换言之，给定了市场不平等水平，不平等水平相对较高的国家，就是那些再分配较少的国家。

表 2 在统计上证实了市场不平等和再分配之间的关系。这种估计的效应是相当显著的：在我们的基准设定中，市场不平等水平从样本的第 50 百分位上升到 75 百分位（也即，以 2005 年为例，市场基尼系数从菲律宾的 45，上升到尼加拉瓜的 51），与再分配基尼系数上升 3 个点相关联。这种关系在 OECD 成员国样本中较其他国家样本更强，但是对于后者而言仍然是显著的①。

表 2　市场不平等和再分配之间的相关性

自变量	因变量：再分配		
	全样本	OECD 成员国	非 OECD 成员国
	(1)	(2)	(3)
市场不平等	0.485***	0.613***	0.415***
	(0.0537)	(0.0916)	(0.0578)
初始收入的对数	1.212	0.048	1.299
	(1.0184)	(3.3695)	(1.0629)
常量	-26.057***	-12.858	-25.923***
	(9.1080)	(35.2341)	(9.1163)
观测值数量	800	198	602
R^2	0.877	0.902	0.828

注：本表报告了对三组国家样本的固定效应回归结果。标记 *、**、*** 表示，该处括号中的稳健标准差分别在 10%、5% 和 1% 水平上显著。

资料来源：Penn World Tables Version 7.1，SWIID 3.1 和作者的计算

① 另外的估计量控制了再分配的其他决定因素，如民主水平、投资、人口增长以及可能的非线性（为了简单起见，没有在此呈现）。表 2 的估计量控制了国别的固定效应，从而关注国家内部跨时间的变化。当我们采用同时探究国家间变化（随机效应）的估计方法时，得出的结果是相似的；当采用滞后不平等时，尽管有所减弱，但结果依然类似。

四、不平等、再分配与经济增长：经验研究结果

现在我们来观察有关经济增长与不平等和再分配之间关系的事实。我们采用两种经济计量方法。第一，我们仿效已有的研究，考察中期经济增长和我们感兴趣的变量。具体而言，我们将探寻五年期的平均经济增长是如何依各种滞后指标，包括收入水平、制度质量以及在我们的设定中特别重要的不平等水平、再分配性转移支付程度等变量而变化的。第二，我们考察经济增长期的持续时间。这种方法认为，经济增长并不是遵循平稳的模式，而是经常在停滞期、起飞期、平台期和低谷期之间突然切换（Pritchett，2000）。很多经济增长起飞数年以后就消失了。因此，保持而不是启动经济增长的能力，是成功实现长期发展的关键。我们遵循伯格等人（Berg et al. 2012）的研究，将经济增长期定义为至少五年的时期，在此期间经济增长速度高于2%，并显著高于前面的一些年份①。

从图4中我们可以看出，在净不平等水平和随后一段时间人均收入增长之间存在很强的负相关（上图），而在再分配水平和随后一段时间经济增长之间则存在较弱的关系（如果说有的话，那也是正相关）。对于经济增长期的时长方面，我们能观察到大体相似的简单相关（图5），即在不平等水平和经济增长期的持续时间之间存在强的负相关；而在再分配水平和经济增长期的持续时间之间则存在弱相关（在这个案例中是微小的负相关）。

（一）中期经济增长

超越简单的相关性分析是很重要的。在驱动经济增长中，还有很多其他因素在起作用。此外，我们认识到，我们感兴趣的变量本身是相互作用的。因此，我们需要观察，当同时包含不平等和再分配并包含标准控制变量时，这种关系是如何存续的？在定义基准设定时要有一定程度的谦逊：在经济增长的经验研究中并未就要包含的精确的控制变量集达成共识，我们的研究案例中，控

① 回顾过去的40年，所有时间都处于经济增长期（按如下定义）的国家比那些仅有1/5时间处于增长轮换的国家年均经济增长速度高出约3.5%。

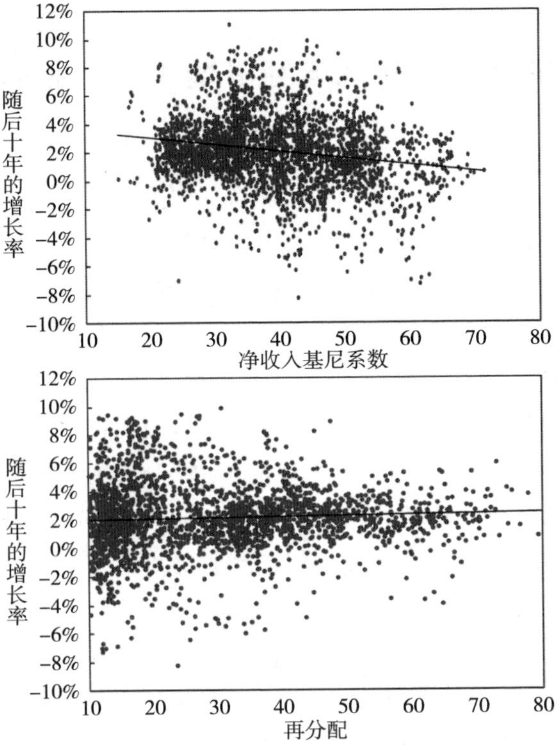

图 4　经济增长、不平等与再分配

注：样本随后十年的经济增长率与平均净收入不平等和转移支付的简单相关关系。

资料来源：Penn World Tables version 7. 1、SWIID 3. 1 和作者的计算

制变量间的复杂相互作用关系（例如，不平等可能不仅通过有形资本和人力资本投资路径影响经济增长，还可能通过其他路径），使得基准设定问题变得更加复杂①。

我们的基准设定是一个简约的标准模型，在该模型中，经济增长取决于初始收入、净不平等水平和再分配强度（表 3 第 1 列）。我们发现，更高的不平等似乎会减缓经济增长。相比之下，再分配具有微小但统计上并不显著（微小的负面）的影响。

① 如果不平等或再分配主要通过改变投资行为来影响经济增长，那么将投资作为一个控制变量，结果可能造成微弱的不平等或再分配效应（保持有形资本或人力资本投资为常量，基准设定会产生不平等或再分配效应）。

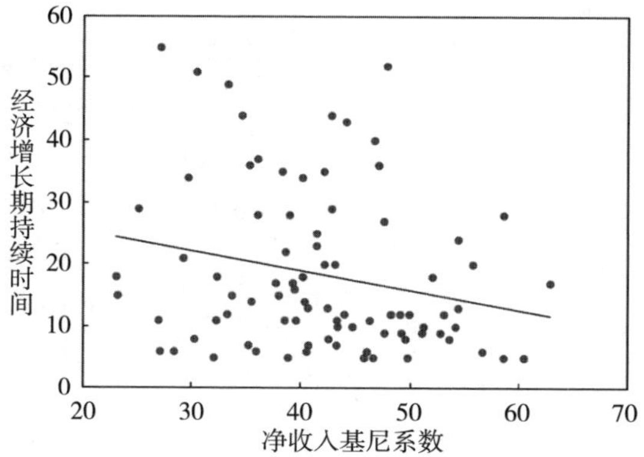

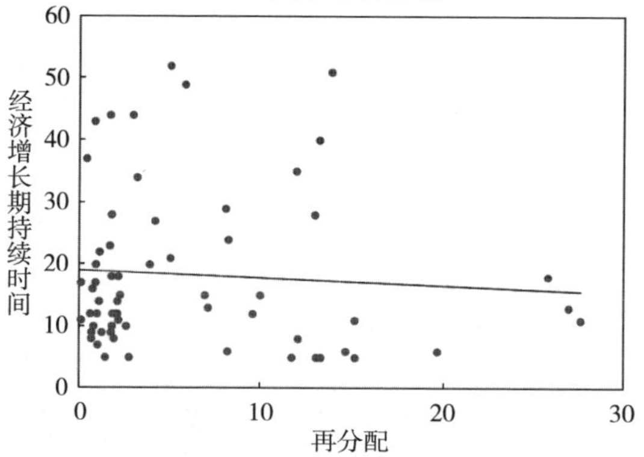

图 5　经济增长周期持续时间、不平等与再分配

注：经济增长期时长与该增长期内平均净收入不平等和转移支付的简单相关关系。包含样本内结束的持续时间，最短持续时间为 5 年。

资料来源：Penn World Tables version 7. 1、SWIID 3. 1 和作者的计算

表 3　不平等和再分配对经济增长的影响

	因变量：人均 GDP 增长率			
	基准变量	基准变量 + 控制变量		
	(1)	(2)	(3)	(4)
初始收入的对数	-0. 0079**	-0. 0140***	-0. 0255***	-0. 0214***
	(0. 0034)	(0. 0029)	(0. 0053)	(0. 0059)
净不平等	-0. 1481***	-0. 1120***	-0. 0901***	-0. 1012**
	(0. 0339)	(0. 0385)	(0. 0329)	(0. 0470)
再分配	-0. 0028	0. 0250	0. 0498	0. 0582
	(0. 0473)	(0. 0412)	(0. 0474)	(0. 0488)
投资的对数		0. 0194**	0. 0249***	0. 0072
		(0. 0076)	(0. 0071)	(0. 0082)

续表

	因变量：人均 GDP 增长率			
	基准变量	基准变量 + 控制变量		
	(1)	(2)	(3)	(4)
人口增长的对数		-0.0480** (0.0216)	-0.0214 (0.0186)	-0.0074 (0.0247)
总教育年限的对数			0.0406*** (0.0131)	0.0334** (0.0142)
大的贸易负冲击				-0.0202*** (0.0063)
政治制度				-0.0015 (0.0081)
开放度				0.0229*** (0.0076)
债务责任				-0.0135*** (0.0039)
常量	0.1368*** (0.0334)	0.2035*** (0.0491)	0.1697*** (0.0458)	0.1654** (0.0690)
观测值数量	800	800	720	544

注：系统广义矩估计。括号中的稳健标准差中标记了 *、**、*** 的分别表示在 10%、5% 和 1% 水平上显著。

资料来源：收入、投资/GDP 和开放度（Penn World Tables 7.1）；再分配和基尼系数（SWIID 3.1）；人口增长（WEO）；初等和中等教育平均年限（Barro & Lee，2012）；政治制度从 -10（最专制）到 10（最民主）（Polity IV）；外债/GDP（Lane & Milesi-Ferretti，2007，更新数据）；商品进出口价比率，当年度变化在后 3/10 时取值为 1（WEO）。具体参见：Berg et al.（2012）

这些结果与通过再分配来减少不平等与经济增长间存在重大的取舍关系的见解相互矛盾。如果这种取舍关系是确实存在的，那么增长与再分配的相关系数就应不仅是负值，而且还应比增长与不平等的相关系数负得更多。如果这种情形属实，考虑到更高再分配的直接影响及其导致的更低不平等的影响，那么降低不平等水平的再分配一般说来是损害经济增长的。第 1 列显示的结果明确地否定了上述假设：净不平等的相关系数显然是负值，而再分配的相关系数则接近于 0。这表明，从样本中得出的平均结果并不是非此即彼的取舍，而是双赢的局面。计入潜在负面的直接影响及其导致的更低不平等的积极影响，再分配的总体效应是有利于经济增长的①。

图 6 以图形方式呈现了这些结果。为了以尽可能一致的测量进行比较，柱的高度代表将讨论的变量的值从样本的中位数上升到 60 百分位数对经济增长率的影响。我们可以看到，保持再分配和初始收入不变，净收入基尼系数从 37（2005 年的美国）上升到 42（2005 年的加蓬），经济增长率平均降低了 0.5 个百分点，也即从每年增长 5% 下降至 4.5%。我们还可以发现，保持不平等和初始收入不变，再分配从 50 百分位数上升到 60 百分位数，经济增长率只有极微小的下降。在第 3 列，我们还展示了这种 10 个百分位数的再分配变化对经济增长率的总影响。这个总影响是下列两个影响之和：（1）保持净收入基尼系数不变时改变再分配的直接影响；（2）基尼系数下降对经济增长的影响，净的影响是将年增长率提高了约 0.5 个百分点。

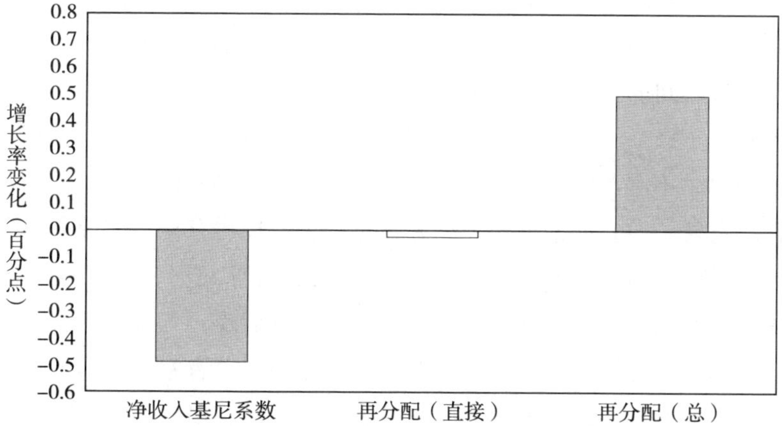

图 6　不平等和再分配对经济增长的影响

注：这张图呈现了表 3 第 4 列的结果。对于每一个变量，柱形图高度表示该变量从 50 百分位增长到 60 百分位而其他变量保持 50 百分位数不变时相关的 5 年期平均的实际人均 GDP 增长的变化；再分配柱形图的阴影颜色较浅，表示其影响是不精确的估计，并且其并非显著不为 0。计算再分配的总影响时假定再分配对市场不平等没有影响。

资料来源：Penn World Tables Version 7.1、SWIID 3.1 和作者的计算

当标准的经济增长决定因素也包含其中时，我们的结果是否还成立呢？表 3 的第 2—4 列呈现了各种似乎合理的设定：首先加入了有形资本和人力资本，

① 考虑两种估计不确定性的统计检验拒绝了这种差异可能是偶然发生的观点。统计检验正式地明确拒绝了平等系数和再分配系数相同的假设。

进而又加入了许多其他标准的经济增长决定因素，如外部冲击、制度质量以及贸易开放度。来自这些列（以及其他我们没有在此展示的因素）的经验表明，加入这些其他决定因素并未改变我们在不平等和再分配关系方面得出的结论。特别是不平等始终是显著的，而再分配则不是①。

如文献回顾中所讨论的，如果不平等水平已很高，不平等水平再有所上升，貌似会对经济增长造成更大的损害。然而，如果用数据说话，当不平等水平已很高时，我们允许不平等的影响有所变化，我们几乎没有观察到不平等对经济增长影响是非线性的证据。类似的，我们也没有找到再分配对经济增长的影响是非线性的证据。

我们得出这些结果所使用的基准样本，体现了在使用全样本和用最严格的准则来剔除一些可能价值较低的数据之间的折中。表4描述了我们在这个维度采取不同选择所带来的变化。采用表3第1列的设定，结果显示在全样本上得出的结果都是类似的（见表4）：较高的不平等水平与较低的经济增长相关，但再分配与经济增长之间的关系通常是不显著的，在最小的样本上尤其如此（第3列）；仅在全样本上（第1列）再分配对经济增长有微弱的正相关，但并不显著②。

综上所述，不平等对经济增长始终是有害的，即使控制了再分配也依然如此。但我们发现，没有证据表明，再分配对经济增长是有害的。现有的数据趋向于拒绝奥肯提出的再分配与经济增长之间一般而言存在取舍关系这一假设。相反，基于这些回归，我们从这些样本看到的一般情形是：考虑到它对不平等的影响，再分配总体上是有利于经济增长的；并且这些结果看起来并不依赖于不平等或再分配水平。此外，无论是采用以相对保守的假设来选择部分数据进入回归分析的受限样本，还是采用所有可利用数据的全样本，这一结论都是有效的。

---

① 结果是以系统广义矩（System - GMM）报告的，其中潜在的内生右侧变量采用适当的后滞值和一阶差分来工具化。该技术适合处理数据的横截面和时间序列变化。所有呈现的结果，都满足对工具变量的有效性，以及一阶和二阶序列相关性的标准检验。

② 将样本进行分离后，我们发现，无论是在OECD成员国还是非OECD成员国，过高的不平等都损害经济增长，其中前者的损害程度要高于后者；而再分配的影响则依然是不显著的。这与Thewissen（2013）的研究结果有所不同。Thewissen（2013）使用LIS不平等数据库和世界高收入经济体（World Top Income）数据以部分OECD成员国（比我们考察的国家数量少）为对象研究了类似的问题。他们发现，无论是不平等还是再分配，与经济增长之间都没有稳健的相关关系。与我们不同的是，他采用的是固定效应方法，这一方法没有解释不平等和再分配的横截面变化（在他和我们的界定中，存在滞后因变量时）。

表 4　不同样本下的不平等、再分配与经济增长

	因变量：人均 GDP 增长率		
	全样本	基准样本	受限样本
	(1)	(2)	(3)
初始收入的对数	-0.0085***	-0.0079**	-0.0072*
	(0.0026)	(0.0034)	(0.0038)
净不平等	-0.1124***	-0.1481***	-0.1422***
	(0.0305)	(0.0339)	(0.0457)
再分配	0.0284	-0.0028	-0.0428
	(0.0328)	(0.0473)	(0.0626)
常量	0.1231***	0.1368***	0.1371***
	(0.0271)	(0.0334)	(0.0439)
观测值数量	948	800	439

注：（1）该表报告了采用基准样本和系统广义矩估计、工具化内生变量的结果。工具变量、一阶和二阶序列相关的联合有效性满足标准检验。括号中的稳健标准差中标注 *、**、*** 的分别表示在 10%、5% 和 1% 水平上显著。（2）全样本包括 Solt（2009）观测的所有变量；"基准"样本始于全样本进而移除了一组 Solt 推断原始调查不可靠的特定观测值；此外，一个观测值要被包含其中，要满足下面两个条件中的一个，设定每一个条件都是为了确保再分配测量是有充分信息的：（a）该国包含至少一次某种"净"概念（如可支配收入或支出）和"市场"概念（如个人市场收入）的调查，从而使这个国家有来自其自身调查数据的国别再分配数据；或（b）与估算的再分配相关的不确定性相对于再分配水平来说是非常小的。而"受限"样本出现在 Solt（2009）中，剔除了发展中国家 1985 年以前和发达国家 1975 年以前的所有观测值。它还要求至少三次（而不是像基准样本那样只需一次）标准（a）中每一种收入概念下的调查，但不需满足标准（b）。

资料来源：Penn World Tables version 7.1、SWIID 3.1、Lane and Milessi-Ferretti database、Polity IV 和作者的计算

（二）经济增长期的持续时间

现在我们转向经济增长期。这里我们沿用伯格等人（Berg、Ostry and Zettelmeyer，2012）采用的方法。这一方法是从医学文献中借用来的。在医学研究中，这一方法用来测量比如说一个人在是否吸烟以及体重、性别和年龄等诸如此类条件下的死亡风险（测定"停留在周期内"的时间）。在这里，我们假定，以本年度（相对于潜在的周期终结滞后一年）或从周期的始点来度量，经济增长期将在下一年终结的可能性（风险）依赖于它当前的持续时间和各种可能的决定因素。在我们的面板回归中，除了我们感兴趣的两个变量（不

平等和再分配），我们还聚焦一组有限的协变量，从而考察即使在一组更广泛的控制变量和不同子样本下，研究结果是否仍然成立。

在基准设定中，我们将风险同经济增长期始点时的初始收入以及经济增长期内的不平等和再分配关联起来，参见表 5 第 1 列。每一个协变量的相关系数，代表独立变量保持不变时，该协变量的单位变化带来的经济增长期将会在下一年结束的概率之变化。在这样的回归中，相关系数通常以比率来表示。相关系数为 0.9 意味着回归因子（自变量）1 单位的变化，使经济增长期的预期持续时间缩短 10%；相关系数为 1.1 意味着预期的持续时间延长 10%；而相关系数为 1 则意味着该变量对持续时间没有影响。

就经济增长的回归而言，可以先验地认为不平等和/或再分配的影响可能是非线性的。然而，从数据中我们没有找到任何证据表明不平等和经济增长期的持续时间是非线性关系。因此，我们的基准设定包含的仅是线性影响。与此不同的是，我们的确发现有证据表明，再分配和经济增长期持续时间是非线性关系。鉴于此，表 5 第 1 列的基准设定将观测值分成两组，一组是再分配非常巨大的（所有观测值的前 25 百分位数），另一组则是再分配相对温和的（其余的分布）①。

从第 1 列中，我们得出的第一个主要结论是，不平等对经济增长期持续时间具有统计上显著的负相关关系。测度不平等的基尼系数增长 1 个点，经济增长期将在下一年结束的风险高 6%（或者，这相当于经济增长期的预期持续时间缩短约 7%）。这印证了伯格等人（Berg and Ostry，2012）的研究结果，但不同的是现在控制了再分配影响。

对于再分配，我们发现（表 5 第 1 列），当再分配水平已很高时（超过 75 百分位），有证据表明，如奥肯提出的“重大取舍”假设，进一步扩大再分配的确会损害经济增长。但是当低于这一水平时，则没有证据表明进一步的再分配对增长有任何影响。图 7 呈现了样本国家的再分配；当超过约 13 个基尼点数时，进一步再分配似乎开始对经济增长有直接的负面影响。

① 第 1 列再分配的两个相关系数检验的 P 值等于 0.095。如果我们仅线性地列入再分配（即不区分再分配水平很高的案例和其他案例），我们发现再分配对经济增长期持续时间总体上具有负面影响。但如第 1 列的基准设定所示，这是由高再分配水平导致的。

表5 不平等和再分配对经济增长周期持续时间的影响

	因变量：经济增长期结束的风险			
	基准变量	基准变量+控制变量		
	(1)	(2)	(3)	(4)
净不平等	1.060**	1.050*	1.060**	1.074**
	(0.0266)	(0.0266)	(0.0291)	(0.0314)
再分配×顶部25百分位	1.098***	1.099***	1.055	0.990
	(0.0322)	(0.0329)	(0.0378)	(0.0567)
再分配×底部75百分位	0.987	0.961	0.971	0.938
	(0.0690)	(0.0735)	(0.0695)	(0.0734)
	1.024	1.026	1.077*	1.216**
	(0.0318)	(0.0318)	(0.0413)	(0.0844)
初始收入的对数	1.024	1.026	1.077*	1.216***
	(0.0318)	(0.0318)	(0.0413)	(0.0844)
投资的对数		3.050**		
		(1.7293)		
人口增长的对数		1.201		
		(1.7085)		
总教育年限的对数			0.694	0.845
			(0.2705)	(0.4260)
大的国际利率负冲击			2.719**	3.198**
			(1.1700)	(1.4887)
大的贸易负冲击			1.391	1.153
			(0.6620)	(0.5945)
政治制度				0.924*
				(0.0398)
开放度				0.990
				(0.0066)
债务责任				1.001
				(0.0027)
观测值数量	640	640	609	549
总周期数量/完整周期数量	62/28	62/28	55/23	49/20

注：这个表报告了采用基准样本、以有随时间变化的协变量的比例风险模型（proportional hazard model）估值的结果，这把经济增长周期将会终结的概率与各种经济和政治变量联系起来。风险比（hazard ratio）为0.9表示回归因子变化一个单位，预期持续时间减少10%，风险比为1表示没有影响，而风险比为1.1则表示持续时间增加10%。我们检验了真实风险比为1的概率。10%、5%和1%的统计显著水平分别用*、**和***标示。

资料来源：同表3。

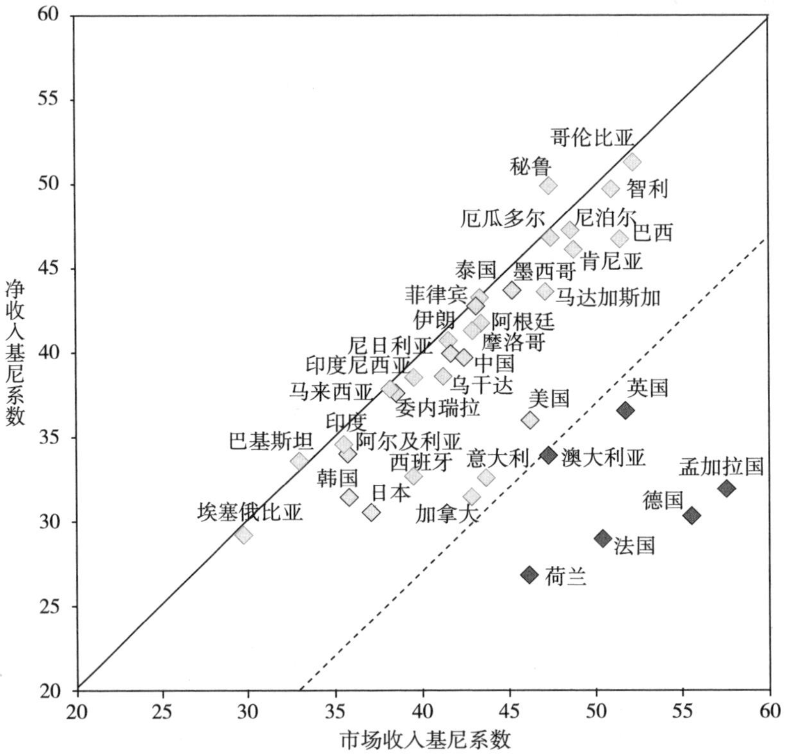

图 7　再分配：顶部 25%和底部 75%

注：为简便起见，只给出了人口最多的 20% 的国家。距实线的距离代表再分配的规模。虚线下面的国家为再分配顶部 25% 的国家。那些正好在线上的国家，市场收入和净收入基尼系数的差距（也即再分配规模）为 13 个基尼点。

资料来源：Penn World Tables version 7. 1，SWIID 3. 1，以及作者的计算

鉴于此，就经济增长回归而言，我们发现，与重大取舍的假设不同，再分配的总体影响是有利于增长的，只有当再分配水平非常高时才可能有所例外。再分配对经济增长没有直接的负面影响，它带来的更低的不平等，看起来亦与更长的经济增长期相关。对于非常高的再分配水平而言，再分配对经济增长影响的点估计为负值，且其绝对值大于不平等对经济增长的估计值（为正），但这种差异在统计上并不显著。这意味着，即使是在再分配水平很高的情形下，鉴于再分配促进公平和减少激励的效应大体上是相互平衡的，几乎没有证据表明再分配对经济增长总体上有阻碍作用。对于较少的转移支付，如那些低于 13 个基尼点数的，证据表明，再分配的总体效应可能是促进增长的，换言之，再分配的直接影响大体上是中性的，但是再分配也带来了不平等下降的预防性

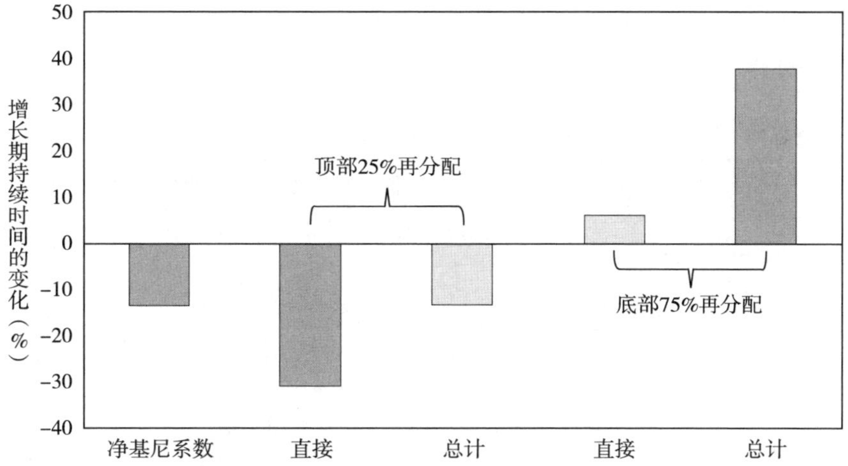

图 8　不平等和再分配对增长期持续时间的影响

注：该图显示了表 5 第 4 列的结果。对于再分配，第一个柱状的高度代表当再分配从 75 百分位上升到 85 百分位时（期间其他变量维持在中位水平）增长期持续时间的增加（百分比）。对于其他变量，相关柱状的高度代表那一变量从 50 百分位增加到 60 百分位时（期间其他变量维持在中位水平）增长期持续时间的增加（百分比）。第三和第四个浅灰色的柱状图表示为非精确估计，且都并非显著不为 0。

资料来源：Penn World Tables version 7.1，SWIID 3.1，以及作者的计算

效应（图 8 呈现了这一结果）。

表 5 的第 2—4 列呈现了类似的结果，但此时控制了很多潜在的影响因素（如实物投资、教育和制度）。我们再次发现，控制这些因素后与不平等相关的结果保持不变。关于再分配的结果则更脆弱。特别是，当控制了某些其他因素，如外部冲击、制度、债务责任和开放度（第 4 列）时，大规模转移支付的负面影响看起来消失了。

尽管我们不可能展示所有可能的组合，基于上述经济增长的回归，我们推断，关于不平等方面的结果是相当稳健的，它看似在一定程度上独立于模型中所包含的协变量；但是我们发现，大规模再分配的显著负面效应则是不稳健的。

在我们考量增长时，数据的稀缺性问题尤为严重。这也并不奇怪：为了分析经济增长期持续时间，我们需要观察它的起始点及随后至少数年。这更重视长时间的序列，因此使用更早的数据。在表 6 中，我们考察了我们的基准经济增长期回归（表 5 的第 1 列），现在我们来考察上面讨论的三组样本。我们能观察到，就经济增长回归而言，全样本的结果与基准样本的结果相呼应。与经济增长回归不同，较受限的样本（剔除 1985 年以前发展中国家数据后的更严

格的样本）中的数据对经济增长期并没有提供有价值的信息（更不用说最受限的样本了）。

表 6 替化样本：不平等、再分配和经济增长期持续时间

	因变量：经济增长期持续时间		
	基准样本	全样本	受限样本
	(2)	(1)	(3)
净不平等	1.060**	1.052**	1.064
	(0.0266)	(0.0252)	(0.0751)
再分配×顶部 25 百分位	1.098***	1.082***	0.981
	(0.0322)	(0.0302)	(0.1097)
再分配×底部 25 百分位	0.987	1.007	0.999
	(0.0690)	(0.0658)	(0.1623)
初始收入的对数	1.024	1.032	1.085
	(0.0318)	(0.0301)	(0.0797)
观测值数量	640	801	364
总增长期数/完整增长期数	62/28	77/31	31/8

注：该表显示了利用全样本、基准样本和受限样本以及比例风险模型对时间变化协变量的回归结果。该协变量与经济增长期演变成一系列经济和政治变量的概率相关。风险比为 0.9 意味着，回归因子每变化 1 单位，增长持续到预期时间的概率降低 10%；风险比为 1 意味着没有影响；风险比为 1.1 意味着，回归因子每变化 1 单位，增长期持续到预期时间的概率增加 10%。我们检验了实际风险比为 1 的情况。*、**、***分别代表在 10%、5% 和 1% 水平上显著。

资料来源：Penn World Tables version 7.1，SWIID 3.1，以及作者的计算

五、结论

我们利用最新的综合性数据的优势，考察了不平等、再分配和经济增长之间的关系。对不平等和经济增长关系的早期研究，通常混杂了再分配和不平等的影响。我们聚焦于中长期，同时关注了超过五年期的经济增长和经济增长期持续时间，得出了一些重要结论。

首先，不平等始终是中期增长速度和经济增长期持续时间稳健和有力的影响因素，即使控制了再分配性转移支付的规模也是如此。鉴于此，伯格等人（Berg and Ostry，2011）得出的结论看起来是很稳健而又具有说服力的。仅聚焦经济增长而把不平等放在一边，仍然可能是一个错误。这不仅是因为不平等

在伦理上不受欢迎，更因为它会导致经济增长速度过低，并不可持续。

其次，几乎没有证据表明，在宏观层面，财政再分配会破坏经济增长。这是一个令人惊讶的结论。我们的确观察到一些混杂的证据表明，大规模的再分配可能会对经济增长的持续性产生直接的负面影响，考虑到通过降低不平等带来的正面影响，再分配对经济增长的总影响可能大体上是中性的。不是过激的再分配，不会直接对经济增长产生任何负面影响。一般水平的再分配，以及相关联的不平等水平的降低，通常与更高、更可持续的增长相联系。

我们需要警惕对这些结果的过度解读，特别是用于政策目的。从这类相关性中得出严格的因果关系是非常困难的。我们并未解释再分配对市场不平等可能产生的影响。我们已强调缺少可靠数据、特别缺乏再分配方面的数据所带来的不确定性。例如，我们对再分配的测量仅抓住了直接税负和补贴，我们并没有直接阐明政府提供的卫生和教育等实物形态再分配所产生的影响；如果说有影响的话，那么从逻辑上来说，这比我们解释的测量对经济增长更为友好。最后，我们从历史和基本原理中得出，超过一定水平的再分配会破坏经济增长；同样，超过一定水平的极端平等对经济增长也不可能是有益的。

尽管如此，通过考察宏观图景，我们还是得出了重要且积极的结论。对于再分配的过度谨慎，以及因此不作为，在很多情况下可能并不是恰当的。通常来说，跨国和长期的研究表明，政府通常所做的再分配，看似并不会导致坏的经济增长结果，除非他们做得过于极端。除了道德、政治和更广泛的社会方面的考虑之外，缩小不平等也有助于支持更快、更持续的经济增长。

这方面留待大量研究和政策议程。即使给定这些关于平均影响的结果，促使再分配尽可能有效率依然是重要的。对于其中作用机制的进一步观察，将会有助于深化我们的理解和政策建议。我们在此呈现的研究结果凸显了这方面议程的紧迫性。

（北京师范大学社会发展与公共政策学院　徐晓新博士　译）

由于篇幅所限，参考文献略，特向作者和读者致歉，需要者可向《比较》编辑室索取：bijiao@ citicpub. com。

改革是当下中国的时代命题。本书从过去170多年的历史长河，来回顾改革、理解改革、求解改革。面对中国改革的艰巨性，本书提出“明道、树势、优术、抓时”四位一体的改革方法论，这也是作者从历代社会经济变革得失中汲取而来的经验。

贯穿全书的核心论点是，只有合理界定政府与市场、政府与社会之间的治理边界，才能真正实现国家治理体系和治理能力的现代化。

基于上述论点，本书提出了全方位联动改革的设想，并据此鞭辟入里地分析了政治体制、法治建设、文化体制、对外开放、农村改革与城镇化、要素市场、金融体制、国企改革与民营经济、财税体制、社保体制、医疗卫生体制、生态文明体制、教育体制及房地产等改革和发展议题，对各领域深化改革应取的理念和方向进行了探讨，给出了行动建议。

希望本书能够为下一步全面深化改革和公共政策制定提供更丰富的视角和思路，也有助于读者更好地把握中国改革的发展脉络和未来走向。

比较之窗

Comparative Studies

Comparative

阿根廷悖论

微观解释与宏观迷局

艾伦·泰勒

1. 引言

在经济学界有一种说法（可能是杜撰的，不清楚最初是谁提出来的）：“综观历史，世界上只有四种经济体：发达经济体、发展中经济体、日本以及阿根廷。”

通过观察图1所示的过去两个世纪里一系列国家的长期人均收入水平，我们能更好、更具体地理解这一说法。全世界范围内物质生活水平已经显著提高，但是众所周知的大分流也相当明显。一些富裕国家变得更加富裕，而大部分较为贫穷的国家平均都发展得较为缓慢。在每一类经济体中，都有明显的例外，一些非常贫穷的国家几乎没有改善。然而，最引人注目的是那些历经反转，从一种经济体转换为另一种经济体的国家。

曾经为穷国但现在已跻身富裕国家或地区的包括日本（其转型约始于100年前）、韩国和中国台湾（它们的转型始于50年前，现已基本完成）。但是从

---

* Alan M. Taylor，加州大学戴维斯分校经济系和管理研究生院教授。该文是由 Rafael Di Tella、Edward Glaeser 和 Lucas Llach 在哈佛大学组织举办的“Exceptional Argentina”研讨会上的参会论文。感谢举办方、编辑们、匿名审稿人和参会人员对本文提出的意见和建议。作者文责自负，所阐述的观点不代表美国国民经济研究局的观点。

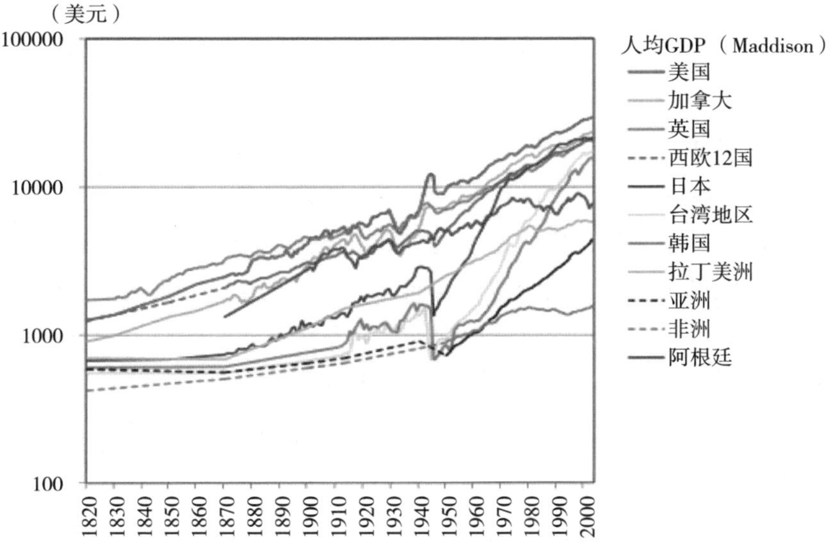

图 1　大分流和阿根廷

资料来源：Maddison（2007）

另一边来看，只有一个特例国家开始时相对富裕但之后却相对贫穷：这就是令人迷惑不解的阿根廷。19 世纪晚期，阿根廷位列人均收入前 5 名，比英国以外的其他欧洲国家都富裕，与美国、加拿大和澳大利亚等国人均收入水平基本相当。它在最富裕经济体中的地位于 1913 年达到顶峰，此后收入趋同停止。即使到 1929 年，它仍然是富国俱乐部的一员，但之后不得不面对收入增长缓慢且与其他富国日益分化的局面。目前，阿根廷的人均收入只接近于世界平均水平，仅是西欧 12 个核心国家平均人均收入的 40%。

1.1　“微观解释”：贸易和投资

卢卡斯·拉奇（Lucas Llach）在其附录章节中，着重阐述了一些重要背景，这些背景为此处的观点做了铺垫。拉奇讨论了为什么 1913—1929 年间阿根廷的繁荣具有潜在脆弱性，并且易于反转：1914 年以前，阿根廷的繁荣主要依赖于实物资本，如铁路和可耕种土地，而通过产业和人力资本获得更多增长的潜力受到了限制。从人力资本发展的指标看，包括教育和医疗，阿根廷落后于它的富裕竞争对手，而从区域来看，它的财富主要集中于布宜诺斯艾利斯及其周边省市。这就是阿根廷 1929 年左右独特的初始经济状况。

作为补充，本部分还从其他两个不同方向进行了论述：一是通过追溯已有的“深层决定因素”理论，并看看它们与阿根廷的经济萎靡的关系；二是看看大萧条之后这些初始经济状况的演变情况。我认为，阿根廷“宏观迷局”的主要特征是人均收入开始出现大分流并于1929年之后加剧，同时参考了前人对此提出的一些定量解释，尤其是对贸易和投资壁垒发挥核心作用的解释。

在阿根廷有很多这样那样的扭曲，对那些喜欢用最少参数的简单模型给出单一解释的经济学家来说，扭曲也许太多了。但是，我们所研究的这个国家有着杂乱无章的经济发展史：就经济政策而言，几乎任何地方都可能出错，而且的确也出了不少错。在这个怪异的历史大实验室中，过去200年中开展过许多奇怪的经济政策实验，通常会持续很长时间，却很少产出持续性的影响。总之，关注一些关键的“微观解释”能帮助我们理解将公共政策与经济表现对应的过程中容易出错的地方。

1.2 “宏观迷局”：难以捉摸的深层决定因素？

除了寻求直接原因（immediate causes），还有一些经济学家更关心的是寻求经济结果所谓的“深层决定因素”，包括可能被当作初始因素或外生因素的间接因素（distant factors，通常是暂时的），而这些因素可以解释近因（proximate cause），进而解释经济的惨淡表现。广被引用的解释有：一国的地理情况（包括土地、资源禀赋和气候环境）、殖民经历以及法律起源。

我们逐一回顾这些对阿根廷分析后发现，与其他国家相反，这些解释并不适用于阿根廷。例如，阿根廷是一个典型的温带气候国家，它曾被欧洲人殖民统治，拥有较高的识字率（尽管并不均等），以法律起源来看是普通法与大陆法系的特殊混合体。因此，在讨论经济成败的原因时，阿根廷是一个特例，那些似乎处处适用的多数规则压根儿不适用于阿根廷，这进一步加深了“阿根廷之谜”。

这一鲜明对比给我们留下了一个“宏观迷局”：为了弄清楚阿根廷到底哪儿出了问题，为什么会出问题，我们需要做很多事情。是怎样的政治经济机制让阿根廷在20世纪逐渐脱离了原来的轨道？一个世纪以前，这个国家尽管有些起伏，但整体还是繁荣的，国民教育水平也较高，地处温带，经济开放，对法治的适度容忍，而且正在向宏观经济稳定和自由民主的方向迈进。这和其他殖民国家并无太大差异。而一个世纪后的今天，它看起来非常不同。

1.3　有待解释的问题

在本文接下来的两大核心部分，我们会分析阿根廷经济下滑背后的一些近因，这些因素多已被广泛讨论。我们还试图将这些因素置于某种经验视角，来评判它们对阿根廷的经济放缓到底影响几何。

为了实现这一目的，我们主要关注这些效应对产出的稳态影响。在各种情况下，随着时间的推移，这些扭曲的程度各不相同。但是，在标准新古典模型（经验或理论）下，这些扭曲会逐渐趋于稳态，在任何一个标准化的动态模型中，这些因素都有很强的历史惯性，会持续数年或数十年。

鉴于强大的惯性力量，我们有必要记住那些要解释的收入差距。今天，阿根廷的人均收入水平（约 8000 美元）基本是西欧富裕国家（约 20000 美元）的 2/5。因此，我们想找出一个因素（或者一系列因素），当这些因素强加给一个富裕国家时，可以将其收入拉低至 2/5 水平（或者下降 60%）；或者类似的，当将这些因素从一个贫穷经济体剔除时，可以将其收入拉高至原来的 5/2 倍（或者增加 150%）。又或者更简单一些，以对数（Log）形式来表示，我们将试图解释相对收入 1.000 个对数点的变化。

2. 20 世纪的阿根廷贸易

在 20 世纪的大部分时间里，阿根廷的贸易量（占 GDP 的比重）是非常低的，不管是相对于其 1900—1914 年间的初始水平，还是相对于一个规模相当、地理位置相似的经济体的贸易水平而言。

图 2 描绘了阿根廷贸易份额（进出口总额/GDP）随时间推移的演变趋势。这一比例从第一次世界大战前的 80% 以上下降到 1920 年代和 1930 年代的 20% 以下，并且自此以后一直维持在这一水平（Berlinski，2003）。即使在 1990 年代自由化浪潮的推动下，这一比例也没有提升。这就是 20 世纪阿根廷贸易的主要经验事实。

现在的问题是，这一趋势在多大程度上可由（不断变化的）贸易政策摩擦所解释？另外，更重要的是，与世界其他国家相比，那些摩擦多大程度上反映了阿根廷的政策？从 1930 年代至 1960 年代，全球经济的贸易壁垒几乎都很高。正如迪亚斯・亚历杭德罗（Díaz Alejandro）等人所解释的，阿根廷的政策

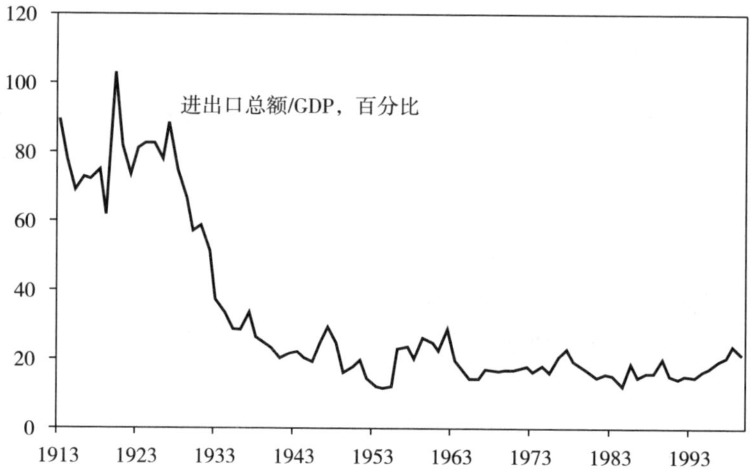

图 2　阿根廷的贸易量

资料来源：Berlinski（2003）

决策并非那么不同寻常，与其他多数国家一样转向进口替代工业化（Impost Substitution Industrialization，ISI），只是路径依赖和政治经济动态变化的一种反映：当 1920 年代尤其是 1930 年代全球富裕核心经济体选择自给自足（战争所致）时，外围国家在短期内必须寻求另一种经济策略，开放并专业化生产不确定性很大的初级产品曾经令它们陷入下行风险，所以，它们不再像以前那样盲目地寄希望于一个稳定的、全球化的、自由开放的世界贸易市场。阿根廷正是如此。

然而，尽管从发展中国家的标准来看，阿根廷的立场并不那么特殊，因为在发展中国家内向发展策略是正常的；但以富裕国家的标准来看则不同寻常，因为富国认为阿根廷从表面来看希望自己属于（或者说仍然是）富裕国家。1945 年之后，关贸总协定的签订（以及 1957 年之后的欧洲经济共同体项目）迅速推进贸易一体化，但是直到乌拉圭回合谈判（约 1990 年），阿根廷仍然像其他发展中国家一样，远离这一贸易发展进程，其政策仍然带有强烈的贸易保护主义色彩。

配额制带来的扭曲尽管缺乏数据支撑，但在阿根廷这些壁垒非常明显，无论是直接壁垒，还是通过外汇限额配给（1940 年代至 1950 年代早期）所带来的间接壁垒。贸易税更容易证明，图 3 显示了长期以来我们所知道的平均进口税和出口税（Berlinski，2003）。第一次世界大战前进口税并不低，这是一项重要的收入来源，但出口税为0。随后，在1920年代至1930年代，平均贸易税开始攀升。在第二次世界大战期间和战后外汇管制时代，贸易税有所下降。1960年代之后，进口税和出口税都迅速攀升，均达到15%的水平，或者说总的扭曲达到了30%。从1980年代两个不相称的拐点来看，在恶性通货膨胀时期，出口税往往会急剧下降，而进口税会增加，以补偿出口税的减少，但这些数字也可能只是核算问题。在1990年代的自由贸易主义时期，出口税被取消，但进口税仍然较高，尽管其他方面的贸易政策或多或少开始倾向于自由化（例如，依据GATT/WTO承诺取消了配额制，试图组建区域性的贸易区划，即南方共同市场）。

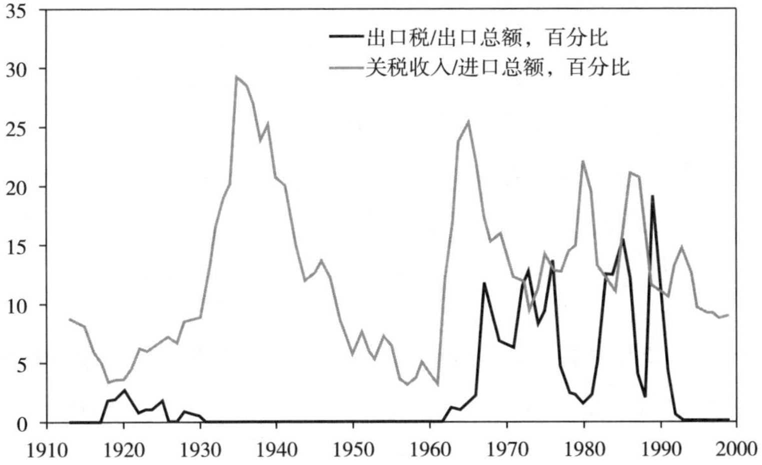

图3　贸易税

资料来源：Berlinski（2003）

这些贸易壁垒对收入水平最可能的影响是什么？我们不能冒险给出一个精确的答案，但是我们能基于校准模型或计量经济学估计给出一些简单的答案。在本文的模型设定中，我将忽略标准无谓损失（dead-weight loss），因为由静态消费和生产扭曲引起的效用损失非常小（通常最多1%—2%），所以在讨论大分流时可以忽略不计。我进一步缩小关注点，只检验贸易摩擦对贸易保护主义政策可能降低收入的两种渠道的影响，这两种渠道受到人们的热议。

首先，更高的贸易成本增加了进口资本品和中间投入品的成本。这些成本不容忽视，越是在开放度高、在生产这些产品上具有比较优势的国家，这些成本越发不能忽视。阿根廷就是这种国家的典型，理解这类成本如何拖累经济表现可追溯到亚历杭德罗（1970）对战后经济表现不佳的经典分析。亚历杭德罗指出，许多重要的进口资本投入品（如农业或工业机械）对国内价格带来了巨大冲击，尤其是那些国内价格比国际价格高很多的产品。

我们现在将数据带入能捕捉这些影响的模型中，这些模型得到了计量经济学的支撑。如上所述，假设贸易壁垒使得贸易成本增加了 50%（大约相当于 1950 年以来贸易税负的量级），同时假设，一个初始开放的经济体的进口额占到 GDP 的 40%（该数字在阿根廷最后一次看到约是 1910 年，也是阿根廷和世界其他国家接近完全开放的时间）。让我们再假设，中间投入品占到进口额的 50%，资本品占到 25%，这是在阿根廷几十年历史数据中看到的大致稳定的数字（Berlinski，2003）。

用埃斯特瓦德奥尔达尔和泰勒（Estevadeordal and Taylor，2013）的标准开放经济新古典模型，我们能得出这样的结论：给定上述进口份额，在长期稳定状态下，贸易税将降低 GDP 约 0.200 个对数点，或者说 20%。这其中 2/3 是由更高的中间投入品成本引起的（类似于负的生产率冲击效应），1/3 是由更高的资本品成本引起的（类似于负的储蓄率冲击效应）。当可解释的缺口是 1.000 个对数点时，这些效应是相当大的，因为它们解释了阿根廷经济下滑的 1/5。

进一步考察贸易摩擦对产出影响可以看技术转移进程。这里有很多候选理论模型，但对于能很好地拟合数据的结构和校准模型，学者们没有一致意见，也没有与此相关的可靠统计证据。因此，我们将依赖最近的经验估计，并且鉴于这些效应都比较小，我们将计算这一效应的上限。在最近的研究中，阿查里雅和凯勒（Acharya and Keller，2008）在控制技术领先国进口水平和研发强度的情况下，检验了技术领先国扩大进口对追随国全要素生产率的影响，以及两者之间的交互作用。他们的研究基于大部分发达国家，并且以美国作为技术领先国。

本文中，我们考虑对阿根廷这个追随国进行类似的分析，其中，将 OECD 视为研发来源国。阿查里雅和凯勒（2008，表 8）对上限的估计结论显示，在研发密集型部门，当地全要素生产率对进口额的弹性的一个高估计值（95 百分位）是 0.06（对于多数部门而言，这一效应很小或者为负，反映了可能的抗衡力量，也就是说，进口竞争力对一个追赶不及的产业具有破坏力）。

运用这些估计，如果将 0.06 的弹性适用于 1914 年以后阿根廷贸易量的一半，就意味着，由于技术转移不强所致的阿根廷全要素生产率的下降为3%。在稳态下，给定资本积累为内生，对收入的影响将会更大，可能总收入效应会达到5%或者0.050个对数点。因此，通过进口渠道的技术转移将只是整个故事的一小部分：总的来说，这一渠道的统计证据是非常微弱的，即使我们修正假设，尽可能让其影响变大。总而言之，相对于抑制技术转移带来的收入损失（约收入的5%或0.05个对数点），贸易政策摩擦引起的收入损失（收入的-20%或者-0.200个对数点）主要源自进口资本品和中间投入品的成本增加。

3. 20世纪的阿根廷投资

我们要检验的第二个能解释阿根廷低收入的因素是资本的稀缺性。此处我们的意思是，在标准的新古典增长模型，资本/劳动比 $k = K/L$ 是次优的。在最简单的模型中，工人人均产出 $y = Y/L$ 可表示为 $y = Ak^a$，其中，A是全要素生产率（TFP），资本份额 $a = 1/3$，这是现代实证研究中常用的典型指数（Gollin，2002）。

在工人人均资本水平为 k^*，工人人均产出水平为 y^* 的情况下，模型的稳态可以通过资本积累假设来实现，特别是可以运用索洛或拉姆齐增长模型。在其中任何一个模型中，k^* 和 y^* 均随着TFP（或A）的增长内生地增长。因此，在一个“水平核算”（levels accounting）中，一国的收入水平（相对于某个参照国0）可以分解成：（1）TFP的下降，即A低于 A_0；（2）阻止k到达假设的最优水平 k^* 的摩擦力，因为投资税或其他扭曲产生了一个楔子，使得资本边际产出（MPK）高于其最优水平 MPK^*。由于是柯布—道格拉斯生产函数，$MPK = aAPK$ 与 $APK = Y/K$ 呈比例关系，因此，基于霍尔和琼斯（Hall and Jones，1999）的研究，其公式可以改写为：

$$y/y_0 = [A/A_0]\ (MPK_0/MPK)^{[a/(1-a)]}$$

其中，根据比例关系，K/Y被替换为a/MPK，为简单起见，额外的人力资本忽略不计，另外，给定 $a = 1/3$，该方程的指数为1/2。

自霍尔和琼斯以来，学术界对富裕国家与贫穷国家的收入大分流的共识是，上述 A/A_0 比 MPK/MPK_0 对分化程度更有解释力（例如，Easterlyand Levine，2001；Gourinchas and Jeanne，2006；尤其是Caselliand Feyrer，2007）。的确，对于阿根廷，霍尔和琼斯运用1988年的数据进行计算，发现上述MPK

仅能解释阿根廷与美国收入差距的5%。这是否意味着应该放弃解释变量MPK呢？

未必。近期实证研究能帮助我们更好地理解阿根廷资本存量的演变。经过恰当计算发现，MPK的扭曲对收入差距有显著贡献。例如，运用霍尔—琼斯方法，基于永续盘存法（PIM）中的已投入资本（installed capital），图4给出了美国和阿根廷隐含的MPK。霍尔—琼斯的估计截至1988年，因为他们引用的PWT 5.6的数据就到1988年。但是我们现在有PWT 6.2，数据可以覆盖到2004年，而且从中我们看出1988年是非同寻常的一年。

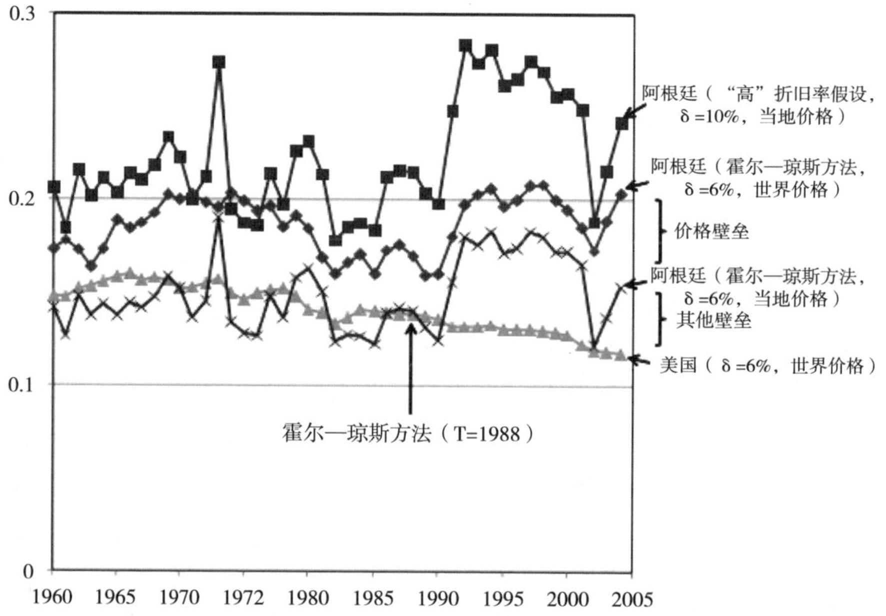

图4　资本边际产出

资料来源：作者运用Hall and Jones（1999），并根据PWT 6.2将数据区间拓展为1960—2005年，计算而得

阿根廷在债务危机之前曾过度借贷和过度投资，1988—1990年间，由于经济陷入衰退和恶性通货膨胀，产出出现下滑，已投入资本大量闲置。如果想找出阿根廷的APK以及MPK看起来非常低的一个时点，就应该选择这样一个年份，在这个年份中MPK扭曲较小，而且在价格调整之后根本不存在，资本也不稀缺。因此，在这类计算中，测量不准是一个潜在的严重问题。

我们看到，在过去30年的大部分时间里，情况是非常不同的。运用追溯到 1960 年的数据，以及霍尔—琼斯 PIM 6% 的标准折旧率，阿根廷的 MPK 水平看起来平均比美国高出 50%，这是相当大的差距。我想说的是，1980 年代以及 2000—2003 年间，对这一模式的偏离较易理解，而且应该打一些折扣，因为这些时期经济严重衰退，所测量的已投入资本与在用资本并不相同。如果我们可以进一步修正用于衡量产能利用率的阿根廷资本投入时间序列的测量方法（目前还没有统计员做这项工作），很可能即使在衰退时期，我们也会发现同样的差距。

这些楔子的存在是否完全因为我们已经考虑到的因素，即资本的相对价格呢？如果是这样，我们就不用怀疑其计算方式了，即这就是需要用当地价格而非世界价格来评估 MPK。图 4 显示，这确实会引起一些差异。以当地价格评估的差异很明显没有那么大，但在统计上仍然显著，而且与近期其他人用不同方法做的资本存量估计相匹配。例如，科雷伯格（Coremberg，2003）将阿根廷和美国 1998 年的资本产出比分别设定为 2.85 和 1.95，转换成 APK 后则分别为 0.351 和 0.513，相应的，在假设 a = 1/3 的情况下，MPK 分别为 0.117 和 0.171。

这些对特定国家的独立估计与图 1 运用当地价格调整后的粗略估计（其中 1998 年美国和阿根廷的 MPK 水平分别为 0.129 和 0.180）非常匹配。差距的主要因素是上述讨论的贸易扭曲：换句话说，这些是资本品贸易壁垒之外的额外资本摩擦证据。它们还显示，阿根廷的 MPK 比美国高出 50%。

这些数据把普遍运用在发展中国家经济不振上的“是 A 而非 K”式的争论往后推了一步。即使赞同基于 TFP 的解释的传统部门工作的研究者们，也不得不承认，1990 年代，MPK 的巨大差距是阿根廷资本浅化（capital shallowing）的证据。也就是说，即使在近些年经济成功运行的大部分年份，资本积累的速度也跟不上人们认为生产率快速上升时期所期望的速度（Kydland and Zarazaga，2002）。这些结论表明，即使有利可图，阿根廷在动员充足的资本积累方面确实面临一些困难。1960 年代至 1980 年代，投资增加缓慢与生产率下降相伴而生，并且阿根廷一直伴随着资本基础的折旧和适度的净资本存量增加。但随后的 1990 年代，TFP 促进增长的机会出现，但资本很明显没有被充分动员。

这些差距对收入的作用并非微不足道。假设，正如上述对 1990 年代所估计的，无论数据来源于 PWT 还是科雷伯格，阿根廷的 MPK 都平均高于美国

50%或者0.500个对数点。那么，在上述收入差异的表达式，适用1/2的指数，则这一资本积累的差距解释了两国25%或0.250个对数点的收入差异，从而，我们又解释了1/4的阿根廷之谜。

与新古典主义的基准相比，如果资本较低而MPK较高，则存在一些疑问：为什么阿根廷的投资不足到如此程度，以至于使资本边际产出远远高于参照水平？投资楔子的实质是什么？是什么潜在因素造成了这一扭曲？我无法量化每一种可能的渠道，但是我能提出几种解释，这些解释均围绕能增加资本成本或投资风险的因素展开。所有这些都需要进一步论证。

首先，存在宏观经济小概率事件带来的风险。众所周知，依据风险厌恶模型，高风险投资通常有高额回报（Mehra and Prescott，1985）。然而，罕见的“猛烈冲击”或价值跳水，会通过巨大的资本损失使财富蒸发，这对于解释迷局来说足够了（Rietz，1988；Barro，2005）。毫无疑问，阿根廷历史上出现过多次剧烈冲击，严重影响了投资回报。有好几次高的或恶性通货膨胀侵蚀了名义债务。这些以及其他大的经济危机经常给银行业部门带来毁灭性打击，导致了信贷萎缩和一系列金融工具的巨大损失。因此，如果阿根廷的投资回报更易受到冲击，则投资者们可能要求更高的回报率来补偿波动性和/或不对称性，这意味着一个总体更高的均衡MPK。这些风险也可能出现在一个有着较低货币乘数和杠杆率的受压制的金融体系中，从而进一步收紧信贷。

其次，存在违约风险和产权问题。除了市场波动引起的小概率事件，可能在应对宏观经济的政策中，我们还必须认识到，直接没收或重新分配财富，或其他产权保护不力，都曾在阿根廷历史上多次出现。除一系列违约（Reinhart and Rogoff，2004）外，还包括银行止付、强制债务转换、比索化（pesifications）及其他没收财产的情况。虽然从事后来看，在发生这些事情时，偶尔会区别对待当地人与外国人，但大多数时候，尤其是事前，人们并没有预期会有这种区别对待。

如果资本价格扭曲（如贸易政策）解释了0.250个对数点的收入差异，资本积累摩擦（较高的MPK）又解释了0.250个对数点，则我们已经解释了1.000个对数点的收入差异的一半。这可不是一小部分了。人均收入增加50%将使阿根廷从8000美元的水平上升至13000美元的水平（大致与希腊、葡萄牙相当，接近于韩国）。即使在1913年，在其相对峰值时期，阿根廷的收入水平约为美国或英国的70%—80%，因此，即使当前的收入差距缩小一半，我们也不用像现在这样动不动就说“阿根廷之谜”了。

接下来，我们对阿根廷与OECD的差距，能否给出更多的解释？我们有多个理由认为，我们可以给出几个尚未考虑到的重要经验因素。有三个非常重要的因素要予以考虑。

第一，投资质量问题。所有对MPK的计算都基于对资本存量的计算，而资本存量的计算基于永续盘存法或HV方法以及多个标准化的假设。但是，在较贫穷国家，资本的“质量”一般较低。由于治理水平较低，贫穷国家的公共投资更容易闲置，并且大部分公共投资支出可能会流于贿赂和腐败（Tanzi and Davoodi，1997）。一些国家的企业数据显示，私人部门的投资也存在类似的情形（Bu，2006），这或许是由于私人部门腐败，或者是由于技术维护的高成本或障碍，或者是由于管理不当的公共资本的不利影响，使得私人部门投资早早夭折或运营不善。因此，资本的效率和能力低于它本可以实现的最好水平，更高的折旧率是必然的。例如，霍尔—琼斯方法假设所有资本的折旧率均为6%。但是，如果将该折旧率统一运用到富国和穷国，这些折旧率未免有些太低了。有人（Bu，2006）估计了1990年代所有企业固定资产的一个较低的中值折旧率，其中菲律宾为16%，韩国为12%。在印度尼西亚和一些非洲国家，据称中值折旧率更高，在25%—60%之间。这给资本存量和MPK估计抛出一个深刻的问题，因为这些估计结果对折旧率高度敏感：折旧率每增加1%，永续盘存法测量的资本存量下降1%，MPK上升0.67%（如果$a=1/3$）。如果资本质量比典型假设低而折旧率比之高，那么阿根廷的资本稀缺程度甚至可能比普遍认为的更严重。

第二，投资错配的问题。MPK的计算还基于如下假设：资本在经济中有效配置，或者MPK在各部门是均等的。但是反对观点认为，发展中国家的情况并非如此。相反，出于各种原因，投资可能会出现错配，如私人金融部门的腐败和低效，或者国家在金融资源配置中的作用。谢长泰等人（Hsieh and Klenow，2009）对中国和印度的研究显示，与美国相比，对资本进行有效再配置可以将TFP提高50%或更高。一种合理的假设是，阿根廷也存在类似的错配问题（虽然可能没这么严重），并有助于解释我们先前及上述测算不能解释的余下的收入差距。这可能是未来运用产业普查数据和其他测量数据进行研究比较容易出成果的领域。

第三，投资多样化问题。投入品价格扭曲可能是20世纪贸易拖累阿根廷经济的主要原因。1914年以后，尤其是1930年代至1950年代，这一情形主要归因于对开放贸易非常不利的全球环境，但是，尽管全球贸易随后开始繁荣，自身的贸易政策扭曲仍然是问题的主要原因。上述估计（0.200个收入对数点）也可能较为保守，因为它仅关注所谓的“集约边际”（intensive margin），即给定进口商品的数量。但是，近期贸易领域的实证研究文献表明，针对“集约边际”的投入壁垒也会影响可比的经济成本，比如限制进口商品的种类。如果这些结果会转嫁到中间产品和资本投入品上（很明显会的），这就是对投资的另一种贸易壁垒。量化这一壁垒对一系列国家（包括阿根廷）的影响将是未来研究的一个重要方面。

这三个额外因素——投资质量、配置和多样性——是有效投资的额外壁垒，并且有可能已经拖累了阿根廷的经济，即使到底幅度有多大仍然是有待研究的问题。

4. 结论性思考：深层决定因素

讨论到这里，我们知道“微观解释”意味着，在一定边界之内，阿根廷的各种经济政策和制度缺陷如何导致了其不佳的经济表现。并且，从经验分析来看这些因素似乎大到足以解释我们所见的收入大分流的大部分。但是，这仅仅使问题更深了一步：为什么会做出这些选择，对此有什么解释？

对于所有国家，不只是阿根廷，经济学家和历史学家都在试图解释大分化的深层次和内在原因。问题是，就像我在论述这一部分时所说的那样，已有的、在其他国家很有说服力的解释，在应用到阿根廷经济发展史上时，说服力似乎下降了一半还不止。

4.1 地理与帝国

在讨论之初，让我们基于已有文献给出一个常规因果排序。上述我们提出，政策会影响产出，我们可以简单表示为“政策→人均收入”。一些学者担心的问题是从收入到政策的潜在反向因果关系，这暗示我们要寻找到能解释政策的深层决定因素。例如：

X→制度→政策→人均收入

如果X是一个外生的深层决定因素，它可以成为一个工具变量，以避免收入对政策或制度回归时出现内生性问题（如，可参见：Acemoglu、Johnson and Robinson，2001；Rodrik、Subramanian and Trebbi，2004）。

X 到底是什么，现有文献对此有不同的表述。地理决定论者将关注点放在纬度、气候/农作物、疾病上。疾病可能对劳动生产率有直接影响（Gallup、Sachs and Mellinger，1999）。农作物可能影响生产组织及其制度（如奴隶制），从而影响向民主和资本主义的进程（Engerman and Sokoloff，1997；Easterly and Levine，2003）。另外，疾病和气候的影响也可能更间接，欧洲殖民者不太可能（倾向于）在热带（温带）区域定居，并且更倾向于建立“掠夺性”制度（Acemoglu、Johnson and Robinson，2001）。

在所有这些解释中，历史制度选择至关重要（Engerman and Sokoloff，1997；Acemoglu、Johnson and Robinson，2001），它对现在的关键影响通过一种持久性政治经济机制发挥作用，即使这些地方获得独立后，高度的不平等性仍然在保护着殖民时期的掠夺体制，这些体制有利于精英群体，导致了收入和教育的高度不平等，使得经济发展水平一直较低。

为什么这些理论不能很好地用来解释阿根廷的情况，似乎变得越来越明朗了。阿根廷位于温带区域而非热带区域，尤其是该国的经济核心区潘帕斯大平原和沿海地区。这些地区的人口许多都有欧洲血统，他们在体格上和文化上都与殖民中心阿尔蒂普拉诺有所不同。奴隶制虽存在过，但比较短暂和本土化。最主要的是，这个国家并没有出现持久的不发展：无论其独立时继承了怎样的物质和政治遗产，1900 年以前它是一个富裕的国家，有一个正常运作的民主机制，选举权范围在扩大；最重要的是其有一个像样的教育体系，同时，有着令人称赞的人力资本水平（有关教育和人力资本的作用的论述，参见 Llach、Campante and Glaeser）。

在 1900 年，阿根廷更像加拿大而不是喀麦隆。要解释的问题不是这个国家从来没有发展过，而是它有成功的潜力，并且曾经做到了，之后又倒退回到了欠发展状态。当制度、不平等和经济缺陷随着时间并没有太大改变时，就很难用地理和历史的深层决定因素来解释这种逆转。另外，为了进行更直接的反驳，对拟议的基于不平等的传导机制进行了微观层面的研究，提出了进一步质疑：最近的研究表明，不平等并不纯粹是殖民时期的遗产（Arroyo Abad，2008），事实上 1820—1914 年间，许多国家的不平等程度的起伏大都源于外部冲击（贸易条件、移民），因此，独立时的不平等程度被证明并不是衡量 1914

年不平等性的良好指标。

解决这一难题的办法是关注外生因素，但也要关注备选的深层决定因素（如法律），或者关键时刻来自全球其他经济体的强大外部冲击与初始历史条件的相互作用。文章最后，我将就这两个主题给出一些推测。

4.2 法律起源

格莱泽和施莱弗（Glaeser and Shleifer，2002）一项非常有影响力的研究显示，经济成功另一个可能的深层决定因素是法律起源：无论一个国家是普通法系还是民法系。从经验来看，法律起源与殖民权力有关，并据此形成一个广泛认同的观点：在所有殖民帝国中，英国比其他帝国做得更好，因为他们把更好的制度带到了殖民地（Ferguson，2003）。普通法在较富裕的英属殖民国较为流行，如美国、加拿大、澳大利亚和新西兰。民法在欧洲大陆国家以及他们先前统治的贫穷的殖民地较为盛行。在其他英国统治过的殖民地，即非洲和亚洲较为贫穷的地区，独立后的法律结构是普通法和民法的混合体。

对于那些寻求深层因素的人而言，阿根廷提供了又一个有趣、独特且有些反常的个案，它并不容易被归为某一类。一般认为，无论是普通法系还是民法系，从长期来看，都有某种程度的混合，例如，在民法系中司法机关行使其权力；在普通法系中，立法者创设法典。但阿根廷是个非同寻常的国家，因为它从一开始就是混合体。

早期的阿根廷法律体系是从独立时期（1813 年试图建立统一政府的集会失败）到国家最终统一（1859 年）长期政治斗争的产物。早期编写宪法的努力失败，主要是源于布宜诺斯艾利斯集权主义者与其他地方反对势力的紧张关系。1853 年，在阿尔韦迪的学术影响下（主要受到美国、瑞士和其他早期宪法的启发），除布宜诺斯艾利斯外的其他省份颁布了第一部宪法。阿根廷的民法典仅始于统一以后的 1869 年，由贝莱斯·萨斯菲尔德（Vélez Sársfield）编纂。

这些体系在现实中如何共存，它们有什么样的经济效应？在不同时期，某一个是否会占据上风？表面上看来，似乎普通法的特性，尤其是司法审查和其他权力，在 19 世纪运用较多。但在 20 世纪，摆钟已转向纯粹的民法操作（在民主与独裁下均是），以至于在过去十年，该国常常号召外国专家帮助重建长期占主导地位的法律体系的主要功能。大部分法律起源证据本质上是截面性质，但有一个奇怪的国内时间序列变量的例子。经济下滑与阿根廷宪法和普通法衰弱是否纯属巧合，或许值得那些对法律起源理论适用性感兴趣的人进一步仔细研究。

4.3 贸易潜力

最后，一个似乎已经影响到阿根廷制度路径和政策的重要外生因素是全球经济环境，也就是国际贸易和资本流动的潜力。1914 年之前，基于放开资本流入、扩大开放边境，以及强烈追求初级出口品比较优势的增长策略使该国的人均收入水平达到一个相当高的水平。

这一策略在 1914 年之后还可行吗？考虑到那时开始并延续了半个世纪之久的回归闭关自守的倾向，答案是否定的。但是，如果世界经济继续维持一体化会如何？阿根廷经济史又会怎样？如果没有转到经济孤立主义的轨道上，高生活标准和高增长还能维持吗？毫无疑问，20 世纪早期阿根廷越来越接近经济发展前沿，意味着阿根廷的结构逐渐从农业向制造业和服务业转型（Di Tella and Zymelman，1967）。但是，这一转型并没能很快压倒阿根廷基于自资源禀赋的比较优势。然而，1920 年代和 1930 年代国外强加的自给自足的经济环境促进了阿根廷的结构转型，但这并非国内政策所愿；但 1940 年代至 1950 年代出现并持续至今的阿根廷的自给自足政策进一步强化了结构转型，这期间世界核心经济体早就解除了贸易和金融壁垒。

用什么来解释这一转型？在同是进口替代战略的发展中国家，为什么这种转变单单对阿根廷的影响更大？先从第二个问题说起，我认为与阿根廷丧失的东西更多有关，可以从两个层面看。首先，某些方面阿根廷的发展程度像一个发达经济体，有着功能完善的市场体制、稳定的货币体系（1891 年之后）以及民主政治法治基础。相比较而言，其他近代才实现工业化的新兴经济体，没有哪个国家 1914 年的发展水平能超过阿根廷。第二，与同时期其他多数国家不同，阿根廷通过贸易获利的机会更多，无论是在产品市场还是在资本市场。但如果开放的贸易环境遭到破坏，这些收益就岌岌可危。阿根廷的贸易开放度很高，其大约一半的资本存量和劳动力供给来源于国外。其他贸易份额较小和资金流入较少的国家在第一次全球化结束后只需要进行比较麻烦的调整；阿根廷却要进行彻底的、极度痛苦的重新定位，而在 1920 年代至 1930 年代阿根廷并没有着手进行调整，原因是寄希望于 1914 年以前的自由秩序会奇迹般地恢复。

对于另一个问题——为什么会转变——我们应该考虑经济开放度、既得利益者和国内政治经济动态三者间的相互作用。例如，在一个不同的时代，一般认为，大西洋贸易扩张的冲击给欧洲西北角的盎格鲁—撒克逊的商人和资本家带来了利益，使这一区域在现代化早期进行了经济和政治改革，提高了其开放度和竞争力（Acemoglu、Johnson and Robinson，2005）。在阿根廷，我们看到了相似的由贸易冲击驱动形成的路径依赖，只是反了过来：全球贸易萎缩的冲击摧毁和削弱了旧的外向型秩序，只能通过更加自给自足来创造新的利益。值得注意的是，阿根廷的极度比较优势也影响了这一动态。阿根廷的贸易收益比其他国家大，考虑到特殊的要素禀赋，鉴于相同的原因，闭关锁国的重新分配效应也将会很大（对于任意的贸易扭曲，当哈伯格三角形很大时，则测量收入再分配的矩形也很大，权力也一样，参见 Rogowski，1989）。

这些观测结果符合经济发展史上一个宽泛的主题，即认为经济和政治竞争通过释放"开放准入秩序"（open access orders）成为关键互补因素（North、Weingast and Wallis，2009）。用另一种方式表述，是全球化和民主齐头并进，并且，基于合理工具的实证检验显示，这一命题相当成立（López、Córdova and Meissner，2008）。

不利的外部冲击对政治制度造成威胁，并可能通过路径依赖对经济政策产生深远影响。阿根廷或许是一个极端的例子：因为有最多的东西可以失去，20世纪中期不利的全球冲击对阿根廷的损害几乎也是最大的，如我所写，这可能是使世界力图摆脱另一次大萧条最发人深思的思考。

（山西省统计局晋中市调查监测中心　张彩琴　译）

由于篇幅所限，参考文献略，特向作者和读者致歉，需要者可向《比较》编辑室索取：bijiao@ citicpub. com。

政策评论

Policy Review

Comparative

竞争性宽松货币政策

昔日重现吗?

拉古拉迈·拉詹

金融危机持续了五年多以后，全球经济似乎在挣扎中重新站稳了脚跟。但是，各位仍然要高度关注全球货币政策的走势。目前不少国家都采取了非常规的政策手段，实施极度宽松的货币政策。然而，当今世界债务高悬，结构性转变亟待进行，内需受到很大制约，因此，上述政策在很大程度上产生了跨境溢出效应（部分通过汇率发生作用）。我认为，发达经济体和新兴经济体均同时或先后参与了竞争性宽松货币政策进程。总需求被扭曲且未达到预期，金融风险却有所上升。为确保全球经济稳定且可持续增长，我们需要重新审视现行的游戏规则。无论是发达经济体，还是新兴市场经济体，都需要提高适应能力，增强发展后劲，否则我们可能会进入另一个乏善可陈的经济周期。

一般来讲，出于政治方面的考量，央行行长并不愿意公开表达担忧情绪。正因为如此，我想特别提到两位令人尊敬的央行行长的分析，即伯南克（2005）关于“全球储蓄过剩”的演讲，以及卡如阿纳 2012 年在杰克逊·霍尔（Jackson Hole）发表的演讲。虽然视角有所不同，但两位表达了相似的担忧。

过去几个月中，印度经历了大规模的资本流入，而不是流出。这被市场认

---

* 本文为印度储备银行行长 Raghuram Rajan 2014 年 4 月 10 日在美国布鲁金斯学会上发表的演讲。作者感谢 Joshua Felman、Prachi Mishra、Jonathan Ostry、Michael Patra、Eswar Prasad 和 Tharman Shanmugharatnam 的有益评论。本文仅代表作者个人的观点。

为是新兴经济体进行了必要的政策调整①。虽然没有国家能够完全独立于国际体系之外，但巨额储备的确帮助我们很好地抵御了风险。本文的目的是希望我们能够建立更为稳固的国际体系，该体系对于富国和穷国、大国和小国都是公平的，而不是仅针对印度的情形。

非常规政策

本文中，非常规货币政策主要是指将利率长期维持接近于零的政策，以及与资产负债表相关的政策，如通过改变央行资产负债表来影响市场价格的量化宽松或汇率干预政策②。我始终强调，虽然发挥作用的方式有所不同，但量化宽松和持续的汇率干预同属一类货币政策。对于非常规政策的态度应取决于它们所产生的溢出效应的规模，而不是根据它们所具有的先天合法性。

我想补充一点：非常规政策也有正面作用——当市场均衡状况被打破或严重失调时，央行行长被迫创新思维方式。雷曼倒闭后，虽然当时的处理方式略显夸张，但所幸的是，其中大多数措施后来都被证明是有效的。通过实施非常规政策，包括定期资产支持证券贷款工具（TALF）、定期拍卖工具（TAF）、不良资产救助计划（TARP）、重启证券市场计划（SMP）以及长期再融资计划（LTRO）等，提高了市场流动性的可获得性；通过降低从中央银行长期借款的抵押品审核标准、超限额购买资产、专注于修复市场等一系列措施，全球金融市场的流动性从濒临崩溃的状况中逐渐恢复。从这些方面来看，央行行长们是当之无愧的英雄③。

问题的关键在于：当现行政策被延长到比修复市场所需要的时间更长时（而且其潜在的收益并不确定），结果如何呢？我主要关注四个方面的问题：

1. 危机结束后，非常规货币政策还是正确的工具吗？它是否会扭曲市场行为并阻碍复苏？宽松货币政策是解决一定程度上由宽松政策引发的危机的正确方法吗？

2. 该政策是否在换取时间？或者更确切地讲，央行承担责任的信条是否阻碍了其他政策的实施？换句话说，央行行长强调非常规货币政策是目前条件

① Mishra et al.（2014）.

② 参见 Borio and Disyatat（2009）关于资产负债表政策的早期综合分析和评价等。

③ 当时我尚未担任央行行长，如此赞誉未有不妥之处。

下的唯一选择，实际情况果真如此吗？

3. 非常规政策的退出过程会一帆风顺么？

4. 非常规政策对其他国家的溢出效应如何？

我在 2013 年 6 月的演讲中详细讨论了前两个问题，本文重点关注后两个问题①。

退　出

支持非常规货币政策的观点认为，若通胀保持不变，长期实施非常规货币政策的宏观经济成本较低。因此，即使收益并不明显，也值得一试。然而，延长非常规政策对金融业可能带来的风险引起了广泛关注②：在该政策退出时，资产价格可能不只是回到原位，而是发生过度下跌；同时，该政策退出还可能严重损害抵押品资产的价值。

其中原因之一是，在货币政策持续宽松的条件下，金融机构和借款人的财务杠杆都会扩大③。一种渠道是，资产流动性水平的提高导致贷款人相信，出售资产可以支撑贷款的回收，这将进一步鼓励贷款人提高贷款价值比率（loan to value ratio）。然而，一旦流动性收紧，很多贷款人都将依赖出售资产来回收贷款，这将会造成资产价格和贷款回收水平的大幅下跌。因为贷款人并未考虑信贷对“甩卖价格”（fire sale price）的影响，也未考虑到其他贷款人的放贷行为，这为杠杆率累积提供了激励④。如果贷款人过分依赖出售资产来回收贷款，而不是贷前项目评估和尽职调查，假以时日，上述效应将会进一步恶化。另外一种可能渠道是，当失业率居高不下、宏观经济环境恶化时，央行可能会释放出持续干预的信号，这可能促使银行提高自身杠杆水平或获得更多的弱流

---

① 参见作者 2013 年 6 月 23 日在国际清算银行安德鲁 · 克罗克特纪念讲座上发表的题为“在黑暗中摸索：危机后的非常规货币政策”的演讲，中文版刊于《比较》总第 69 辑。

② 参见 Borio（2014）、Borio and Disyatat（2009）、Stein（2013）的观点，以及 Chodorow-Reich（2014）的不同观点。Chodorow-Reich 认为，总体上来说量化宽松政策不会促进风险承担行为。但他的结论是源于他运用资产市场价格来估量影响，但资产价格本身就可能因风险而扭曲。

③ Becker and Ivashina（2013），Bruno and Shin（2014 a，b），Ioannidou、Ongena and Peydró（2009），Maddaloni and Peydró（2010）.

④ Stein，Jeremy，2012，Monetary Policy as Financial – Stability Regulation，*Quarterly Journal of Economics* 127，no. 1：57 – 95.

动性资产①。

在非常规政策延长后，杠杆率并不是退出可能不会一帆风顺的唯一原因。投资者可能担心其表现不佳，这意味着只有在风险资产的溢价水平使他们相信投资表现不差于同行时，他们才愿意持有该风险资产②。如果安全资产的预期收益非常低，使得风险资产更易达到投资者要求的风险溢价，就会吸引更多的投资者购买风险资产。“长期走低”的前瞻性指引越可信，承担的风险就会越大。然而，当投资者蜂拥购买同一种风险资产时，该风险资产价格必然上升，这将增加利率环境变化时甩卖资产的可能性。为了避免成为最后的持有人，所有投资者都会在利率反转时抛售风险资产。

因此，杠杆效应和投资者拥挤（investor crowding）都可能加剧非常规政策退出的潜在不良后果。当货币政策极度宽松时，无论是宏观审慎还是微观审慎都可能不足以抵御风险。美联储理事斯特恩一针见血地指出，货币政策已全面渗透到每个领域，包括金融系统中未受到监管的部分③。极度宽松的货币政策形成了强烈的激励扭曲效应，其后果通常只有在事后才显现出来。并且，非常规货币政策退出的影响不仅局限于单个国家，而且是全球性的。

溢出效应

在世界经济高度一体化的今天，面对风险最不堪一击的或许就是国家边界了。当大国采用极端宽松的货币政策时，资本流入导致流入国杠杆率大幅上升。这不仅源于跨境银行业务的直接效应，而且还归因于以下因素带来的间接效应：由于汇率升值和资产（特别是不动产）价格上升造成的借款人抵押资产净值的虚增④。

在这种情况下，资金流入国汇率的弹性往往会加剧而非平缓资产泡沫。2013 年 5 月美联储开始讨论逐步退出量化宽松政策之后，新兴经济体便迎来

---

① 参见 Diamond and Rajan（2012），Farhi and Tirole（2012），Acharya、Pagano and Volpin（2013）。若失业由不同于金融周期的其他周期及节奏所驱动的话，问题会更加恶化。

② See Feroli、Kashyap、Schoenholtz and Shin（2014）.

③ See Stein（2013）.

④ See Bruno and Shin（2014 a，b），Calvo、Leiderman and Reinhart（1996），Obstfeld（2012），Rey（2013），Schularick and Taylor（2012）.

了新一轮波动。在量化宽松政策最开始阶段就允许实际汇率升值最多的国家，金融体系在该轮波动中遭受的损失也最为严重①。推行教科书式的金融部门自由化政策并未增强资金流入国对不利后果的免疫力。实际上，正是市场深度的扩展吸引更多资金流入，当发达经济体改变政策方向时，这些高流动性的市场往往沦为资产抛售的市场②。

宏观审慎监管对资金流入的泛滥几乎起不到任何牵制作用。以西班牙为例，虽然该国建立了逆周期的贷款拨备制度，但未能抑制房地产市场的价格上涨，因为虽然资本流入国应该调整，但是信贷和资金流入掩盖了需要调整的程度和时间点。例如，对新房屋征收更多的不动产税、对新销售收入征收更多的销售税、对金融资产销售征收更多的资本利得税、对更加繁荣的金融部门征收所得税，似乎都有助于稳定国家财政，并且主权债务的低风险溢价也扩大了市场稳定的情绪，同时名义汇率的升值也起到抑制通货膨胀的作用。

对于一些新兴市场经济体而言，由于政策承诺更弱，屈服于民粹主义“海妖的召唤”的意愿也更强，区分结构性和周期性两类因素面临的困难更大。但是，仅将资本流入时实施亲周期政策视为穷国的问题是错误的，事实上即便是一些法制健全的富裕国家（如爱尔兰和西班牙），也同样未能避免资本流入诱致的脆弱性。

在理想状态下，资金流入国希望流入的资金是稳定的，而非源于非常规政策的推动。然而，一旦非常规政策得以实施，他们将很快意识到由延长宽松货币政策所引发的问题，即资金来源国非常规政策的退出。当资金来源国开始退出时，资金流入国便会暴露出因资金回流而诱发的杠杆率过高、不平衡和脆弱性等问题。在投资者预判到未来政策路线将产生的影响时，哪怕是经过充分考量的政策退出都可能引发严重的市场震荡和抵押品价值损失③。事实上，退出政策越透明、与市场沟通得越好，外国投资者对市场变化趋势判断就越准确，从高风险投资中的退出就越迅速。

资金流入国一方面反对实施非常规政策，一方面又抵制由资金来源国单方面推动的政策退出。鉴于拥挤效应以及杠杆率攀升导致脆弱性上升，资金流入

① See Eichengreen and Gupta（2013），Mishra、Moriyama、N'Diaye and Nguyen（2014）.

② See Prasad（2014，p 198），Eichengreen and Gupta（2013）.

③ See Feroli et al.（2014）.

国希望发达国家退出的步伐和时间表与其面临的实际状况相适应（至少一定程度上）。

货币政策的国际协调

我们需要建立更为灵活、协调度更高的国际货币政策体系。此举将对目前混乱无序的国际体系的有序化进程起到巨大的推动作用。当然，货币政策的国际协调在央行行长中是不受欢迎的，因此我必须说明我反复呼吁的理由和政策主张。

我既不是说央行行长们应该举行圆桌会议并集体制定政策，也不是要求他们定期互相联系并采取协调一致的行动。我的建议是，那些大国——包括发达国家和新兴市场国家——的中央银行，应当在其授权范围内，尽量对新政策或“游戏规则”改变而引起的溢出效应进行更多的内部化处理，以避免因采取非常规政策而引发大规模的负面溢出效应，或带来值得怀疑的国内“利好”①。考虑到上述建议的操作难度，我认为中央银行至少应该重新修订其国内授权，将其他国家在一定时间内的反应（而不是仅仅关注即时反馈）纳入考虑范畴。也就是说，要对溢出效应提高敏感度。这种“弱式协调”可以在重新审视全球安全网络体系时付诸实施。

协调机制的好处

此前经济学家们通常认为，即便每个国家都考虑了其他国家的政策，但如果每个国家仍然只想着最优化本国的政策，那么由政策协调带来的利好就并不明显。当国际货币政策领域普遍推崇“各人自扫门前雪”的信条时，“纳什均衡”就远不是全球最优状态②。如果每个国家的宏观经济状况都保持稳定，那么国际宏观经济状况也能保持稳定。因此，国内和国际两个视角通常被认为是同一个硬币的两面。

两个方面因素促使我们重新思考该问题。首先，包括降低失业率的政治压

---

① 参见 Caruana（2012）、Eichengreen et al.（2011）、Jeanne（2014）和 Taylor（2013）等前政策制定者和货币经济学家的提议。

② 参见 Eichengreen et al（2011）。详见 Rose（2007）或 Taylor（2013）等人对该主张的注解。

力和零利率下限的经济约束等各种制约因素，可能会导致货币政策偏离无约束条件下的最优水平。若国内政治状况混乱，则会进一步扩大偏离程度。换句话说，面对各种政治压力和体制缺陷，中央银行制定的政策可能会发生偏离，甚至偏离约束条件下的最优选择，转而采取第三优而非次优选择。其次，跨境资本流动会引发更大的政策传导效应。这种传导大多由金融机构推动，往往与资金流入国的经济状况没有必然联系。

根据上述思路，有观点认为，如果一些大国实施非常规的、极度宽松的次优政策，则其他国家可能会选择跟进，以避免在当前低迷的需求下货币升值①。因此，政策均衡可能建立在远低于应有的全球最优水平。另一种观点则认为，若资金流出国的利率接近于零，而同时资金流入国采取主动的外汇储备积累策略来应对资金流入，双方都将从温和的政策中获益②。事实上，政策协调可能会给政策制定者带来更多的政治空间，使之不采用次优政策。若政治瘫痪及其所造成的财政紧缩迫使资金流出国实施次优的依赖于货币的刺激政策，则政策协调带来的需求扩大可能会促使资金流出国降低对货币刺激政策的依赖③。

国内最优接近于全球最优

IMF 等多边机构发布的官方报告仍继续为非常规货币政策背书，淡化该政策给其他国家造成的负面溢出效应。事实上，在分析国际政策协调所面临障碍的文章中，IMF 的奥斯特里等人（Jonathan Ostry & Atish Ghosh，2013）指出，多边组织发布的所谓“公平”的国际政策评估存在偏见④。

如果评估人存在系统性的倾向认为，政策变化（紧缩的财政政策、宽松的货币政策、结构性改革）一直都能在国家和全球两个层面提升福利。该结论令人怀疑，因为基本情形应当是各国必定会占有随手可得的新增福利……国家和全球两个层面的福利收益不可能始终呈正相关关系。

对非常规货币政策引起的货币跨境流动的负面效应作淡化处理使得我们忽视了后危机时代的重大问题。在此，我觉得有两个危险值得重视。其一，现存

---

① See Taylor（2013）.

② See Jeanne（2014）.

③ See Ostry and Ghosh（2013）.

④ See Ostry and Ghosh（2013，p23）.

的游戏规则正在瓦解。大家支持非常规货币政策实际上是在支持以下观点：如果存在制约经济复苏的其他因素（如零利率下限），扭曲资产价格就是合理的；但是，全球共同接受的政策取决于净溢出效应，而不是那些花哨的缩写词汇。

此外，各国可以合法地推行所谓的外部量化宽松政策（quantitative external easing，QEE），以便干预汇率使其保持在较低水平，同时建立起巨额储备。过去不赞成外部量化宽松政策是因为我们认为其溢出效应会对其他国家造成巨大的不利影响。然而，如果我们不愿根据溢出效应评估政策的效果，多边机构便不能声称外部量化宽松政策违反了游戏规则。实际上，一些发达经济体的央行行长们已经私下向我表达了担心。他们认为，量化宽松政策主要通过改变汇率起作用，它与外部量化宽松政策之间仅有程度上而不是本质上的差异。

其二，非传统货币政策的无序退出将引发新的扭曲。即便资金流出国的央行行长愿意长篇大论去解释退出政策如何取决于国内情形，但在如何应对国外动荡方面却保持沉默。市场参与者推测，资金流入国——尤其是那些货币不是储备货币的国家——只能依靠自己，在退出过程中杀出一条血路。

事实上，一些新兴市场国家应该从最近的市场动荡中学到：一是不要扩张国内需求并保有巨额赤字；二是保持有竞争力的汇率水平；三是建立巨额外汇储备。因为当困难来临时，你只能靠自己。在总体需求不足的世界里，这是国际社会希望传递的信息吗？

资金被迫流入或流出并非首次出现，但每一次都带来毁灭性的后果。1990年代初期，美国实行低利率政策，资金流向新兴市场国家。随后便出现了1994年的墨西哥危机、2001年的阿根廷危机以及横扫东亚至俄罗斯的新兴市场危机，其中部分原因便是发达国家利率上升导致资金回流。随后，新兴市场国家（包括中国在内）建立外汇储备一定程度上引起了全球需求不足以及工业化国家的过度消费，在2007—2009年金融危机期间达到了巅峰。然而，后危机时代实行的非常规货币政策又一次推动资金流向新兴市场，但这些都建立在脆弱的基础之上。当新兴市场国家扩大外汇储备时，我们难道要让全球性储蓄供过于求的局面再次出现吗？

因此，我们应该实行以下两项补救措施：在制定政策时，应更多地考虑溢出效应的不利影响，从而尽量避免采取极端的货币政策；建立更加有效的全球安全网络，以缓解一些国家通过增加外汇储备进行自保的需要。

更稳健的政策

即便在货币全球流动的世界里，各国政策的关注点仍是国内问题。各国央行已经为不考虑溢出效应做了大量辩解。证明各国央行证词中缺陷的方法之一就是，看各国央行如何为其采用外部量化宽松政策（即持续干预汇率市场以保持其汇率的竞争性）辩护：

辩护1：我们是发展中国家，我们的主要职责是促进经济增长。生产率提升的制度性约束以及经济增长骤停时我们的脆弱性，都意味着竞争性的汇率以及外部量化宽松政策对于履行我们的职责至关重要①。

辩护2：如果我们的经济强劲增长，全球不会因此变得更好吗？量化宽松对我们的经济发展至关重要。

辩护3：在制定政策时，我们考虑了其他国家对本国经济的反馈效应。因此，我们没有忽视量化宽松对其他国家的影响。

辩护4：国内视角下的货币政策已经非常复杂且难以沟通。如果我们额外考虑量化宽松对其他国家的影响，情况将变得更加复杂。

那些抱怨货币操纵的人会发现上述辩解存在诸多问题。货币操纵行为可能在短期内有助于经济发展（这一点或许颇有争议），但是会引发长期扭曲，它将损害货币操纵国的经济。事实上可以用更明智的政策来促进经济增长。而且，即便一个国家中央银行的职能仅局限在国内，其国际责任也不允许它武断地将成本强加给其他国家。我们需要估计净溢出效应，而且不能想当然地认为：对于其他国家而言，来自资金流出国的经济增长（如通过更多的贸易）的正溢出效应能够抵消其带来的负效应。对资金流出国的反馈效应仅代表了全球溢出效应中的小部分。如果一国央行仅仅面向国内，即使它考虑到这些反馈效应，也无法实施全球最优政策。无论新的复杂性多大，一个国家都应该关注其政策对其他国家的影响，因为我们肩负国际责任。

当然，读者们可能会发现每条论据都为非常规货币政策进行辩护。然而，多边机构对持续货币干预政策持强烈的批评（great opprobrium），同时却认为非常规货币政策具有合理性（clean chit）。难道其合理性不应该基于净溢出效

---

① 参见 Rodrik（2008）关于汇率低估严重影响新兴经济体的论述。

应的规模及其导致的竞争性反应之上吗？在没有细致权衡的情况下，我们何以断言？

如何实施协调：一些建议

我们需要改变在非常规政策和竞争性货币宽松政策之间徘徊的局面。最近数月的事件证明了新兴市场重新积累外部储备的重要性。而且这一次，如果发达经济体在推进经济复苏的同时忽视了对他国的溢出效应，对此它们也没什么好抱怨的。

独立评估人

在理想状态下，非常规货币政策（如 QE、QEE）的溢出效应应由独立评估人进行评估①。评估程序应该是透明的：独立评估人或许可以根据受影响国的抱怨（就像 WTO 中那样运作），去分析一项政策的影响，并对这些国家是否遵守游戏规则给出评判。那些利益大部分为国内所享但成本大部分由国外承担的政策，尤其会受到严格审查。而且如果评估人认为这项政策降低了全球的福利，那么国际压力将迫使终止这项政策。

这一套理想化程序的问题显而易见。谁能承担公正的评估人的角色呢？多边机构的职员当然非常优秀，可以胜任独立评估的工作。但是在初始评估之后，接踵而来的政治压力会发挥作用。当一个小国抱怨时（没有国家喜欢独立评估），初始评估通常保持不变；但是，当一个大国抗议时，评估结论往往就会变得温和；当然也有例外，但在对多边机构评估的公正性建立信任方面，我们确实还有许多工作要做。

即使多边机构能够避免政治干预，它们也无法免除认知俘获（cognitive capture）的影响。它们的职员和发达国家央行职员相信相同的模型和框架。在该模型中，货币政策在提振经济活力方面是强有力的工具，而且弹性汇率制度在隔离溢出效应方面具有奇特的效果；在这样的模型下，脱钩（decoupling）是可能的，即使证据表明模型显著低估了挂钩（coupling）的程度。事实上，很多模型并没有纳入信贷因素，有些也没有考虑债务负担较重的经济体的货币

---

① 参见 Ostry and Ghosh（2013）关于独立评估人的看法。

传导因素。这些缺陷降低了模型的应用价值。虽然取得了一些改进，但明显改观尚需时日。

当然，即使真正的独立评估得出某些政策违规的结论，如何实施该评估结论也是一个重要问题。事实上，这套游戏规则是在一个截然不同的时代里制定的，是为了阻止竞争性贬值以及货币操纵而生的，未根据当今世界多变的竞争性量化宽松而更新。即便更新了，在当今环境下，评估以及后续的执行能够真正落实吗？我们仍不得而知。

更加温和的建议

更为温和的解决方案可能更有效。中央银行应该评估自身行动所带来的溢出效应。不仅需要依据即时的反馈，而且需要依据其他国家做出政策改变后的中期反馈。换句话说，资金流出国不应该只担心其政策所引致的即时资本外流，还应该更为关注长期影响，例如持续性的汇率干预等。这使得中央银行更重视溢出效应，甚至在它们仅履行国内责任的阶段。

这意味着中央银行退出非常规政策时，会关注新兴市场的状况；同样，在决定行动时机以及在依据国内状况保持行动的整体方向时也会如此。它们在政策陈述中应该表达这些关切。例如，2013 年 9 月美联储推迟实施退出政策，给新兴经济体更多时间调整，以应对 2013 年 5 月建议的方案。无论这次推迟的内在逻辑是什么，它对 2013 年 12 月顺利开启缩减资产购买规模是有帮助的，且没有扰乱市场。与此相反，2014 年 1 月，阿根廷问题发生后，市场波动打击了新兴市场，美联储在政策声明中既没有提及关注新兴市场处境，也没有任何迹象表明将来会对这些情形做出反应。这无意间传达出一个信息，即这些市场今后只能靠自己。纽联储主席后来的演讲强调美联储的授权仅限于国内。自此之后，当政策利率开始攀升时沟通方面的挑战仍然存在，但美联储措辞已经发生细微变化①。

国际安全网

新兴经济体需要降低其经济的脆弱性，从而执行灵活的汇率政策并进行适

① See Dudley（2014）.

当调整（如澳大利亚），以应对资本流入。但相应机制的建立需要时间。与此同时，新兴经济体以一种稳定的方式快速消化大规模资本流入方面的能力不足，应被视为一种制约因素（很大程度上与利率零界相似），短期内难以改变。甚至在它们抵制资金流入诱惑时，也依赖于安全网。

因此，防止储备资产大量累积的另一个方法便是，构建更为有效的国际安全网①。正如金融危机所表明的，这不仅仅是新兴市场经济体应该考虑的问题。在国际流动性可能迅速消弭的环境中，需要双边、地区及多边的流动性协议。多边协议已尝试过，并且经受住了考验，因此接受程度更广，而且不会像双边或地区性协议那样，面临可能的政治压力。事实上，互换协议（swap arrangement）可通过多边机构实施（如 IMF），而不是构建在双边的基础上，这样一来，多边机构便可以承担一些（很小的）信用风险，而资金流出国的央行也不必向国内政治当局解释协议。

从 IMF 获得流动性额度可能也同样重要。各国可从 IMF 预先获得额度资格，并被告知（可能是私下的）在现行政策下可获得的额度——每次第四条磋商都写明经修改的限额，任何额度削减将在 6 个月之后生效②。当出现普遍流动性短缺时（比如当资金流出国在执行了一段时间低利率政策后收紧政策，导致投资者不愿承担风险），IMF 董事会允许使用流动性额度。IMF 在一份讨论文件中提出了上述建议，这值得研究商榷。因为该安排使得各国可以获得流动性，同时免除了向 IMF 求助的“污名效应”，以及 IMF 融资安排所附加的各种条件③。

显然，只有当各国真正出现暂时流动性紧张，而不是需要进行重大改革时，IMF 的资源才是保障，而且对流动性额度的使用因国家而异，在紧急流动性情形下延长额度的使用也必须由 IMF 安排。尽管如此，经 IMF 董事会审议过的关于建立全球稳定机制以及短期流动性限额的提议，仍然值得细致研究，因为这是最有可能帮助减少外汇储备累积的方案。

最后，在因资金流动趋势反转而导致脆弱性扩大阶段，识别那些没有自身、双边、地区性或多边流动性安排的国家对安全网的需求，或努力改善这些国家运用安全网，对 IMF 都是有益的尝试。当利率环境变化时，IMF 的居中协

---

① 参见 Farhi, et al.（2011）及 Prasad（2014）的全面建议。

② 以便让一个国家有时间进行政策调整以满足更高的限额标准，或者找到替代安排。

③ See “The Fund's Mandate-The Future Financing Role: Reform Proposals”, IMF June 29 2010.

调作用极其重要性。

结　论

现行国际货币政策的无序状态对经济的可持续增长和金融行业都是一种潜在的风险。这不仅是发达国家面临的问题，也不仅是新兴市场面临的问题，而是需要集体行动决策解决的问题。我们正在被迫执行竞争性的宽松货币政策。

如果我使用术语“无序”（non-system）来描述大萧条时代，这是因为我担心，在全球总体需求严重不足的情况下，我们可能为争取更大的市场份额而被迫进行毫无意义的竞争。在此过程中，与大萧条时代的政策不同，我们人为制造了金融业和跨国风险，这些风险将在非常规货币政策结束后显现出来①。说每个人都应该预见到该后果是没有意义的。就像国际清算银行的前总裁安德鲁·克罗克特所指出的那样：“金融中介更善于在特定时点评估相关风险，而不是预判风险在金融周期的发展演变情况。”

开出祛病良方的第一步就是要找到病因。在我看来，极度宽松的货币政策更像是病因而非良药。我们越早认识到这一点，全球经济可持续发展的局面就会越快到来。

（中国银监会国际部　王胜邦　交通银行国际部　石峰睿　译）

因篇幅所限，参考文献略，特向作者和读者致歉，有需要者可向《比较》编辑室索取：bijiao@ citicpub. com。

① 参见 Rajan and Ramcharan（2013）关于美国农场抵押危机的有趣记录。

法和经济学

Law and Economics

Comparative

金融监管的域外适用

为什么外星人回不了家（上）

小约翰·科菲

序 言

本文有意用了一个令人不快的标题：金融监管的域外适用。过去那些研究"法律冲突"的学者大概会将其称为"矛盾修辞法"，正如不久前最高法院的判决——其中最引人瞩目的是莫里森诉澳大利亚国民银行案[①]，以及 Kiobe 诉荷兰皇家石油公司案这两个案例[②]——明确限制了美国法律的境外管辖权。即便是那些倾向于对跨国金融机构进行监管的国际法学者，也避免提及这种说法，转而称之为"全球金融监管"。因为在他们看来，国际金融监管是建立在基于共识而形成的宽泛的"软法律"（soft law）原则的基础之上，并通过国际组织之间的合作网络得以实现的[③]。然而，这两个观点都忽略了很多东西，"治外法权的"（extraterritorial）这个不合时宜的词是不能被回避的[④]。

原因何在？第一，主要的金融机构通常狡兔三窟，除非域外效力（extraterritorial authority）得到了承认，否则它们能够轻而易举地将高风险业务放到国外，从而逃脱本国的监管。第二，要想有效地监管系统性风险，一国不仅要对国内的金融机构进行监管，常常还要监管其交易对手。因为重要的金融机

---

* John C. Coffee，Jr.，哥伦比亚大学法学院 Adolf A. Berle 讲席教授以及公司治理研究中心主任。作者感谢 Chris Brummer、Merritt Fox、Guido Ferranini、Franklin Gevurtz、Edward Greene 和 Ilona Potiha 的有益评论，但文责自负。

构，不仅仅是“大而不倒”，有时候往往是“密（联系紧密）而不倒”。第三，一些国家发现，通过为金融机构提供逃避监管的庇护所（即本文中所言的“金融赌场”⑤）从而在监管套利中获利符合它们的利益。这些国家、相关金融服务业以及本来就对此持消极或漠不关心态度的其他国家，将会抵制严格的“软法律”标准，宁愿对“软法律”持模棱两可的态度。第四点也是最后一点，形成较为完备的“软法律”标准的最好办法，莫过于主要金融国家主张监管的域外效力，这样就会产生很强的激励去推动因缺乏共识以致迟而不决的国际组织来颁布“软法律”标准。因此，这种域外效力的主张可被视为完备的“软法律”标准形成前的一种过渡。无论如何，美国和欧盟都主张这种域外效力，特别是在关于衍生品的场外交易领域。在美国，国会通过的不再约束域外管辖权的《多德—弗兰克法案》已经明确指明了这一点⑥。这是国会在面临美国国际集团（AIG）的崩溃而采取的应对之策。在2008年，由于其交易对手雷曼兄弟公司的保证金出了问题及其随后的破产，这家美国最大的保险公司也受到牵连，不得不请求美国政府提供1825亿美元的紧急救助⑦。尽管（1）信用违约互换本质上是使交易双方暴露于大量信用风险的长期债务，（2）许多在交易所进行的短期交易都要遵从必须提供抵押物的监管要求，但在一个不透明和监管不力的场外衍生产品市场上，无论是美国国际集团还是其交易对手都不需要对方提供保证金作为其债务的抵押物。

因此，在2008年，当美国国际集团濒临破产的状况日益显现时，它的交易对手才后知后觉地提出要求其追加保证金，而这远远超出了美国国际集团的支付能力。如果美国国际集团被迫破产，也许将面临金融危机在全球扩散的危险，为了应对这种不利情况，美国政府增加了对它的信贷，并为美国国际集团欠其交易对手的债务提供担保。对于震怒的国会来说，美国国际集团的崩溃所带来的教训是多方面的：（1）在不透明的场外交易市场中可能隐藏着巨大的债务；（2）美国主要金融机构的子公司和分支机构通过海外业务承担了无法承受的风险（就像美国国际集团通过一个不受监管的英国分公司所做的那样）；（3）主要的市场参与者将会持续陷入一种虚幻的感觉中，即由于在场外交易市场中购买了保险而远离了风险。总之，美国国际集团的崩溃暴露了监管套利的风险和对系统性风险控制的必要，这较之于雷曼兄弟的破产更甚。

国会还认识到，一旦尘埃落定，大型金融机构很可能还会谋求监管套利，而可以抵御系统性风险的国际标准依然付之阙如。更严重的是，在全球达成充分共识之前，国际层面上有意义的改革被无限期拖延。这就如同寻找圣杯，要得到国际范围的认可更多是靠探索而不是直接发现，并且这个过程会无限延续。基于此，国会的选择是《多德—弗兰克法案》的大部分内容具有域外效力。[7a]

欧盟以一种更加悄无声息的方式也形成了一个类似的认识，同样主张域外管辖权。有点讽刺的是：尽管美国因其明确的域外管辖权观点而饱受诟病，但欧盟对场外衍生品所采取的立场却并无二致。[8]

这个评价并不否认坚持域外管辖权会导致摩擦。这种摩擦在近期美国和欧盟针对《多德—弗兰克法案》实施的协商过程中显露无遗，尤其是在涉及跨境互换方面。美国方面有人担心，由于域外管辖权的覆盖范围还不够广，主要金融机构可以轻易地将高风险业务置于美国境外，从而有效规避《多德—弗兰克法案》推动的改革[9]。欧洲方面则担心，美国认为自身领先的金融实践可以应用于世界各地，这种做法无视其他国家的主权，仿佛早先的美帝国主义又在卷土重来。[10]

然而，尽管内容并不完善并且是临时的，但是双方最终还是达成了妥协。在这次艰难的谈判过程中，主要的国际金融合作组织——国际货币基金组织、世界银行、巴塞尔委员会、国际证监会组织和金融稳定理事会[11]充其量是个陪衬，真正的谈判双方是美国监管机构和欧盟委员会。[12]

争论的焦点主要集中在金融监管方面的一个新概念上："替代性监管"(substituted compliance)。[13]在这个方面，关键的问题在于美国的法律和东道国的法律是否存在"功能对等"(functionally equivalent)[13a]。如果存在对等性，那么对美国的实体行使域外管辖时就应遵从东道国而非美国的法律。这种做法仍涉及对域外管辖权的问题（因为如果两国法律不是"功能对等"，那么美国法律将优先于东道国的法律），但它更易让人接受，并在欧洲和其他地方受到强烈的支持。尽管如此，其逐渐被接受必然导致进一步的问题："替代性监管"的成本有多高？尽管它在金融服务业和海外都备受期待，但本文仍认为，这个概念尚未受到必要的严格审视。有时，它的成本可能超过收益。

同样重要的是，美国金融监管机构对"替代性监管"的态度也不统一。与证券及衍生品监管机构不同，银行监管机构依然青睐较为传统的管辖区域观念，对"替代性监管"不以为然[14]。这种差异也需要理性看待。

较之于我们最初提出的"替代性监管"的成本和效益问题，本文更加关注如何成功实现国家间的金融监管合作。毫无疑问，这种合作是必要的，并且美国“帝国主义”式的做法终将受到抵制。近来，研究国际关系的学者在金融监管方面达成的共识是依靠“软法律”，也就是由国际机构，如国际货币基金组织或世界银行公布的宽泛的、非强迫性的、有时还有点理想化的原则。但2008 年的金融危机要求有比软法律更快更有力的措施。

当前还存在另外一种选择：“微型多边主义”（minilateralism）[15]，相对于“多边主义”，“微型多边主义”关注的问题是：针对一个特定问题要达成一个可行的方案最少需要几个国家。尽管多边协议可能需要十年或更长时间进行协商（假设该过程是成功的）[16]，但“微型多边主义”却可以通过双边或有限的多边谈判更快地达成解决方案。本文认为，“微型多边主义”的方式在解决金融监管问题上是有优势的。在金融服务机构抵制改革和部分国家从监管套利中获益的情况下，“软法律”起不到什么作用。因此，关于跨境互换的新戏剧可能又一次落幕——尽管主角不同，结局各异，但基本的主题依然是利益冲突。

之所以偏爱“微型多边主义”的方法以及对域外金融监管持保留态度，部分原因在于对软法律的缓慢进展及其空泛不严密产生了质疑，软法律很难管得住金融服务业。不仅如此，它依赖于一个事实，即只有金融大国才有控制系统性风险的明确动机。[13d]主要金融大国——主要是美国和欧洲国家，也的确在2008 年的危机中受到影响，而金融不够发达的其他国家却在很大程度上避过了此次灾难。[13e]这种差异是可以理解的，因为在 2008 年危机中受损的国家应该更有动力防止重蹈覆辙，而那些没有受影响的国家则可能对从监管套利中获益更有兴趣。可以肯定的是，软法律的支持者可能会坚持认为，美国再也不能统治世界，有人还会补充到，即使《多德—弗兰克法案》赋予美国监管当局域外管辖权，但由于国际上的一致反对，美国也无法有效行使这一权力。[13f]在某种程度上，这的确是事实。美国试图实施的域外管辖过去曾经失败过（最主要的是在反垄断方面）。[17]

不过，美国不太可能去欺凌世界上的其他国家。相反，它似乎越来越有可能通过对“替代性监管”这个新观点的阐释来达成妥协。然而，“替代性监管”依然停留在新颖且难以捉摸的概念层面上，对它的合理运用则是仁者见仁，智者见智。最糟糕的情况是，它使金融服务业能够大打擦边球，对《多德—弗兰克法案》的要求迂回应对。相反，我们看到美联储对于这个原则却相当地不以为然，以至于在新采纳的“沃尔克法则”中对此根本未曾提及，依然采用传统的领土观念来划分监管职权。[18]

在未达成共识的情况下，本文将提出两个论点：第一，为了能让替代性监管发挥作用，其基本原则必须由拥有合理动机，即那些真正暴露在系统性风险之中的国家来确定。第二，因为美国和欧盟有合理动机，所以它们需要主动开放这种“小范围”对话，以确定怎样才能实现高度的“功能对等”，从而满足“替代性监管”。从程序上看，它们应该首先就相关标准达成一致，并引导其他主要参与者认同它们的标准，而不是等待形成全球共识和一致认同。为什么要这样做呢？因为美国和欧盟有强烈的经济激励来控制系统性风险，其原因在于在金融危机的蔓延中，它们有可能会承担大部分成本（因此，它们会在风险控制方面上进行大量投资以避免这种情况发生），而其他国家却在很大程度上避免了这些成本。因此，如果必须要等待全部国家达成同一的、普遍的标准，那么最终的监管极有可能会变得迟滞不前、力度不够以至于容易逃避。[19]

前述强调双边谈判和有硬性约束的法律的微型多边主义方法，要依靠于一个经济基础，这一点事先就要说清楚。软法律的支持者多少有点天真地认为，金融监管比其他形式的国际监管要简单，无非就是个协调问题。[20]但这忽略了监管套利的强烈激励。金融监管在分配方面会产生影响，不同的法律规定会导致不同的利益得失。此外，由于不具硬性约束的“软法律”是无法强制执行的，这使得一个受到不利影响的国家更容易去违背和无视过去的承诺。[17a]因此，指望“软法律”是宽容的、温和的，使每一个国家能够各述诉求，则一定会事与愿违。

最终，系统性风险是一个典型的“公共物品”[21]。所有的国家都期待实现系统性稳定，但大多数国家都希望由其他国家来支付维持系统稳定的成本。除非被强迫支付成本，否则大多数国家都希望能“搭便车”，指望着美国和欧盟在金融危机再度蔓延时会资助全球的救助，以遏制世界经济的萧条。很显然，金融危机可以在世界上任何地方跨境蔓延，也可以影响全部的重要市场。但是，并不是所有的国家都需要将系统风险的成本内部化，因为它对不同国家的影响是不一样的。[22]另外，一个实行宽松、自由政策的国家是有可能利用监管套利来吸引业务和获得利润的。[23]鉴于这种不对称（例如，一些国家可以通过提供宽松的监管政策获利，却不一定要为金融危机蔓延所带来的高成本买单）。不难预见，提高防范系统性风险的全球标准将遇到重重阻力。因为任何国家——发达或不发达——都可能成为缺乏监管（或监管宽松）的交易的司法管辖地，可以预期，监管不足的市场仍会有生存空间。

本文的一个重要论断是，在这样的情况下，所有导致“公地悲剧”的前提条件都是存在的。[24]特别是，因为（1）任何国家都有可能向那些希望与之开展交易者提供“金融赌场”，以及（2）许多国家自己没有将成本内部化却希望别国这么做，有些国家会像“搭便车者”一样，更希望别人去承担成本，并在有利可图时鼓励监管套利。从“公地悲剧”的角度看，这一切都是可预见的。“公地悲剧”一直是环境法学者解释自然资源被消耗的基本范式。[25]最近，法学家们已经扩展了这个范式，以此来解释公共基础设施的相关问题（如通信、交通以及医疗体系）。[26]一些较早的研究者曾经指出过“公地悲剧”在金融市场的适用性。[27]由于导致“公地悲剧”的关键经济前提是“非排他性”，因此这个视角在国际金融市场也同样适用。在任何单一的市场上（例如纽约证券交易所），交易参与者可以将那些不遵守规则的市场参与者拒之门外。如果我们只关注国内的活动和交易，那么为了防止出现“公地悲剧”，单一国家也可以设计出一套治理结构（管理机构，例如美国证券交易委员会，或者责任规则）。但交易商和其他市场参与者可以远遁到外国的司法管辖区，这时（也只有这时）非排他性这个前提条件就开始发挥作用了。

一旦我们认可“公地悲剧”这个分析视角，这就意味着，除非形成有约束力的法律，否则那些为系统性风险承担了大部分成本的金融发达国家将会感到沮丧和迷惑，因为它们不能禁止境外交易。反过来说，如果这些国家彼此之间可以就共同标准达成一致意见，就可以通过禁止本国金融机构在那些未能遵从它们标准的市场中开展交易，从而有效地对付那些“搭便车”的国家。坦率地说，美国和欧盟联合形成的市场力量可以实现这样的结果。

一国不必亦步亦趋地按照上述分析来实现类似的基本目标。如果对监管方面的竞次（race to the bottom）不进行引导，一些国家要么出于漠不关心，要么认为大国会在金融危机时帮助它们摆脱困境，就会对其管辖区域内监管不严的市场持容忍态度（在2008年的金融危机中或多或少有发生过）。[24a]这些监管较少的司法区域基本上都是搭便车者，他们预计（这或许很精明）其他国家将负担系统性风险的成本（包括大量的救助成本）来保证经济的稳定。这些搭便车者也许会和那些试图逃避更严格金融监管的大型金融机构一起，在抵制（或者至少对此漠不关心）更强监管方面形成共谋。在一个全球化的世界里，市场参与者只要能够拖延金融大国采取行动，他们就可以不断改变活动区域以规避限制性监管。从措辞上看，那些金融改革的反对者可以紧密团结在一个最好的防御性口号下，那就是国际监管不能先于共识。

就跟其他的公共物品问题一样，公共政策需要找到一个对搭便车者征税的方法，这里指的是那些对缺乏监管的金融市场持容忍态度的国家。本文将探讨怎样达到这个目的，但也建议金融大国应当阻止本国金融机构（及其海外分支机构）在缺乏足够监管的境外市场上的交易，以保护自己免受系统性风险的冲击。在许多国际法学者的眼中，这种建议与尊重主权和寻求一致性的观点存在着矛盾。[24b]用国际法的语言来说，这个建议坚持两个方面，一个方面是非强制性的软法律是不够的，另一方面是宽泛而有些理想化的、有助于国际监管网络扩展的一般原则将只允许适应性强的市场参与者继续照常开展业务。相反，在微型多边主义谈判中还需更多的努力，而且只有负担最终成本的国家才能有动机使市场规则更合理。

然而从现实来看，美国不可能单方面将其政策偏好强加于其他国家，因此要有选择。什么时候在不受管辖的区域中坚持自己的政策偏好才是必要的呢?本文关注的是“公共物品”视角，因为它可以提供一个答案。也就是说，它可以为更具进取性的域外金融监管方法提供一个理由，这个方法适用于一些情况，但不是全部。把它们区别开很有必要，但这应该是基于原则之上的，而从这个视角看是可以产生原则性区别的。

本文将集中于两个差异很大的国际金融监管的例子，这两个例子的共同点是都在探寻如何控制系统性风险，但在其他方面却形成了鲜明的对比。首先讨论最近的一个争议，即商品期货交易委员会（CFTC）和美国证券交易委员会（SEC）基于域外管辖权对跨境互换交易的监管。然后，它将转向更有争议的“沃尔克规则”，该规则阻止主要的金融机构（包括国内机构和在美国有分支的外国机构）从事自营交易或拥有对冲基金或为其提供资金。[28]这两个例子之所以被选中是因为它们有很大的区别。根据20国峰会达成的监管共识，美国证券交易委员会和商品期货交易委员会致力于对互换交易和其他场外衍生品的监管。[25a]相比之下，“沃尔克规则”只是一个独特的美国式创新，其他金融大国没有与之相似的规则。由于种种原因，二者域外管辖权的范围有很大不同，因此很可能会产生不同的成本与收益。（未完待续）

参考文献

①561 U. S.，130 S. Ct. 2869（2010）.

②569 U. S.，133 S. Ct. 1659（2013）.

③见 David Zaring，*Finding Legal Principle in Global Financial Regulation*，52 VA. J. INT' L LAW 683，687（2012）（国际金融监管体系被设计成这样一个架构，国内机构通过国际网络来实施，它充其量可以被称为“软法律”，也就是说，不具硬性约束力的“法律”）。同时也可见注释 68—70 以及下文。“软法律”有很多定义，但最重要的因素是基本不具有硬性约束力（尽管不遵守“软法律”可能需要付出一定代价）。若想更好地了解，请见 CHRIS BRUMMER，SOFT LAW AND THE GLOBAL FINANCIAL SYSTEM：RULE MAKING IN THE 21ST CENTURY 111 - 14（2012）。

④一些学者已经意识到，通过国际合作而被强调的“软法律”，代表了国际监管者们在全球化的世界中为了在灵活的市场参与者面前维护权威而做出的努力。请见，例如，Chris Brummer，*Territoriality as a Regulatory Technique：Notes from the Financial Crisis*，79 U. CIN. L. REV. 499，501（2010）（文中主张建立一个框架，来考察作为国际金融法来源的国家监管者所扮演的角色）。其他的学者认为，这种强调相互认可和全球化竞争是掩盖利益集团为重要商业团体谋取利益的手段。请见 Steven M. Davidoff，*Rhetoric and Reality：A Historical Perspective on the Regulation of Foreign Private Issuers*，79 U. CIN. L. REV. 619，620（2010）。仍然有其他一些学者为《多德—弗兰克法案》辩护，认为这个法案的域外效力很好地保护了美国纳税人的利益。请见 Michael Greenberger，*The Extraterritorial Provisions of the Dodd - Frank Act Protects U. S. Taxpayers from Worldwide Bailouts*，80 UMKC L. REV. 965，985（2012）。尽管本文作者在很多领域与其他学者所见略同，本文试图在金融监管的域外适用问题上提出新的观点。

⑤即使是“软法律”的支持者们也意识到，在存在“系统性风险”的监管下，在不同的司法管辖区，监管的代价与收益大相径庭。因此，Chris Brummer 教授这样写道：“有些国家可能是为外国投资者提供‘坏的’金融产品的净出口者。在这些案例中，国家缺少相互合作并接受更加严格的监管标准的动力。相似的，对于一些比较小的、资本不充裕的国家，除了一些较弱的监管措施之外，没有更好的吸引资本的方法。在没有更好的方法去吸引金融交易的情况下，这些国家会尽量往好的方面想并采用较弱的监管标准，因为他们在规则方面本来就‘一无所有’。”参见 Chris Brummer，*How International Financial Law Works (and How It Doesn't)*，99 GEO. L. J. 257，270（2011）（以下简称“*How International Financial Law Works*”）。这篇论文认为很多国家更倾向于保持较弱的监管（例如，经营“金融赌场”），因为他们“没什么可失去的”。一般来说，资本匮乏的国家不会承受金融危机蔓延的影响，因此它们也没有动力通过合作来降低这些风险。

⑥在 *Morrison v. National Australia Bank Ltd.*，130 S. Ct. 2869，2878（2010），最高法院宣称“如果一项法律没有明确提出域外效力的申请，那么它就没有这种权力。”但是《多德—弗兰克法案》反复表明，它将要进行域外适用。在互换交易中，《民权法案》第七条包含了详细的对域外效力的描述，相同的描述在《多德—弗兰克法案》中也能找到。请见注释 31—32 及下文。不仅如此，*Morrison* 案法庭拒绝任何“更加清晰的描述”的需要，并认可上述条款是有效的：“如果‘明确的法规’意味着有域外效力，那么我们不认为这种

假设是属于法律法规。确实，内容也是可以商榷的。”《多德—弗兰克法案》通过一起证券诈骗案树立了证监会以跨境监管为基础的权威。《多德—弗兰克法案》第929P（b）部分将27（b）部分条款加入了1934年《证券交易法》，将22（c）部分加入了1933年《证券法》，以此来恢复之前的行为或影响（但仅仅是为证监会，而不是私人行为）。请见 Dodd - Frank Act of 2010，Pub. L. No. 111 - 203，124 Stat. 1862 - 63（7月21日，2010）。到目前为止，很多案例在条款929P（b）是否有效地达成了其既定目标而产生争执。将 SEC v. Gruss，859 F. Supp. 2d 653，661（S. D. N. Y. 2012）（它发现条款929P确实恢复了证监会主张跨境监管 10b - 5 的管辖权）与 SEC v. A Chicago Convention Ctr.，L. L. C.，No. 13 C 982，2013 U. S. Dist. LEXIS 109936 at *7，32 - 33（N. D. Ill. 8月6日，2013）（它发现条款929P并没有不对问题做出决定就恢复之前的第二巡回法庭法条）比较。这个话题已经超出了本文的讨论范围，本文只讨论实质性金融监管，而不包括反欺诈诉讼。

⑦关于这次救助的详细情况，请见 William K. Sjostrom，Jr.，*The AIG Bailout*，66 WASH. & LEE L. REV. 943，945（2009）。在雷曼兄弟破产之后三天内美联储便插手 AIG，关于此事的评论请见 Andrew Ross Sorkin，Bids to Halt Financial Crisis Reshape Landscape of Wall St.，N. Y. TIMES，Sept. 15，2008，at A1；Eric Dash and Andrew Ross Sorkin，*Throwing a Lifeline to a Troubled Giant*，N. Y. TIMES，Sept. 18，2008 at C1。有关1850亿美元数据，请见 Joe Nocera，*Hearings That Aren't Just Theater*，N. Y. TIMES，July 3，2010 at B1.

⑦a见 Greenberger，前注4，第968—969页。

⑧尽管美国的政策的批评者和美国银行的游说者经常把美国金融监管机构描述为“唯一并在域外管辖权方面执行我们法律”的金融监管机构，但实际上欧盟已经在同一时期做了很多。欧盟关于跨境互换交易的基本法律制度是欧洲市场基础设施监管条例（“EMIR”），它于2012年初通过，在附注51有进一步讨论。与《多德—弗兰克法案》一样，EMIR也对非欧盟实体之间的交易做出规定，“当这些交易对欧盟有直接的、实质性的和可预见性的影响，或者对防止打击逃税有必要时”。见 Shearman & Sterling LLP，*United States: Actions Required Under Derivative Reforms*，MONDAQ. COM（Aug. 6，2013）。这些观点与《多德—弗兰克法案》第722部分基本相同。见下文附注32和相应的文字。对于细节和一些对EMIR的评论及相关方案，参见 Guido Ferrarini and Paolo Saguato，*Reforming Securities and Derivatives Trading in the E. U.: From EMIR to MIFIR*，13 J. CORP. L. STUD. 319，357 - 59（2013）。

欧洲证券监管机构ESMA，在2013年7月17日发表了一份咨询文件，涉及为了防止非欧盟的交易对手抵制EMIR会采取的一些标准，这些措施再次与CFTC和SEC发布的解释指引相类似。直到2013年9月16日，ESMA的论文才对外公开接受评论和咨询。因此，这是一个持续的事件。

不过最关键的是，欧盟和美国的行动非常相似：都在关注域外交易对自身管辖权的影响并回避潜在威胁。参见注释29至34及相应正文。

⑨2013年7月12日，在“跨境交易最终指导意见”被批准的公开会议上，美国商品期货交易委员会主席加里·詹斯勒在他最初的声明中强调，大型美国金融机构能够而且确实通过离岸子公司和分支机构进行交易，特别是在那些缺乏监管的司法辖区，如开曼群岛。具体来说，他在此声明中强调：（1）美国各大型银行都有遍布全球的2000—3000个法律实体；（2）一些美国银行仅在开曼群岛就有几百名职员；（3）“雷曼兄弟有3300个法律实

体”；（4）花旗集团的“结构性投资工具”离开伦敦之后，又设立于开曼群岛；（5）美国贝尔斯登“偿债对冲基金……是建立在开曼群岛的管辖区中”。详见 U. S. COMMODITY FUTURES TRADING COMM'N, OPEN MEETING TO CONSIDER CROSS – BORDER FINAL GUIDANCE AND CROSS – BORDER PHASE – IN EXEMPTIVE ORDER 9 – 11 （2013）。

⑩到 2012 年，一些财经媒体都断言，“美国将越来越被视为是全球的威胁，它自己单方面采取侵略性的新市场规则……它的新流行语……‘域外效力’，或 ET。”见参见 Huw Jones, *ET, the New Alien Scaring Global Markets*, REUTERS, Feb. 5, 2012, http://www.reuters.com/article/2012/02/05/us – financial – regulation – et – idUSTRE8140DV20120205。直到 2013 年 9 月份，欧洲的媒体继续警告说，美国商品期货交易委员会“帝国主义”正威胁全球交易。Tom Braithwaite and Michael McKenzie, *U. S. Rules Endanger Derivatives Reforms*, FINANCIAL TIMES, Sept. 27, 2013 at p. 1。一些权威的美国评论家都同意这个评估，认为 CFTC 已经不自量力。详见 Edward F. Greene and Ilona Potiha, *Issues in the Extraterritorial Application of Dodd-Frank's Derivatives and Clearing Rules, the Impact on Global Markets and the Inevitability of Cross-Border and U. S. Domestic Coordination*, 8 CAPITAL MARKETS L. J. 338 （2013）（以下简称“*Issues in the Extraterritorial Application of Dodd – Frank*）。文章作者赞同美国和欧洲合作的必要性，但认为“替代性监管”的概念对该进程的实质性指引来说还是太过空虚。

⑪对于最近的这些“跨国”机构的概况，参见 Stavros Gadinis, *The Financial Stability Board: The New Politics of International Financial Regulation*, 48 TEXAS INT'L L. J. 157, 158 – 61 （2013）。

⑫欧盟委员会内部市场与服务部的专员 Michel Barnier，是代表欧洲与商品期货交易委员会进行谈判的关键人物。详见 Press Release, CFTC, *The European Commission and the CFTC Reach a Common Path Forward on Derivatives* （July 11, 2013），可登录网站 http://www.cftc.gov/PressRoom/PressReleases/pr6640 – 13。

⑬介绍并支持此概念的文章详见 Ethiopis Tafara & Robert J. Peterson, *A Blueprint for Cross-Border Access to U. S. Investors: A New International Framework*, 48 HARV. INTL L. J. 31 （2007）；Edward F. Greene & Ilona Potiha, *Examining the Extraterritorial Reach of Dodd – Frank's Volcker Rule and Margin Rules for Uncleared Swaps—A Call for Regulatory Coordination and Cooperation*, 7 CAPITAL MARKETS L. J. 271 （2012）（此后简称“*Examining the Extraterritorial Reach of Dodd – Frank's Volcker Rule*”）。可参阅 Greene &Potiha, *Issues in the Extraterritorial Application of Dodd – Frank*, 注释 10。

⑬a详见 Greene & Potih, *Issues in the Extraterritorial Application of Dodd – Frank*, 前注 10，第 338 页。

⑭详见下文注释 68—73 及附文（讨论“沃尔克法则”的部分）。

⑮本词由《外交政策》常驻编辑 Moises Naim 首次提出。参见 MoisesNaim, “Minilateralism: The magic number to get real international action,” FOREIGN POLICY （June 18, 2009），详见 http://www.foreignpolicy.com/articles/2009/06/18/minilateralism。

⑯Moises Naim 提到“最近一次运用微型多边主义而成功达成贸易协定是在 1994 年”，“1995 年达成国际防核武器扩散协议”，同上。

⑬d详见 Brummer, How International Financial Law Works，或见上文注释 5，第 309 页

（“富裕发达国家通常在金融条例制定中要承担更多风险”）。

⑬e详见 Bruno Wenn，*Exceedingly High Interest Rates*，DANDC. EU（2013. 1. 25），参见网址 http：//www. dandc. eu/en/article/european – bank – regulations – would – do – well – learn – their – latin – american – counterparts（“发展中国家和新兴国家在对抗 2008 年金融危机的过程中发展态势出奇良好”）。

⑬f详见 Greene & Potih，*Issues in the Extraterritorial Application of Dodd – Frank*，前注 10，第 341—342 页（解释了在最初被认为富有侵略性的《多德—弗兰克法案》中，美国商品期货交易委员会是怎样导致了国家不寻常的发展并招致外国监管机构公开批判，最终迫使美国商品期货交易委员会回应会“更新办法”）。

⑰几十年前，《谢尔曼法》的域外适用（主要透过私人反垄断诉讼）在欧洲和其他地方导致阻却法和加税补偿法的通过，这些法律旨在抵消美国反垄断法的域外适用。参见 P. C. F. Pettit & C. J. D. Styles，*The International Response to the Extraterritorial Application of United States AntitrustLaws*，37 BUS. LAW 697（1982）（查阅这些法规）；John H. Chung，*The International Antitrust Enforcement Assistance Act of* 1994 *and the Maelstrom Surrounding the Extraterritorial Application of the Sherman Act*，69 TEMPLE L. REV. 371（1996）（概述了《谢尔曼法》管辖权问题在美国法院及关键问题上的发展）。比照 In re Uranium Antitrust Litigation，473 F. Supp. 382，385（N. D. Ill. 1979）（指出九个被告没有出庭、答辩或辩护的反垄断投诉）。然而，与监管衍生出的现实差异相比，更极端的冲突在于美国现有实质性政策和其主要盟友间的冲突。

⑱请参照下文以及注释 73—90。

⑲在这一点上，美国曾一直避免将金融监管改革这个话题带到国际的谈判桌上，尤其是那些正在进行的贸易谈判上面。英国《金融时报》曾报道美国曾以担心“谈判将会被银行利用来规避 2010 年《多德—弗兰克法案》导致的严苛规则，就像是欧洲国家们利用同样的方式推迟了自己的改革”为借口拒绝“将金融管制整合的框架内容包含在谈判的内容中去”。请参考 James Politi & Alex Barker，*White House Set for Wall Street Clash Over Trade Talks*，FINANCIAL TIMES，July 8，2013 at p. 1。

⑳国际法的学者们将国际金融法概括为“协调问题”，因为他们假设各国金融法规的制定者有共同的目标和主张。参见 Anne – Marie Slaughter & David Zaring，*Networking Goes International：An Update*，2 ANN. REV. L. SOC. SCI. 211，217 – 20（2006）。有着相似想法的学术思想经常假设国际金融法是一种“低级政治”。参见 KalRaustiala，*The Architecture of International Cooperation：Transgovernmental Networks and the Future of International Law*，43 VA. J. INT'L L. 1，5，28 – 29（2002）。但是我们一旦认识到国际金融法有分配效果，这些主张就不太能站得住脚。对此观点的批判文章，请参照 Brummer，*How International Financial Law Works*，前注 5，第 260 – 261 页，同样可参照下文注 87—89 以及下文。

⑰a参见 Brummer，*How International Financial Law Works*，前注 5，第 271 页（软法律不能成为一个国家提供可信承诺的有效手段，因为在有利于自己的利益时国家往往会违背那些不成文的承诺）。

㉑经济学对公共物品的分析，请参考 William H. Oakland，*Theory of Public Goods* in 3 A HANDBOOK OF PUBLIC ECONOMICS 485，485 – 99，502 – 22（Alan J. Auerbach& Martin Feldstein，eds. 1987）；还可参见 Mancur Olson，THE LOGIC OF COLLECTIVE ACTION：

PUBLIC GOODS AND THE THEORY OF GROUPS 14（1971）。当然，按照定义，公共物品至少有两个特征：（1）“非排他性”，意思是生产者没法在不让他人受益的情况下只让消费者一个人受益，（2）在满足一个人的消费的前提下不减少对其他人的供给。教科书中关于公共物品的典型例子是灯塔：所有人都能使用，而且一个人使用不影响其他人的使用。因为从公共物品中获益的人并不一定要为其支出，而且考虑到一些“搭便车”者可以不需要为其支出，故公共物品不能轻易地在自由市场中得到资金支持。为了支持公共物品，这些“搭便车”的人必须缴纳税款。在本文中，对于系统性风险的防御将惠及所有人，但是成本并不一定平均或者成比例地分担，而且“搭便车者”也会逃避成本。

㉒那些没有大型金融机构的小国对于金融危机传染的恐惧感也就越小。在 2008—2009 年经济危机中，即使是一些主流的国家如澳大利亚、日本、加拿大、巴西等受到的打击也比美国和欧洲小很多。请参照 Chris Zappone，*Australia Dodges Recession*，*SYDNEY MORNING HERALD*，*June* 3，2009，可以登录 www. smh. com. au/business/australia – dodges – recession – 20090603 – buyq. html；cf. BulentGokay，*The* 2008 *World Economic Crisis*：*Global Shifts and-Faultlines*，www. globalresearch. ca/the – 2008 – world – economic – crisis – global – shifts – and – faultlines/12283（比较了 2008 年经济危机在不同经济体中的影响）。就此而论，CFTC 主席詹斯勒对开曼群岛持续的关注（见前面注释 9）至少说明了一个现实问题（即使这不见得衍生品的场外交易会出现在那里）。

㉓对于 Brummer 教授的类似观点，请参照上面的注释 5，第 267 页。

㉔“公地悲剧”是一个标准的法和经济学问题，在两种情况下这种问题会凸显：（1）禁止参与者分享或者是从事某项活动是不太可能的（非排他性）；（2）一些参与者不需要将强加于其他参与者的成本内部化，参见 Garrett Hardin，*The Tragedy of the Commons*，162 SCIENCE 1243，1244 – 45（1968）。通常情况下，这个悲剧的结果是公共资源被过度利用（例如一些被过度放牧的牧场和过度捕捞的鱼塘或者被污染的空气）。在这里，如果不能阻止美国经济实体在外国市场交易将会导致一个结果：危险的活动会持续进行直到经济危机的降临。“替代性监管”在这种情形下可被视为一种将美国的实体从危险中解救出来的方法，而且被证明可行，因为其他国家并不会将可预见的成本内部化。

㉕参见 Elinor Ostrom，GOVERNING THE COMMONS：THE EVOLUTION OF INSTITUTIONS FOR COLLECTIVE ACTION 144 – 57，173 – 79（1990）（研究了渔业以及其他自然资源）。

㉖请参见 Carol M. Rose，*Big Roads*，*Big Rights*：*Varieties of Public Infrastructure and Their Impact on Environmental Resources*，50 ARIZ. L. REV. 409，413（2008）（将此观点应用于交通基础设施）。Brett M. Frischmann & Mark A. Lemley，*Spillovers*，107 COLUM. L. REV. 257，272 – 73，281 – 82，293 – 98（2007）（将此观点分别应用与 IP 或创新领域，或者通信基础设施）。

㉗请参见 Steven L. Schwarcz，*Protecting Financial Markets*：*Lessons from the Subprime Mortgage Meltdown*，93 MINN. L. REV. 373，386（2008）；Kristin N. Johnson，*Things Fall Apart*：*Regulating the Credit Default Swap Commons*，82 U. COLO. L. REV. 167，147（2011）（他们自始至终都认为“公地”文献可以为发展一种治理模式提供指导，这种模式更好地反应大众对金融市场系统里的权利与义务的合理预期）。

㉔a请参考 Brummer，前注 5，第 267 页。

㉔b请参考 Raustiala，前注 17，第三页（他指出在争辩中的一方非常赞同一个观点，即一个国家不会减少它的实力或影响力，而且政府会逐渐增加与其他国家中相同利益者的联系）。

㉘最后的法规贯彻了“沃尔克法则”，“沃克尔法则”是由美国联邦储备系统、美国联邦存款保险公司、货币监理署、证券交易委员会、商品期货交易委员会在 2013 年 10 月 10 日共同制定颁布的。但是“沃克尔法则”在正式启用前有一个适应期直到 2015 年 7 月 21 日。请参考 SEC Release No. BHCA – 1；File No. S7 – 41 – 11，RIN 3235 – AL07（December 10，2013）（禁止和限制自营交易以及与对冲基金和私人股本基金之间的某些利益关系）。

㉕a请参考 Greene & Potiha，*Examining the Extraterritorial Reach of Dodd – Frank's Volcker Rule*，前注 13，第 271—272 页。

（对外经济贸易大学金融学院　吕赫　王继帅　邓曦　译　崔馨元　校）

历史文本

Historical Text

Comparative

关于社会保障基金的筹资方式

吴敬琏

根据1993年中共十四届三中全会《关于建立社会主义市场经济若干问题的决定》（“50条”），在各项社会保障制度中，首先应当建立“社会统筹与个人账户相结合”的养老保险制度。但是从一开始，新养老保险制度的建立就遇到了困难。

推行这种养老保险制度的最大困难在于，业已退休的老年职工和即将退休的中年职工（他们分别被称为“老人”和“中人”）的账户中没有基金积累。在这种情况下，出路在于由国家出资补偿对“老人”和“中人”养老金积累的隐性负债。经济学界和经济界人士在1993—1995年讨论社会保障制度改革问题时，就已提出了将现有国有资产“切一块”① 和由财政发行“认可债券”② 这两种补偿办法。但是，由于受到一些政府职能部门官员的反对，补偿未能实现。于是就只有用从企业收取的“社会统筹”来借“新人”的钱养“老人”。为此，在1995年3月部署养老保险改革的全国性会议上，提出了两

---

* 本文摘自吴敬琏：《当代中国经济改革教程》，上海：上海远东出版社，2010年，第313—316页。

① 所谓“切一块”，是指在现有国有资产中拨出一部分来，用于归还政府对国有企业老职工养老金的隐性负债。在1993年拟定社会保障方案时，不少经济学家提出了这样的建议。见周小川、王林（1993）：《社会保障：经济分析和体制建议》，载吴敬琏等：《建设市场经济的总体构想与方案设计》，北京：中央编译出版社，1996年，第211—258页。

② “认可债券”是智利政府在1981年养老金改革时发行的政府债券，用以偿还政府对那些退出政府养老金计划、加入新养老金计划的职工的隐性负债。

种可选的方案供各地区选择。

方案一（又称“体改委方案”）：“大个人账户，小社会统筹”。职工个人缴费全部计入个人账户，企业缴费的一部分，也分别按照社会平均工资和职工本人工资的一定比例计入个人账户；职工退休后，按照个人账户的储蓄额（包括本金和利息）发给养老金。这一方案与中共十四届三中全会规定的原则比较接近。但是，由于它没有解决老职工的养老金资金来源问题，可行性并不高。

方案二（又称“劳动部方案”）：“大社会统筹，小个人账户”。职工个人缴费计入个人账户，企业缴费进入社会统筹基金；职工退休时，个人账户存款足以支付养老金，则支付形式同方案一，如果账户中存款不足或属于“空账”，则由社会统筹基金补足；社会统筹基金不足，则由财政资金补足。虽然方案二保留了个人账户，但实际上“老人”和“中人”的养老金在很大程度上要靠现收现付的“社会统筹”来解决。不过，它在“老人”和“中人”的养老金资金来源问题上提出了比较实际的处理办法，而且赋予社会保障主管机关很大的权力，多数地方政府部门选择了这个方案。这一方案实质上是对“老人”和“新人”分别采取现收现付制和个人账户制。向现收现付制回归导致了以下消极后果：（1）参加养老保险的企业出现了拖欠或逃避缴费的倾向。养老保险基金缴费率逐年下降：1993 年为 92.4%，1994 年为 90.5%，1995 年为 90%，1996 年为 87%。①（2）非国有企业特别是民营企业和三资企业认为，由它们缴纳社会统筹来对老职工作出补偿是不公平的，因此也不愿意参加。（3）在一些供养人口比例很高的老工业城市，企业缴纳社会统筹的负担很重。当时，养老保险社会统筹的收费率平均高于工资的 20%；加上其他保险收费，社会保障总收费率高达 35%—45%。特别是在一些老工业城市，如上海，由于“老人”和“中人”多，仅养老保险收费一项即达到职工工资的 28.5%（其中，从企业收取 25.5%，从职工个人收取 3%②），而一些新兴城市，则社会统筹收费率很低，这就把前者置于不平等竞争的地位。（4）在资金短缺的情况下，只好挪用现有职工个人账户内的资金，使得它们也变成了“空账户”。因此从长期看，这种做法有使养老金制度重新回到以受益确定的现收现

① 杨宜勇：《养老保险基金收缴率为何不断下降》，载《经济学消息报》，1997 年 3 月 7 日。

② 联合国开发计划署驻华代表处：《中国：人类发展报告（人类发展与扶贫）》，1997 年，第 62 页。

付制的危险境地。

为了克服新养老金制度的上述缺点，劳动部、国家体改委等政府职能部门于 1996 年 6 月提出了对现行体制的改进方案①，要求逐步提高个人缴费比例、逐步调整基本保险的保障水平，以及改善基金经营、监督和管理等来改善筹资的状况。不过，这些措施并没有能够解决老职工养老金的融资来源问题，仍然只能靠“社会统筹”和现有职工个人账户中的资金支付老职工的养老金。所以从 1998 年起，中国城市的养老保险就陷入了当期收不抵支的困境。1999 年，全国有 25 个省（自治区、直辖市）出现赤字，个人账户被挪用超过 1000 亿元。在这种情况下，中央政府不得不以每年数百亿元的预算资金来填补基本养老保险的收支缺口。

面对这种情况，提出了种种不同的改革方案。

第一种方案是实行社会保障“费改税”。

这种观点主张用开征社会保障税的办法来强化现收现付制的筹资机制。这就是将基本养老保险费、基本医疗保险费及失业保险费等合并为统一的社会保障税，由税务机关统一征收。但这种主张遭到强烈的反对，因为这样一来，无异于完全背离中共十四届三中全会规定的改革方向，向受益确定的现收现付制回归。而且不难预计，采用这种办法，虽然在短时期内能够使社会保障体系的财务状况有所改善，但是从长期看，它必然使国家财政背上难以承受的负担。因此，这种意见没有得到政府的采纳。

第二种方案是继续贯彻 1993 年中共十四届三中全会建议的“社会统筹与个人账户”相结合的养老金体制。

2000 年初，一些地方的国有企业因为职工嫌“买断身份”的补偿过低而爆发了大量职工参加的“群体性事件”。这种事态使中国政府领导人认识到在缺乏社会安全网的情况下进行国有企业的重组具有很大的危险性。于是，他们邀请一些经济学家提出如何建立新社会保障体系的建议。其中最具代表性的是斯坦福大学的刘遵义教授提出的社会养老保障体制改革方案。他建议建立由政府用一般性财政税收作为资金来源的“社会基本养老金”（相当于世界银行建议的“第一支柱”）和由职工及雇主缴费建立的“个人公积金账户”（相当于世界银行建议的“第二支柱”）两个部分组成的社会养老保障体系。其中，个

① 劳动部：《关于统一企业职工养老保险制定的汇报提纲》，1996 年 6 月 9 日。

人公积金账户由中央公积金信托理事会下设的中央公积金管理局进行统一管理，选择并委托中资或外资基金管理人（银行或其他金融机构）经营。① 他还建议政府用现有国有资产对国有单位已退休职工、在职职工及下岗职工进行隐性负债补偿。这一构想的基本想法得到许多经济学家的认同和政府主要领导人的赞许。

此后，一些机构估算了政府对国有单位老职工隐性负债的规模。世界银行估计该规模为1997年我国GDP的46%—69%；一些经济学家的估计为当年我国GDP的71%—94%不等；国务院体改办课题组分5种方案和3种投资回报率对养老保险隐性债务进行测算，根据方案1（被称为标准方案）的测算结果，以1997年为时点，中国养老保险标准隐性债务在回报率4%条件下相当于当年GDP的145.4%（在回报率8%条件下为49.6%）②。即使假定隐性负债只占我国1997年GDP的30%，其总量也超过2万亿元。

2000年晚些时候，国务院作出决定，成立全国社会保障基金理事会，负责管理由中央政府集中的社会保障基金。③ 不过由于主管部门的反对，这一方案没有得到最终的执行。

在国际经济学界，全积累个人账户制的最重要的支持者是哈佛大学教授、里根时代的美国总统经济顾问委员会主席费尔德斯坦。他认为，中国的养老保障应采取全积累的个人账户制。④

---

① 参见刘遵义：《关于中国社会养老保障体系的基本构想》（2000年7月29日稿）；其框架部分后来发表在《比较》辑刊，第6辑，北京：中信出版社，2003年。

② 参见"养老金隐性债务规模首次精算出结果"，《中国社会保障》，2000年第5期。

③ 2001年末正式成立的全国社会保障基金理事会是国务院直属事业单位，其职责是负责管理由国务院批准筹集的资金及其投资收益形成的由中央政府集中的社会保障基金。由于没有划转国有资产来补偿政府对养老金的隐性债务，在投资手段和投资工具仍然极不充分的情况下，全国社会保障基金理事会成立以来工作侧重于基础建设，如选择基金管理公司为投资托管人，争取到以战略投资者的身份参与新股配售等。现阶段，社保基金在政策允许范围内的投资工具包括银行存款、国债、证券投资基金、股票、信用等级在投资级以上的企业债、金融债等有价证券。其中银行存款和国债投资的比例不低于50%，企业债、金融债不高于10%，证券投资基金、股票投资的比例不高于40%。风险小的投资由社保基金理事会直接运作，风险较高的投资则委托投资托管人进行投资运作。

④ 费尔德斯坦和利伯曼（Martin Feldstein and Jeffrey Lieberman，2006）：《实现中国养老保险体制的潜力》，载《比较》辑刊，第24辑，北京：中信出版社，2006年。

第三种方案是主张以中共十四届三中全会对养老保险的设想为基础，引入瑞典模式的记账式缴费确定制（NDC）。

2004 年，“中国经济研究和咨询项目”① 向中国政府提交了由麻省理工学院戴蒙德教授和伦敦经济学院的巴尔教授执笔的《中国社会保障体制改革：问题和建议》研究报告。② 他们建议中国不采用全积累的缴费确定制（financed defined contribution，FDC），而是采用记账式缴费确定的个人账户制。与 FDC 相比较，NDC 可以缓解政府归还隐性负债的负担和证券市场波动的风险。由于记账式账户制提供了一个事实上不必对个人账户“做实”的模拟运行模式，消除了转型成本过高的障碍。同时，记账式个人账户制与中共十四届三中全会选择“统筹与个人账户相结合”模式的初衷是相吻合的，兼顾到了“社会互济”和“自我保障”即公平与效率的问题，还由政府承担了证券市场的部分风险，避免了积累制对资本市场的高要求，更加适合我国目前的经济现状。另一方面，与传统的现收现付制相比，NDC 相对提高了平衡养老金的灵活性，增强了透明度、增加了缴费的激励性，具有便携性等优势。

他们的建议得到一些中国学者的支持③，也得到中国政府领导人的高度评价，但最终并未成为主管部门的选项。

第四种方案是由社会保障体制改革的主管部门——劳动与社会保障部提出的。他们的基本思路是降低由个人缴费形成的个人账户资金的比重，使养老保险以社会统筹为主。这一方案得到了政府的采纳。

2001 年 7 月，国务院决定按照劳动与社会保障部提出的思路在辽宁省进行完善城镇社会保障体系试点，其中基本养老保险试点的主要内容为：

（1）个人账户和社会统筹分账管理，个人账户实账运行。个人账户从受益人工资的 11% 调减为 8%，全部由个人缴费形成；企业缴费比例保持个人工

---

① 这是一个由海外华人募集的中国经济问题研究基金。

② 参见戴蒙德和巴尔（Peter Diamond & Nicholas Barr，2004）：《中国社会保障体制改革：问题和建议》，载《比较》第 24 辑和第 25 辑，北京：中信出版社，2006 年。

③ 参见郑秉文：《“名义账户”制：我国养老保障制度的一个理性选择》，载《管理世界》，2003 年第 8 期；刘仲藜、吴敬琏（2004）：《就社会保障课题致温家宝总理的信》，载吴敬琏：《呼唤法治的市场经济》，北京：生活·读书·新知三联书店，2007 年，第 390—392 页；易纲等（2007）：《转型名义账户制：中国养老保障体制改革新思路》，载《中国经济报告》，2007 年 9 月。

资的 20% 不变，但是全部记入社会统筹基金。社会统筹基金专门用于支付退休人员的基本养老金；个人缴费形成个人账户基金，用于支付个人账户养老金。

（2）调整和完善养老金计发办法。在维持基本养老金月标准相当于省（自治区、直辖市）上年度职工月平均工资 20% 的同时，规定职工在缴费满 15 年以后，缴费每满一年增加一定比例的基本养老金，总体水平控制在 30% 左右；基本养老金领取人死亡后，其遗属领取的丧葬补助金由社会统筹基金支付。另外，个人缴费不满 15 年不能领取基本养老金。

（3）鼓励企业建立企业年金，规定企业缴费在工资总额 4% 以内的部分，可以从成本中列支。

在总结辽宁省试点经验的基础上，2003 年，中共中央、国务院决定，在黑龙江和吉林两省进行扩大完善城镇社会保障体系试点工作。个人账户缴费率进一步减为受益人工资的 5%—6%。2005 年 12 月，国务院发布《关于完善企业职工基本养老保险制度的决定》①，从 2006 年起将试点范围扩大到除东三省之外的八个省、直辖市、自治区，包括天津、上海、山东、山西、湖北、湖南、河南和新疆。

采取以上办法的试点地方的养老保险体系的财务状况有所改善，但是由于资金积累规模不大，投资收益又低②，这种改善最终是以中央财政加大转移支付力度为条件的。中央财政安排对养老保险基金的补助从 1998 年的 23 亿元增长到 2007 年的 973.97 亿元。而且，即使财政能够承担所需的巨额费用，建立起来的也将是一个很难长期维持的、以现收现付为主的养老金保险体制。一些欠发达地区和老工业基地基金缺口较大，难以靠自身力量实现养老金的收支平衡。目前，解决补发养老金历史拖欠这一问题的省份达到 20 个，还有 1/3 没有解决历史遗留问题。同时，由于统筹层次低，基金不能互相调剂，像深圳、

① 国务院《关于完善企业职工基本养老保险制度的决定》规定了养老金缴纳和给付的新办法。与原办法相比，新办法仍然是统账制，仅仅是基本养老金的结构发生了变化，基础养老金增加，个人账户规模有所降低，总体水平与改革前大体相当。以职工缴费年限 35 年退休为例，改革前基本养老金的目标替代率是 58.5%，其中 20% 为基础养老金，38.5% 为个人账户养老金；改革后目标替代率调整为 59.2%，其中基础养老金替代率调整为 35.0%，个人账户养老金替代率调整为 24.2%。

② 由于社会保障基金投资范围限于低风险的银行存款等，其收益率很低。东北三省试点中个人账户投资的年收益率只有 3%—4%。

广州等外来劳动力多的城市，保险基金充盈，费率较其他省（自治区、直辖市）低（广东单位的缴费率12%，河南是22%），形成了基金缺口与部分地区基金结余并存的现象。①

① 数据引自《中国劳动和社会保障年鉴（2007、2008）》，北京：中国劳动和社会保障出版社，2008年，2009年。

新书架

New Books

Comparative

托马斯·皮凯蒂是对的

关于《21 世纪资本论》一书你所需要知道的一切

罗伯特·索洛

在美国和其他地方，收入不平等的问题自 1970 年代以来一直在恶化。其中最引人注目的是富裕人群和其他人群之间不断扩大的差距。现在，这种不祥的反民主趋势终于引起了公众的重视，在政治性的高谈阔论中也有了一席之地。要制定理性和有效的应对之策（如果要有应对之策的话），首先必须理解是什么原因导致了收入不平等的不断加剧。迄今为止的讨论已经提出了若干可能的原因：最低实际工资被侵蚀，工会和集体谈判的衰变，全球化和来自穷国低工资工人的竞争加剧，技术进步以及随之而来的劳动力市场的需求转变。这些转变导致中等职位的消失和劳动力市场的两极分化：一极是要求最佳教育和技能的高端职位，另一极是属于普罗大众的、只需低教育和低技能即可胜任的底层职位。

这些可能的原因中每一个看来都含有一些真理的要素。但即使把它们放在一起，似乎也难以得到一个令人满意的画面。它们至少有两方面的不足。首先，这些原因都很难解释一个显著的问题，即处在收入分配最顶端的 1% 人群

---

* Robert M. Solow，麻省理工学院经济学荣誉教授，1987 年诺贝尔经济学奖获得者。原文请见 http：//www. newrepublic. com//article/117429/capital – twenty – first – century – thomas – piketty – reviewed，载于《新共和杂志》（*The New Republic*）。

** 关于 Thomas Piketty 的中文译名，在近期的各路媒体报道中，有各种译法，皮克迪、匹克迪等，这里我们采用的是新华通讯社译名室编著、中国对外翻译出版公司出版的《世界人名翻译辞典》中的译法。关于书名《比较》若干编委认为正确的译法应该是《21 世纪的资本》，为了和最终出版的中文版书名一致，我们统一成《21 世纪资本论》。——编者注

与社会其余人群之间的收入鸿沟日益拉大。其次，这些原因似乎都是一些外部的或偶然的因素，而这个在美国、欧洲和日本等发达经济体持续 40 年的趋势，更可能是由现代工业资本主义的一些内在的深层力量所推动。现在，我们终于有了托马斯·皮凯蒂，一位 42 岁的法国经济学家，来填补这些空白。我的一位朋友，一个出色的代数专家，最喜欢使用的赞美之词是“严肃认真”。他会说，“Z 是一位严肃认真的数学家”，“那幅画是一件严肃认真的作品”。借用他的说法，皮凯蒂的著作确属严肃认真的研究成果。

这是一部长篇论著，577 页密集排印的正文加上 77 页注释（我要声讨这些出版社编辑，他们把注释放在书的最后，而不是与所属正文放在同一页，好像不想让我这样的读者读完全部注释），还有大量“技术性附录”放在网上供读者使用，这些附录包括数据表格、数学论证、文献索引，以及皮凯蒂在巴黎（非常精彩的）授课讲义的链接。阿瑟·戈德哈默（Arthur Goldhammer）的英文翻译读起来也非常流畅。

皮凯蒂的研究路径是首先对跨时间、跨空间的数据进行全景式的解读，然后再由此向前推进。他和他的合作者，其中包括另一位年轻的法国经济学家和加州大学伯克利分校教授伊曼纽尔·赛斯（Emmanuel Saez），以及现代收入不平等研究的开拓者和权威人物、牛津大学的安东尼·阿特金森（Anthony B. Atkinson），不辞辛劳，整理出了一个规模浩大的数据库，并且仍在对之进行扩充和完善。这个数据库为皮凯蒂的理论提供了经验基础。

整个研究的起点是法国、英国和美国的公私总财富（或资本）的历史演变轨迹，从今天一直回溯到数据可及的最早历史时点。德国、日本、瑞典以及其他一些国家（相对不很频繁）只要有满意的统计数据，也包括在了数据库中。如果你觉得困惑，不明白为什么一部研究不平等的著作要从衡量总财富开始，且听下文分解。

因为时空跨度极大的数据比较是研究的关键，就有了一个问题：如何找到可比的单位来度量财富或资本，例如把 1850 年的法国和 1950 年的美国放在一起比较？皮凯蒂解决这一问题的办法是用同一历史时点上的以本国货币计量的国民收入除以同样以本国货币计量的财富。这样得出的财富收入比率就有一个“年数”的维度。比如刚才提到的法国和美国的比较实际上就可以表述为，法国 1850 年的总财富大致相当于该国 7 年的 1950 年的收入，而仅相当于美国 4 年的 1950 年收入。这样把国民财富或资本形象地定义为若干年的国民收入，是整个研究的基础。在经济学中，资本产出比或资本收入比是广泛使用的概念。逐步适应吧。

这里有一个小小的模糊之处。皮凯蒂把“财富”概念等同于“资本”概念交替使用。我们知道如何计算一个人或机构的财富：把所有的资产价值加总，再减去总负债（资产和负债的价值都按市场价格计算，或者如没有市场价格，按其近似值计算）。这样计算得出的结果是净值或财富。至少在英语中，这也经常被称为一个人或机构的资本。但“资本”有另外一个并不怎么相同的含义：资本是“生产要素”，生产过程的一个基本投入，以厂房、机器、计算机、办公建筑或住宅（住宅生产出“住房服务”）等形式存在。这一含义与“财富”可以有所差异。一个不大重要的差异是，有一些资产具有价值，是财富的一部分，但不能生产任何东西：比如艺术品，窖藏的贵金属，等等（挂在客厅的绘画可以说生产了“审美服务”，但国民收入统计一般不会计算这种服务）。更具重要意义的一个差异是，股市价值作为公司生产资本价值在金融市场上的反映，可以剧烈波动，其波动比国民收入更加剧烈。经济衰退时期，在生产性资本的存量乃至其预期的未来盈利能力没有或极少变化的情况下，财富收入比率可以大幅跌落。但只要我们如皮凯蒂一样仅关注长期趋势，忽略这样的计量困难是没有什么问题的。

在此基础上，数据展示了一个清楚的模式。在法国和英国，国民资本与国民收入的比率在1700—1910年间相当稳定，一直在7倍左右，然后在1910—1950年间大幅下降，在英国下降到2.5倍，在法国下降到略低于3倍。这样的下降应该是两次世界大战和大萧条所致。此后，两国的资本收入比率都开始攀升，到2010年，在英国达到略高于5倍，在法国达到略低于6倍。美国的情况略有不同。1770年时此比率为3倍多一点，而后上升到1910年的5倍，1920年略有下降，1930年恢复到5—5.5倍之间的高水平，1950年回落到4倍，2010年再次升高到4.5倍。

美国的财富收入比率一直低于欧洲。早期的主要原因是在北美广袤的开放空间中，土地的价值受限。土地当然有很多，但都很便宜。但进入20世纪以后，美国较低的资本收入比率所反映的可能是较高的生产率：一定数量的资本可以支持生产出比欧洲更大的产出。两次世界大战对美国的资本所造成的破坏和消耗当然也比英国和法国要小。皮凯蒂的分析所强调的重要一点是，在所有这三个国家以及其他国家，财富收入比率自1950年以来一直在上升，几乎达到了19世纪时的水平。他预测这种上升在本世纪将会持续下去，带来我们下面将会讨论到的严重后果。

事实上，他的没有很大信心但也不是开玩笑的预测是，到本世纪末全世界的资本收入比率将从2010年的略低于4.5的水平上升至6.5以上。这将使整个世界回到少数欧洲发达国家19世纪时的状态。这样的猜测从何而来？或者更一般地说，决定一个经济体的长期资本收入比率的因素究竟是什么？这是一个已经被经济学家们研究了大约75年的问题。他们的观点趋近于一个标准答案，此答案被皮凯蒂引用并称之为经济“规律”。粗略概括，这个答案是这样的。

设想一个经济体，其国民收入为100，按每年2%的速度增长（也许时快时慢但我们可以不去管它）。假设该经济体每年都将国民收入的10%储蓄起来用于投资（即增加其资本）。也就是说，如果某年其收入达到100，该经济体的资本存量就增加10。我们想知道它的资本收入比率下一年是否会维持不变，也就是说，能否保持长期稳定。而要使资本收入比率保持不变，该比率的分子必须和分母一样按2%的速度增长。我们已经说过，分子每年增加10。只有当资本存量不多不少恰好等于500时，增加10才等于增长2%。这样我们就有了一个连贯的故事：这一年国民收入是100，资本存量是500，二者的比率是5。下一年国民收入是102，资本存量是510，二者的比率仍然是5，而且这个过程一直自动地自我重复，只要国民收入增长率保持在每年2%，储蓄/投资占国民收入的比率就保持在10%。实际存在的情况要更令人惊异：如果资本和劳动联合起来遵循收益递减这一古老而可靠的法则来生产国民总产出，那么不管一个经济体从哪里起步，都会受其内在逻辑的驱使，最终达到一个唯一的、自我再生的资本收入比率。

仔细研究这个例子就会发现，它其实表述的是一个更一般的论点：如果一个经济体按每年g%的速度增长，储蓄其国民收入的s%，则自我再生的资本收入比率就是s/g（在例子中是10/2）。皮凯蒂认为全球产出的增长在未来一个世纪中将由3%下降到1.5%（这是人口增长率和生产率增长率共同作用的结果，他预期二者均将放缓）。他把全球的储蓄/投资率设定在约10%的水平。所以他预期资本收入比率最终会攀升至接近于7的水平（或10/1.5）。如下面会看到的，这是一件不得了的事情。他非常清楚在背后支持这一结论的假设条件可以被证明是错的，毕竟谁也无法预见一个世纪将要发生的事情。但事情完全可能按他预测的那样发展。

关于资本主义经济中的财富，一个关键点是，它会自我再生而且通常会有一个正的净回报。这是下一个要讨论的议题。皮凯蒂建立了英国从1770年起、法国从1820年起至今的“纯”回报率（经过若干小的调整之后）的估计值，但没有包括美国。他的结论是：“资本的纯回报率一直在一个每年4%—5%的中心值附近摆动，或者更一般地说，在一个每年3%—6%的区间内摆动。没有发现明显的上升或下降的长期趋势。但资本的纯回报率在过去一个非常长的时期略有下降，也是可能的。”如果有美国的可比数据，就会很有意思。

现在，如果你用资本的回报率乘以资本收入比率，你就得到资本在国民收入分配中的份额。例如，如果回报率是每年5%，而资本存量相当于6年的国民收入，来自资本的收入就占国民收入的30%，留给劳动的国民收入因此也就是70%。终于，经过了所有这些准备，我们可以开始在两个不同的意义上谈论不平等了。首先，我们已经进入了收入的功能性分配的领域，即来自劳动的收入与来自财富的收入之间的分割。其次，财富较之于劳动收入永远更高度集中于富裕人群（尽管最近的美国历史在这方面看上去有些不同），因此，来自财富的收入在总收入中的份额越大，收入在人口中分配的不平等程度可能就越高。关乎一个社会健康的，正是这种人与人之间收入分配的不平等。

这一点经常不能被深刻理解，有必要停下来稍作解释。国民收入中劳动的份额在数学上与实际工资除以劳动生产率之商是一回事。如果有以下两种社会，你愿意在哪种社会中生活：一种社会的实际工资快速上升但国民收入中劳动的份额在下降（因为生产率上升的更快）；另一种是实际工资和生产率都处于停滞状态，因而国民收入中劳动的份额没有改变？就狭义的经济考虑而言，第一种社会肯定更好：你吃的是你的工资而不是你在国民收入分配中的份额。但第二种社会有其政治和社会优势。如果一个很小的财富所有者阶层，我说的是一个很小的阶层，拿去国民收入中越来越大的份额，这个阶层就可能在其他方面也主宰这个社会。这种非此即彼的情况并非必然发生，但还是说清楚为好。

假设我们接受皮凯蒂在研究的基础上做出的猜测，即在今后一个世纪中资本收入比率将会上升，然后稳定在7左右的高水平。那么资本在国民收入分配中的份额是否一定会增加呢？不一定。不要忘记我们必须用资本的回报率乘以资本收入比率，而同一个报酬递减律意味着资本回报率将会下降。随着生产的资本密集程度越来越高，要为新增的资本找到有利可图的用途，或找到替代劳动的便捷途径，会越来越困难。资本在国民收入分配中的份额是上升还是下降，取决于资本回报率的下降和资本收入比率的上升哪个更快。

经济学对这一问题已经做了大量研究，但尚无定论。这表明资本回报率和资本收入比率对资本在国民收入分配中的份额所起的最终效应无论是推高还是压低，其规模都应该是很小的。皮凯蒂认为资本在国民收入中的份额是上升的，我倾向于同意他的观念。在过去几十年中，美国经济中生产率的增长一直领先于实际工资增长，尚未看到逆转的迹象。由此导致资本在国民收入中的份额上升，劳动的份额下降。也许资本的份额将会从30%左右上升至35%左右，并对民主文化和政治带来一系列不可避免的挑战。

这一论辩思路还有一层更重大的、触及皮凯蒂理论之核心的含义。就我所知，在他之前无人曾做过这样的联系。回忆一下我们到目前为止已经确立的观点。历史和理论都显示，工业资本主义经济有一个缓慢的趋势，就是资本收入比率和资本回报率趋于稳定。严重的衰退、战争、社会和技术突变都可以干扰这一趋势，但这一趋势会在稳定的条件下重新确立自己。在皮凯蒂所考察的漫长历史时期，资本回报率通常大于其背后的经济增长率。唯一的重要例外是1910—1950年这一段时间。皮凯蒂将这一罕见的例外归因于两次世界大战和大萧条的破坏，以及它们所引起的高税收。

逻辑上说资本回报率并不一定要高于经济增长率：一个社会或在其中的个人可以决定储蓄如此之多，以至于该储蓄率（和报酬递减律一起）驱使资本回报率低于长期增长率，不管这个长期增长率是多少。这样一种可能的状态被认为在社会意义上是不可取的，因为如果在回报率等于增长率之前让资本存量下降，就会导致一个长期的、更高的人均消费水平，从而导致一个更可取的社会状态。但没有一只看不见的手可以掌控市场经济的航线，使之避免进入上述不可取的状态。不过，这种不可取的状态还是被避免了，大概是因为历史上的增长率一直不高而资本一直稀缺。我们可以把回报率高于其背后的增长率当作正常状态。

但是，我们现在可以把注意力转到经济内部所发生的事情。假定当资本收入比率稳定化之后整个经济进入一种“稳态”。那些完全从劳动获取收入的人可以期望其工资和收入与技术进步导致的生产率增速同步。这一提高速度会略低于总的增长率，因为后者还包括人口增长率。现在假设有人完全从财富积累获得收入。他或她每年赚到 r%（我这里忽略了税赋，但很快就会加进来）。如果她非常富有，她可能只消费其收入中的一小部分，其余用于储蓄和积累。她的财富和收入每年都会增长几乎 r%。如果你在银行账户内存了 100 元，利息是 3%，你的账户余额每年增长 3%。

皮凯蒂理论的要点，亦即他对一个古老课题的新贡献是：只要资本回报率高于经济增长率，富裕人群的收入和财富增长就将快于典型的劳动收入（看来没有什么相抵消的趋势可以使资本在国民收入中的总体份额收缩，实际的趋势可能正好指向相反的方向）。对所观察到的这种不平等不断加剧（尤其是 1% 最富有人群）的趋势的解读，并非植根于任何经济制度的失灵，而是取决于经济在回报率不下降的情况下吸纳资本增加的能力。这对整个经济也许是福音，但对经济内部的平等而言却并非如此。

为分析便利，我们需要给这个过程取一个名字。我称之为"富者越富动态学"。实际的机制比皮凯蒂的著作所阐述的要复杂一些。来自劳动的收入也有储蓄，因而一部分资本也在工资劳动者手中积累。这部分财富的回报也需要纳入考虑。不过，因为在最富有人群之下的其他人群所拥有的初始财富很小，储蓄率相对较低，而且较小规模的储蓄一般得到较低的回报，计算表明这一机制无力抵消不平等将不断扩大的预测。

这一内在趋势还有另一个同样令人沮丧的含义。如果现在已经聚集起来的财富会比来自劳动的收入增长更快，那么相对于新近赚来的、因而也更多地是靠能力获取的财富，所继承的财富在社会中的地位就会提高。当然，工资收入的总额相对增长较慢，并不排除那些极其成功的创新者、管理人员、企业家、娱乐明星以及其他人在其一生当中积累大量财富，加入食利者行列。但较慢的劳动收入增长确实会使这样的成功故事较少发生。我们后面还会对此有更多讨论。但数理逻辑所指出的是，财富的集中及其增长速度将使继承变得比能力更重要。

皮凯蒂喜欢对收入和财富的分配做具体的描述，而不是使用概述性的统计数据。他考察了最富有的 1% 人群（有时也包括最富有 1% 当中最富有的 10%），最富有的 10%，在其之下的 40% 以及最贫穷的 50% 人群所拥有的收入份额（他把最富有的 10% 人群之下、中位线之上的 40% 人群称之为"中产阶级"。这个说法有点自我矛盾，因为这个群体完全处于中位线之上。但我想较之于美国人把所有既非巨富又非赤贫的人都称为中产阶级的习惯，还是要好一些）。

所涉及的数据很复杂，跨时间跨空间的比较并非易事，但皮凯蒂发现的整体情况大致如下。资本的分配确实非常不平等。目前在美国，最富有的10%人群拥有全部资本的70%，其中有一半为最富有的1%人群所有。在此10%人群之下的40%人群，即中产阶级，拥有全部资本的大约1/4（其中很大部分为房产），全部人口中剩下的50%几乎一无所有，只拥有总财富的5%。即使中产阶级这个规模的财产所有权，从历史上看也是一个新现象。典型的欧洲国家稍微平均一些：最富有的1%人群拥有20%的总资本，中产阶级拥有30%（一个世纪以前欧洲中产阶级不拥有任何财富）。如果财富的所有权在21世纪真的会更为集中，则世界前景看上去确实令人沮丧，除非你对寡头社会情有独钟。

来自财富的收入大概比财富本身更为集中，这是因为，如皮凯蒂所指出的，大块的财富较之于小额财富易于获得更高回报。这种优势部分来自规模经济，但更多的可能是因为非常大规模的投资者较之于小投资者拥有更广泛的投资机会。来自劳动的收入自然没有来自财富的收入那么集中。按皮凯蒂所描绘的当今美国的基本情况，收入最高的1%人群在全部劳动收入中所占的份额为12%，其下的9%人群占23%，中产阶级的份额大约为40%，剩余的50%人群拥有1/4左右。欧洲的情况大同小异：最高10%人群的份额略低，另两个群体的份额略高。

现在你明白了：现代资本主义是一个不平等的社会，而且富者更富的动态机制有力地预示着这种不平等会日益加剧。但这里仍有一个前面已经提示过的问题需要解决，该问题的存在是由于极高工资收入降临到了我们这个时代。首先看有关最高收入的一些基本事实。当今美国收入最高的1%人群所得收入中60%属于劳动收入。只有这1%人群中收入最高的10%人群，主体收入来自资本。而如果看这1%人群中收入最高的1%，他们的收入70%来自资本。法国的情况没有太大差别，只是在每个分组计算的结果中，劳动收入的份额略高一点。很显然，有一些劳动收入是极其高的，或许你以前不知道。

这种情况是最近才发生的。回到1960年代，工资收入最高的1%人群在全部工资收入中的份额仅略高于5%。此后这个份额稳步上升，到今天已经达到10%—12%的水平。这一次，法国的情况不一样了。在法国，这个份额一直维持在6%，直至非常近期才上升到7%。工资收入分配方面的极度不平等可能主要是美国特色。皮凯蒂与赛斯合作对美国的高收入者纳税情况做过仔细研究，他把这种情况归因于他所称的“超级经理人”（supermanagers）群体的兴起。极高收入阶层很大程度上是由大公司的高管所组成，他们的报酬极其优厚（虽非全部，但这个群体中很大一部分来自金融业，其比例超过该行业在经济中的比例）。这些优厚报酬无论是否包含股票期权，都会转化为财富以及来自财富的未来收入。但有一点很清楚，美国不断上升的收入（和财富）不平等相当部分是来自这些超级经理人的兴起。

对这一现象我们理解不多，本书也未深究。当然，皮凯蒂知道，高管的薪酬通常是由董事会及其薪酬委员会在一团和气的气氛中决定的。这些委员会由一些与接受报酬的经理人员类似的人组成。这其中肯定有乌比冈湖效应①所起的作用：每一个董事会都愿意相信，“本公司”的管理人员的表现高于平均水平，应该获得高于平均水平的报酬。

当然，“超级经理人”也有可能真的是超级经理人，他们极高的报酬不过反映了他们对公司利润的超凡贡献。甚至对他们自1960年代以来不断上升的地位，按此思路也有可能找到具体的原因。但如果这种现象仅仅存在于美国，这一思路就很难成立。初步的观察表明，法国、德国、日本都没有这样的现象。难道是他们的经理人缺乏某种基因？果真如此，基因移植倒真会成为一项富有成果的事业。

另一个诱人但有些模糊的可能是，高管报酬，至少其中一部分，并不属于劳动收入的类别，而是代表着资本的某种附属，应被当作分享资本收入的一种方式来对待。这里有一个谜团，解开这个谜团将有助于理解美国社会顶层不平等的加剧。这个谜团也许解不开，因为可能的情况和结果实在太多了。

不过无论如何有一点很清楚，超级经理人阶层在社会上和政治上都归属于食利者阶层，而非靠工资为生的独立专业人员和中级管理人员。所以，皮凯蒂所预示的21世纪的前景仍然是一个需要正视的问题：较慢的人口增长和生产率增长，明显高于经济增长率的资本回报率，资本收入比率回升到19世纪的高水平，资本在国民收入中可能更高一些的份额，所继承的财富

① 乌比冈湖（Lake Wobegon）是一个假想的美国小镇的名称。按作者盖瑞森·凯勒（Garrison Keillor）的描述，镇上的“女人都很强壮，男人都很耐看，孩子们也都非比寻常”。乌比冈湖效应意指人们倾向于高估自己低估他人的心理倾向。——译者注

较之于所赚取的财富，地位日益重要，以及继续扩大的最高收入人群与其他人群之间的差距。也许这里有必要提出一点疑问。历史上相当稳定的长期回报率是两种经济力量平衡的结果：一是报酬递减，二是技术进步。也许未来较慢的经济增长率会大幅度压低资本回报率。也许会。但假设皮凯蒂总体上是对的，又当如何应对？

皮凯蒂强烈地倾向于每年对财富征收累进税，如果可能，最好是全球统一征收，以杜绝避税天堂。他明白全球统一征收是一个希望渺茫的目标，但他认为在类似于欧洲或美国这样大的地域内征收一个地区性的财富税是可能的。他所考虑的税率的一个例子是，100 万欧元以下的财富的税率为零，100 万—500 万欧元者税率为 1%，500 万欧元以上税率为 2%（1 欧元目前等于 1.37 美元）。不要忘记这是年度税，不是一次性的。他估计，在欧盟范围内开征此税将会带来相当于 GDP 2% 的税收，该税收可以按某种人们同意的公式来使用或分配。他倾向于一套略有累进的税率体系，我也一样。当然，管理这样一种税收将要求有很高的透明度，也要求金融机构和公司全面如实申报。在书中他对在欧洲范围内如何实施作了一些更具体的讨论。和所有税种一样，防止偷漏税的工作将是无止境的，但这也是意料之中的。

相当于 GDP 2% 的年收入是一笔不大不小的收入。但收入不是皮凯蒂方案的中心目的。此方案强调的是增长率和税后资本回报率之间的差额，正是这个差额会改变导致不平等持续扩大的富者越富的动态机制。若按与以上建议类似的税率对资本征税，也许能将资本回报率与经济增长率之间的差额压缩 1.5%，从而显著弱化这一机制。

在技术上这是一个有道理的方案，因为这是他对症下药提出的扼制不平等动态机制的一个自然的解决办法。不要忘记富者越富的过程是体制在有财富积累的基础上运行必然产生的结果。它的运行与个人创新或储蓄的激励机制无关。弱化这一机制不会弱化对创新和储蓄的激励。当然，较低的税后资本回报率会使积累巨额财富变得不那么有吸引力，但即使这一点也不是完全清楚的。所以总的来说，这个方案的后果也许是可以承受的。

读皮凯蒂的书，感觉好像财富税在不远的将来就会在欧洲有政治上的可行性，因为欧洲已经有了一些对资本课税的经验。我对此没有什么看法。但在大西洋的此岸，这样的结果看起来没有什么现实的可能性。即使不动产税，我们在政治上也无力保证其确实有效。如果我们想做点什么，可以从不动产税开始，先不必顾及累进程度更高的收入税，这样的税种不利于来自资本的收入，而我们现在的制度所做的恰好相反。但最富有人群甩开其他人群的内在趋势不会因体制上的小修小补而被遏制。如果美国将变成自由者的乐土，勇敢者的家园，日益加剧的不平等——因最富者愈富，或许也因最穷者愈穷——的最后庇护所，你对此会不感兴趣吗？这样一个美国会适合你吗？

（张春霖　译）

最有效地利用《21世纪资本论》

彼得·林德特

总的来说，我认为新兴的制造业贵族，是迄今为止最残酷无情的一族。但它也是最受限制和最不危险的一族。

然而，支持民主的朋友们必须时刻密切关注这一动向。因为，永久的不平等和贵族统治一旦出现在新世界里，那么可以肯定地说，它们就会登堂入室。

——托克维尔①

事实证明，托克维尔的著名警言甚至比他预测的更加正确。在19世纪的美国和欧洲，不仅出现了一个新的制造业精英阶层，而且在经济的所有部门都兴起了拥有财产的精英集团。托克维尔概括性地预言了19世纪，托马斯·皮凯蒂的新作则同样概括性地预言了21世纪。皮凯蒂的预测也可能是正确的，一如托克维尔的警言。

托马斯·皮凯蒂的《21世纪资本论》在英国和北美掀起了一番阅读狂潮。安东尼·阿特金森、皮凯蒂以及伊曼纽尔·赛斯领导了一个有关最高收入的研究项目，从这个项目的经验研究入手，《21世纪资本论》一书对数据做了许多扩展，提出了一个简单的理论框架、各种大胆的预测以及一揽子有争议的政策

---

* Peter H. Lindert. 加州大学戴维斯分校经济系教授，NBER研究员。

① Tocqueville，Alexis de（1839/2004，p. 652）.

处方。在此过程中，该书使我们能够更充分地了解不平等的历史变化。本文要指出的是，从皮凯蒂的观点出发，学者们可以有效地沿着哪些路径对不平等问题展开研究。

我们应该遵循哪些线索?

本文的回应和建议可以从一个多项选择题开始:

问：以下哪一历史趋势是皮凯蒂十分关注的?

(a) 可支配收入的不平等

(b) 原始收入的不平等

(c) 税收的累进性

(d) 遗产的不公平继承

(e) 非人力财富的不平等

(f) 财富收入比

(g) 生产性非人力资本与收入之比

(h) 非人力财富的收益率

(i) 生产性非人力资本的收益率

(j) 财产性收入占国民收入的比例

(k) 上述所有。

答案当然是 (k)，即使 685 页的巨著都无法囊括皮凯蒂关于这些问题的全部想法和证据。这些证据被上传到一些大型互联网网站上，数据集及其运算过程的说明都可以下载。①

我提出这一多项选择题的主要原因是要指出，皮凯蒂对趋势 (a) 到 (j) 都感兴趣，并根据学者和政策制定者认为的途径的有效性来排序。前面的 (a) 到 (d) 乃最优先的社会事务，皮凯蒂及其合作者给经济历史学家提出了一个全新的研究议程。没错，我们是应该大力关注收入不平等趋势 (a) 到 (b)。这些趋势如果不受累进税 (c) 的牵制，由此带来的不平等遗产 (d) 会对后代产生不良社会影响。即使今天的最高收入是基于生产性创新（当

① 除该书本身的互联网址外，还可参见 Emmanuel Saez 和 Gabriel Zucman 主页上的“the Top Income Database”，以及 Anthony Atkinson 和 Salvatore Morelli，Economic Inequality Chartbook。关于 OECD 国家 1870 年以来的收入和财富不平等的调查，见 Roine and Waldenstrom (2014)。关于早期的和欠发达国家的情况，见 Branko Milanovic et al (2011)，其“社会表格”的基本陈述，见 http://gpih.ucdavis/edu，在“早期的不平等估计”栏。

然事实并非完全如此），也会导致政治和社会权力转移给生产力较低的继承人。皮凯蒂幻化出了一个由非生产性继承人掌握政治、经济和社会权力的恐怖社会。

再仔细观察这“终极四强”核心不平等问题（a）到（d），希望会有比皮凯蒂指出的其他路径更深刻的洞见。本文想自下而上讨论这一列表，即从（j）向上谈至（a）—（d）。文章从一条未来学术研究应该避开的路径开始阐述，最后是最有效的路径，即皮凯蒂及其合作者取得极大进展的路径。结尾部分运用关于政治不平等的经济影响的不同文献，向学者指出拓展皮凯蒂核心信息的一些绝佳门道。

当前收入中劳动与资本的份额，或者说是（j）项，从来都不是不平等问题的良好指标，而且在时间和空间上都与不平等没有多少相关性。它们已经过时，可以追溯到19世纪的古典经济学，以及战后初期为拟合生产函数计量分析而进行的各种尝试。它们与不平等间不可靠的联系从来没有实质的意义。如果60%的人口均享劳动收入，其他40%人口均享财产收入，那么国民收入的60%为劳动收入可能反映了完全平等。但倘若60%的劳动收入由几乎所有人分享，只有一个家庭握有所有资产，这也可能意味着极度的不平等。此外，最近的经济史表明，财产收入的份额已经与不平等关联性不大，无论是在收入的顶层还是在整个经济体都是如此。①

收益率又如何呢？当我们沿着路径（h）和（i）追循皮凯蒂的“收益率”r时，必须要谨慎。为了分析不平等，皮凯蒂从会计学的角度将回报率定义为：非人力财富的收入流（无论是税前还是税后）除以该笔财富的市场价值。它既不是资本收益率，也不是债券或股票的市场收益率。

如果我们想最终得出一套收入不平等理论，就会发现皮凯蒂已经将我们引到一个十字路口。要使用他的模型，就必须认同同一个“r”既可以应用于他的第一个方程 $\alpha = r \times \beta$；也可以应用于他导出的收益方程：经济增长模型的最终状态 $\alpha = r \times s/g$，其中 α 是富人的财产性收入份额，β 是这类财富占国民收入的比例，s 是用于储蓄的收入份额，g 是国民收入增长率。这种设置使他高度强调“r/g”。

---

① 关于资本收入份额与收入排名顶层之间缺乏明确相关性，参见 Roine and Waldenstrom, “Long-run trends”（2014），尤其是图5。

我们要遵循哪个 r——家庭财富的名义收益率变动，或生产性资本投入的实际收益率变动，哪一个根据通货膨胀进行了调整？如果 α 的变动揭示了收入不平等传统测量指标的变动，那么第一个方程的所有变量都应用当前的数据，无需用实际或预期的通胀作调整。因为我们希望跟踪的是当前国民收入规模分布的变动，这一变动显示了在相同的消费价格下，所有收入阶层的不平等情况。然而，皮凯蒂使用的强调"r/g"的增长理论要求的是"资本"的"实际"收益率，这就必须经过通货膨胀的调整，麻烦的是，资本和国民产值的物价平减指数并不相同。①

接下来要怎么办？既然我们真正想探讨的是当前收入的不平等趋势，或者说路径（a）和（b），那么最好是坚持未调整的当前价格指标，以及第一项"基本定律"：$\alpha = r \times \beta$，将富人的非人力资本收益份额（α）分解为名义收益率乘以这种财富占国民收入的比例。一个直接的推论是，如果我们想继续使用不平等趋势的预测指标 r－g，增长率 g 就必须是用当前价格衡量的国民收入增长率。一旦这么做，实际增长模型就没多大用处了，关于 21 世纪 r 是否会保持在 g 以上的所有猜想就都是白搭。皮凯蒂和我们仍然缺少 g 或 r 的可靠预测指标，除非皮凯蒂使用某张政治经济学王牌来预测未来的 r，这一点我在讨论话语权和政府治理时再做阐述。

即便不考虑 r 的两种概念之间的冲突，我们很快又不得不面对这样一个事实，即皮凯蒂的"r > g"这一工具，尽管说起来好像很有道理，但是不会让大家有多少收获。我们必须要先预测"收益率"和经济增长率，因此这样来解释和预测不平等的变动情况并不轻松。公式 r－g 带来的效果，并不比 50 年前我们将全要素生产率作为增长的一个"源泉"所取得的进步大。这将是另一项"衡量我们无知的指标"。

财富/收入比。至于财富或生产性非人力资本占国民产值的比例，即（f）和（g），在第一次世界大战前这些还算是顶层收入份额的良好指标。皮凯蒂的著作较少研究战前时代，除了与吉勒斯·波斯特尔—维纳（Gilles Postel-Vinay）和让—洛朗·罗森塔尔（Jean-Laurent Rosenthal）合作，总结了自己对法国情势的开创性研究。②

① 不幸的是，皮凯蒂借用的增长模型基于单一商品经济，其中的资本和我们吃的都是同种"东西"。因此，它遗漏了资本品和消费品的租金和购买价格的相对变动。

② Piketty，Postel-Vinayand Rosenthal（2006）.

战前财富的更好测量指标，实际上可能会强化他的断言，即非人力财富占收入的比例与收入不平等存在相关性。这类指标目前只能获得美国 1774—1870 年的数据，而且它们确实提高了相关性。皮凯蒂认为，“毫无疑问……新大陆殖民地的资本（即私人净财富）收入比是远低于……”欧洲的。事实上，它甚至比皮凯蒂和祖克曼（Zucman）了解到的还要低。琼斯（Alice Hanson Jones）在其出色研究中的唯一错误，就是她的收入推测（income conjecture），而皮凯蒂和祖克曼就是引用了琼斯的研究。琼斯将美国 1970 年代的资本产出比 3—3. 5，应用于 1770 年代的财富。在我们当前的研究里，杰弗里 · 威廉姆森（Jeffrey Williamson）和我把这一比率设置得相当低，为 1. 89。同样，我们发现，1774—1860 年美国的财富收入比一直低于、但向上收敛于皮凯蒂—祖克曼的估计。由于我们还发现，1774—1860 年间收入和财富的不平等增长比皮凯蒂—祖克曼估计的更加陡峭，所以我们修订的最终结果是提高了皮凯蒂早期所预测的财富收入比与收入不平等之间的相关性。①

然而奇怪的是，对于他及其合作者已经充分探讨的 20 世纪发展趋势，财富收入比及资本收入比与收入分配的相关性并不令人信服。在各个不同国家，该比率的水平和变动与收入不平等的水平和变动没有多大关联。随着时间的推移，英国、法国、德国或美国国内出现了较大的相关性。然而，正如我们后面要看到的，当我们审视与财富关系不大的收入不平等变动时，比如工资率或中低阶层的收入比等，上述的所有变动就会显现。

财富不平等（e）。家庭财富不平等的数据是研究 20 世纪前收入不平等趋势的重要线索，因为当时直接收入指标十分稀缺。然而在 20 世纪和 21 世纪，财富不平等无法跻身于“终极四强”指标。对于这些更晚近的时代，财富数据没有我们获得的收入不平等数据有说服力，一如皮凯蒂在博客里所作的答复。

更重要的是，非人力财富的不平等本来就没有总收入或总财富（包括人力财富）的不平等有吸引力。我们真正关心的物质不平等是一个人的一生资源，为一个家庭所共享。它可以作为一种流入，以一个人一生的人力收入加上遗产来计算；也可以作为一种流出，以一个人一生的消费加上遗赠来测量。对

① Lindert and Williamson（2013），p. 747；and our American Incomes since the Seventeenth Century（in progress，Chapter 2）.

大多数人来讲，无论如何计算其一生资源（全部资本化或全部年金化），占量化优势的是人力收入或消费，而不是非人力财富。在生命周期中，当前的财富不平等只是中间的副产物——除了由遗产继承产生的不平等。从某种程度上说，研究财富不平等（e）只是研究遗产作用的前奏，这才值得优先研究，即使是针对20世纪和21世纪。

收入不平等、税收累进性和遗产继承。在上述多选项列表中，学者和广大公众最应该密切遵循的路径，即探索（a）至（d）的趋势。阿特金森—皮凯蒂—赛斯（Atkinson-Piketty-Saez）团队呈现了过去一百多年来，数十个国家顶端收入阶层攫取的国民收入份额。他们已经解决"顶端编码"（top coding）问题，就是因为这些问题使得人们一直很少研究最高收入问题。这一经验成就让他们建立了最高收入精英收入占比在20世纪的两大变动：

（1）大调平（Great Leveling）：在所有发达的OECD成员国，顶层1%（或0.1%、5%、10%）人群的收入占比在1913年至1973年之间有所下降。

（2）不平等的近期反弹：在一些发达国家（大部分是英语国家），上述的最高收入占比自1970年代以来一直走高。然而许多其他发达国家的最高收入占比几乎没有上涨，尤其是在欧洲大陆和日本。①

第一个发现开辟了一项应予优先关注的研究项目。在世界最高收入研究组（World Top Incomes）发表著作之前，关于20世纪早中期洲际收入大调平，我们只有零星的证据。现在，证据显示这确实无疑。表1显示，在1913—1973年间最高收入占比存在显著的一致性下降；另外在表1划分的三个子阶段中，两个是跨越两次世界大战的时段，另一个则捕捉了战后初期增长的黄金时段。就像皮凯蒂所强调的，1913—1973年是整个世界历史上社会其他阶层追赶精英阶层（这里以顶层1%人群为代表）的辉煌时代。平等主义效应（egalitarian effect）相当显著：平均而言，顶层1%人群的国民收入占比下降了约10%。

---

① 自1970年代以来，顶层1%人群的收入占比出现上升的有澳大利亚、新西兰、英国、爱尔兰、加拿大和美国这几个老牌经合组织成员国，另外还有阿根廷、中国、新加坡和南非。约从1980年开始，葡萄牙和瑞典的这项占比也略有上升。

表 1　1913—1973 年，顶层 1% 人群的收入占国民收入的份额（净变化，占国民收入的百分比）

	1913—1929	1913—1953	1913—1973
丹麦	-10.7	-15.0	-15.9
法国	-2.9	-10.0	-10.1
德国	-6.7	-6.2	-7.7
日本	0.9	-10.0	-9.8
荷兰	-2.9	-9.0	-14.1
挪威	1.0	-4.5	-6.0
南非	-1.8	-7.8	-9.0
瑞典	-7.2	-14.0	-8.2
美国	0.5	-8.9	-10.2
中值	-2.9	-9.0	-9.8
		1929—1953	**1929—1973**
澳大利亚		-2.0	-5.0
加拿大		-5.8	-6.8
丹麦		-4.3	-5.1
芬兰		-5.1	-5.5
德国		0.5	-1.0
印度		-1.2	-6.1
日本		-10.9	-10.7
荷兰		-6.1	-11.2
新西兰		-3.1	-5.5
挪威		-5.4	-6.9
南非		-6.0	-7.2
瑞典		-6.8	-8.2
美国		-9.3	-10.7
中值		-5.6	-6.9
			1953—1973
阿根廷			-8.0
澳大利亚			-3.0
加拿大			-1.1
丹麦			-0.8
芬兰			-0.4
法国			-0.1
德国			-1.5

续表

	1953—1973
印度	-4.9
日本	0.2
马来西亚	0.7
毛里求斯	-0.3
荷兰	-5.1
新西兰	-2.4
挪威	-1.5
新加坡	-1.3
南非	-1.2
瑞典	-1.3
瑞士	-0.01
英国	-2.7
美国	-1.3
中值	-1.3

注：有些数据仅为接近基准年份的数据，并非当年的数据。尤其是，这里“1913 年”指的是：法国的 1900—1909 年，荷兰的 1914 年，南非的 1915 年，瑞典的 1912 年；“1929 年”指的是瑞典的 1930 年；“1953 年”指的是西德的 1950 年，南非的 1954 年；“1973 年”指的是南非的 1974 年。

一些数据并不仅仅覆盖作为基准的家庭单位，还覆盖已婚夫妇外加成年个人或所有成年人或纳税单位。在这些情况下，我们遵循一贯定义的最高收入份额变化。

大部分数据都是原始财富，即税收和转移支付前的原始收入，虽然有个别包括了一些转移支付。参见来源里提供的说明。

资料来源：World Top Income Database，http：//topincomes. gmond. parissc-hoolofeconomics. eu/

如果大调平在发达经济体一致出现，那么我们通常会认为，是某个单一的常见原因在起作用。4 个可疑的外生冲击席卷了所有的发达国家。皮凯蒂在这场竞赛中占据有利位置，他强调世界大战和那个时代的革命性征用促使投资者的不确定性和悲观情绪持续上升，抑制了所有经济发达国家的财富价值。在他看来，这些历史性冲击打破了政治权力和社会规范的平衡，导致再分配的天平从资本偏向了广大群众。① 在解释 1913—1973 年何以成为历史上一个收入大调平时代，我们可能会赞同他所说的，即混乱局势和投资者的悲观情绪起了核心作用。但是经济史学家会想到使那个时代收入调平的另外三类冲击：全球劳

① 例如参见 *Capital*，第 146—149 页，第 275 页，第 284—286 页。

动力增长率的下降，公共教育增加所致的劳动生产率的加速提高，以及劳动力节约型的技术变革。①

如果皮凯蒂已经指出1913—1973年收入大调平的一个共同原因是战争和革命，那何必还要深究？难道我们不应该直接用奥卡姆剃刀②？倘若不进一步大量研究这些多重原因，这个问题是无法回答的。对于战争和革命的影响，人们可能会也可能不会接受皮凯蒂所隐含的存在这种扩散效应的前提，即在一个互联互通的世界资产市场上，投资者的悲观情绪会相互传染，能带来累进性再分配的某种政治思潮也会传播到所有的发达国家，甚至那些没有遭受冲击的国家。怀疑单一原因重要性的一个理由，是对抗外生力量的行为。与表1呈现的一致不平等结果不同，这些外生冲击差别很大。譬如政治冲击，如何能跨越战败国、战胜国和非参战国从而引起类似的收入调平？为何价格稳定的国家和经历恶性通货膨胀的国家会出现相似的净调平？将政府占其经济的比重扩展到福利国家水平的国家，和那些没有这么做的国家之间，为什么能出现如此相似的收入调平？类似的问题也可以拿来质疑其他相互矛盾的解释变量，因为各个国家的情况实在大相径庭。鉴别这些力量的一个明显方式是，在国际经验池中进行计量经济学检验。当然，这并不容易，因为20世纪并非各国经验的一个优良随机样本。不过，对于收入大调平的主要原因，使用不同的方法应该也能达成共识。

他们的第二个重要发现，即1970年代以来许多国家收入不平等的反弹，实质上令库兹涅茨曲线成了过去式：人们再也不会认为，中等收入水平之后的经济发展能够永久带来更平等的收入。众多国家富裕人群和其他人群之间的收入差距正在扩大，对此人们的反应有很大分歧。批评者当然会挑战皮凯蒂的“不平等是坏事”的假设，并旧论重提：对最富裕人群的再分配会创造就业和经济增长。这就是皮凯蒂笔杆一挥便轻易拿下的另一个实证胜利。他关于顶层税率的图14.1和图14.2（原书第499页和第503页），给涓滴效应提出了挑

① 这三股外生力量已经在阐述美国的不平等历史中得到重点诠释。见Williamson and Lindert（1980，第6—13章），Goldin and Katz（2008）。

② 奥卡姆剃刀（Occam's razor），由14世纪逻辑学家、圣方济各会修士奥卡姆的威廉（William of Occam，约1285年至1349年）提出。奥卡姆（Ockham）位于英格兰的萨里郡。他在《箴言书注》2卷15题说“切勿浪费较多东西，去做‘用较少的东西，同样可以做好的事情’。”——编者注

战：领先国家获得有史以来最好增长业绩的30年，正是它们持续对顶层人群的收入和遗产征收最高税率的30年。之后是较低的顶层税率和较低的经济增长。当然，相关并不一定就是因果关系。然而，这个简单的历史事实给一直极力吹捧“历史表明”对顶层人群的收入和遗产征收重税对增长不利的人们沉重一击。要超越这个简单问题，并获得更深刻的多重因果解释，就需要对这场收入大调平进行深入分析。

看看所有的收入和所有的阶层

要想更好地预测不平等现象，就要超越《21世纪资本论》中强调的顶层的财富和收入份额，去探索所有类型的收入和所有收入阶层的整体不平等在过去和将来的变动情况。那些和皮凯蒂一样对非人力财富感兴趣的人，肯定更喜欢研究人力收入的不平等。而到目前为止，皮凯蒂对此只是浅尝辄止。他不太重视人力收入不平等，似乎透露出对人力资本文献的反感，反感那些“赢家通吃”的文献，以及大量强调技术供应和需求的劳动经济学文献。他避开这些也许只是为了免除修正主义的影响，抑或是因为别人时而会用人力资本的论据来支持那个自命不凡的观点：“人们往往能体现自身价值”。

然而，由他的合作者阿特金森率领的团队，以及劳动经济学学者著述的关于收入不平等的实证文献，既充实又有据可依，可以成为研究收入不平等变动的坚实依据，尤其是解释20世纪和21世纪的不平等变动。①

强调我们迫切需要将注意力从资本转向资本+劳动、从顶层收入份额转向所有收入差距的最明显方式，就是要注意到，自20世纪中叶以来，非精英阶层的收入差距和工资薪金差距发生了什么样的变化。相对于最高收入5%的人群而言，这一绝大部分人口的收入瞒报和漏报的可能性更低。但非精英阶层的收入在皮凯蒂的著作中较少受到关注。

假设皮凯蒂和他的合作者未能解决顶层收入的测量问题。假设我们获得的收入不平等信息，仅限于研究底层90%人群的收入，并且我们对顶层10%人群的情况一无所知，除了知道他们比其余人拥有某些未知的收入优势。那么自

① 有关自20世纪中叶以来20个OECD成员国收入不平等的重大历史，参见Atkinson（2008），和www. chartbookofeconomicinequality. com。有关劳动经济学使用战后美国数据对收入不平等文献所做的更新，见Auto（2014）。

20 世纪中叶以来，我们经历了怎样的收入不平等变动？让我先用美国和英国的一些证据加以说明，然后再总结不同国家非精英阶层之间的不平等模式。

自 20 世纪初以来美国的收入不平等情况如图 1 所示。即便是在家庭收入较低的 95% 人群中，中间和底层之间的收入差距变化也呈现显著的升降起伏，一如顶层收入和顶层工资比重的变化。所以，中等收入/低收入比率的粗略测量，只局限于底层 95% 的人口，以避免对最高收入人群（通常指的是战后美国经济数据中的顶层 5% 人群）做出“顶端编码”时出现的瞒报和漏报。事实上，中等/低收入比率呈现的结果，比皮凯蒂和赛斯所给出的美国最高收入占比的情况更令人不安。中低收入阶层之间的差距已经扩大到远远超出 1929 年的水平，而在皮凯蒂—赛斯关于顶层 1% 占比的系列数据中，收入差距只不过勉强回到了 1929 年的水平。劳动力市场调查得出的工资率，也说明了大致相同的问题。第 90 百分位的工资水平和中等工资水平之间的差距，从 1930 年代到 1950 年代有所下降，但之后持续扩大。美国如此（见图 1 所示），加拿大亦是如此。中等收入和低收入人群的收入差距反弹，至少和时下著名的顶层 1% 人群所占份额的反弹同样显著。

在英国，底层 90% 人群的收入差距也发生了类似情况。图 2 表明，中等阶层的收入，此处表示为收入第 40 百分位到第 90 百分位的“中间”收入人群与底层 40% 人群的平均收入的粗略比，从 1940 年代到 1980 年代有所上升。其他的测量值显示，这一比率至少持续上升到了 20 世纪末，尽管此间英国几次更改了收入的定义。此外，就像在美国那样，第 90 百分位的工资水平与中等工资水平之间的工资差距自 1950 年代起，或至少从 1970 年代末以来也持续扩大。① 因此，对于英国，就像和美国一样，自 1950 年代或 1970 年代以来不断加剧的不平等，似乎已蔓延到了所有收入阶层，而并非只表现于顶层人群和社会其余群体之间的差距。

和美英两国有相同经历的发达 OECD 国家有哪些，经历不同的又有哪些？自 1970 年代起底层 90% 人群收入差距扩大的国家集，与最高收入数据库显示的顶层 1% 人群收入份额上升的国家集，高度重合。近期有 7 个国家同属两个集合：澳大利亚（底层 90% 人群的工资和总收入差距在 1975—2012 年间扩

① 在战后初期，英国的中等收入和低收入群体之间的工资差距出现过起伏，见图 2 所示，以及 Atkinson（2008，第 378—379 页）所指出的。

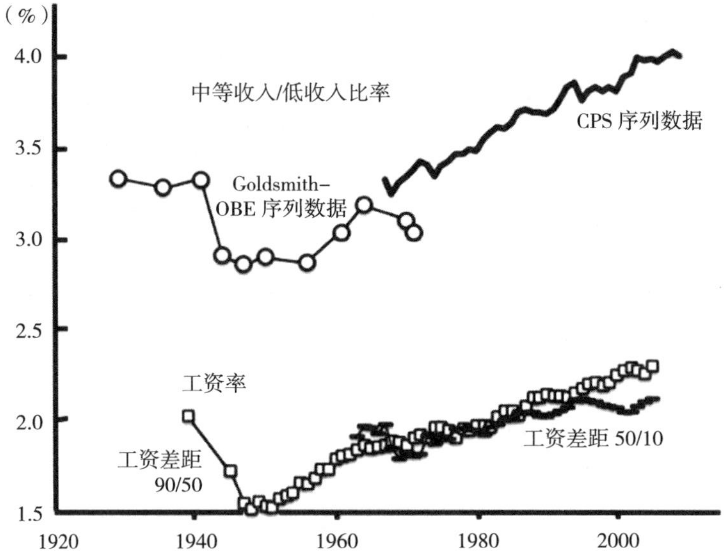

图 1　1929—2009 年美国底层 95% 人群的收入不平等

注：中等收入/低收入比率 = 收入位于 41—95 百分位的人群的平均收入除以 0—40 百分位的平均收入所得的比率。

Goldsmith-OBE 序列数据 = 家庭税前货币收入的份额，1929—1961 年的数据来自 Selma F. Goldsmith（1967）的估计，1961—1971 年的数据来自美国商业经济办公室 *Survey of Current Business* 的估计。

CPS 货币收入 = 美国人口普查局《人口现状调查》，家庭货币收入。货币收入包括现金转移支付的收入，但不包括实物支付。参见 http：//www. census. gov/compendia/statab/cats/income_ expenditures_ poverty_ wealth/household_ income. thml，登陆时间为 2013 年 10 月 31 日。

工资率 90/50 = Atkinson（2008，第 411—424 页），第 90 百分位工资除以中位工资。1973—2000 年第 90 百分位的工资数据来自 Labor Market Survey。2000—2006 年的数据来自 Economic Policy Institute，1967—1973 年为 CPS 男性工资，1939—1967 年为 CPS 男女工资数据。

工资率 50/10 = 和“工资率 90/50”有相同的来源和程序，只不过它是中位工资/第 10 百分位工资的比率。

大）、加拿大（工资差距自 1950 年代以来一直在扩大）、新西兰（1986—2012 年）、葡萄牙（1982—2000 年）、瑞典（1983—2011 年）、英国（1978—2013 年）和美国（1948—2012 年）。只有两个国家是例外，1978—2010 年的德国和 1994—2010 年的瑞士，彼时工资和薪酬的差距在拉大但顶层 1% 人群的收入份额并没有增加。大多数工资差距没有明显扩大的国家，其最高收入人群的收入份额也没有上升，例如法国和日本。

这些模式提出了一个疑问：如果底层 90% 人群的收入不平等，与顶层 10% 人群的不平等，以及顶层收入所占份额的历史变动如此相似，那么关于这

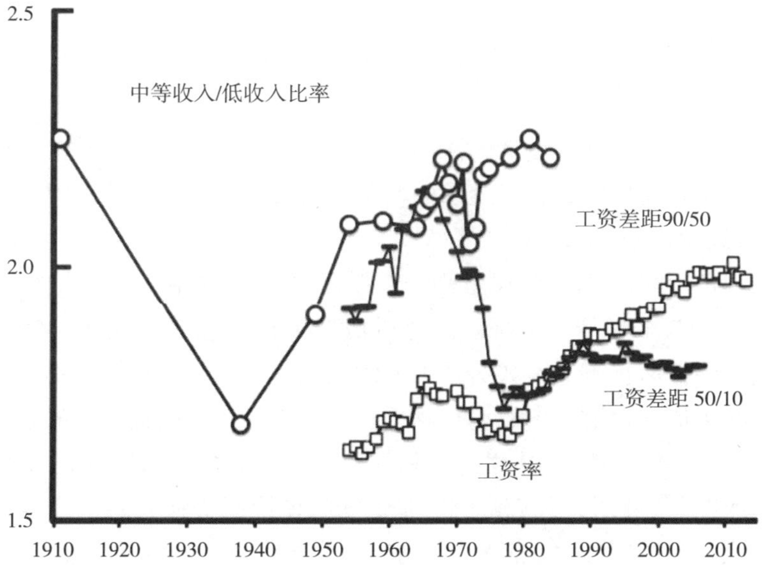

图 2　1911—2013 年英国底层 90% 人群的收入不平等

注：工资差距，基数 = FES，所有的工人，1968—2003 年（Atkinson，2008，表 S. 4，第 384—385 页）。1954—1979 年 = 开征 E 收入税（对主要工作的总工资和薪金征税），Atkinson，*Changing Distribution of Earnings*，表 S. 7（第 390 页），拼接到 1968 年的 FES。2003—2006 年的数据来自 Atkinson（2003）的表 S. 5。

中等/低层差距（SPI）衡量的是税前个人收入的比率：（41—90 百分位人群的平均收入）/（0—40 百分位人群的平均收入）。1911 年使用的是单个纳税人收入的 Bowley-Stamp-Routh 分布，其后使用的是 Royal Commission on the Distribution of Income and Wealth 的个人税前收入调查数据，*Third Report on the Standing Reference*（1977），第 240 页。

些事态发展的因果关系动向，我们会得到什么提示？审视涉及的各类收入要素可以发现，其中或许存在某种不对称性。更合理的观点似乎是，因果方向是从人力收入不平等导向财产不平等，而非相反。人们更容易理解的是，挣取高额人力收入可以为自己和后嗣快速积累资本，而拥有大量资本并不见得能为你自己和后嗣换来更高的人力收入，就算你们全都上哈佛大学。基于这个原因，我们更应该强调是什么力量使人力收入变得如此不平等，以补充皮凯蒂《21 世纪资本论》中的不足。

所以，解释不平等变动的第一步，是要将所有收入类型和所有收入差距的历史变动，整合为一项单一的变化率。这可能就需要沿着泰尔不平等指数，对不平等进行分解。对于任何给定的人口，我们应该把收入不平等的变化分解为工资薪金率的变化、市场财富收益的变化，以及收入结构和人口类型的变化。

话语权和政府治理

要查找并赋权不平等变动的深层原因，需要我们重新聚焦政治话语权和政府治理。皮凯蒂在反复警告可继承的精英权力会延续经济不平等时，隐含地赞同了这个问题的紧迫性。

他预测税后收益率会出现上涨，并暗示全世界的不平等将持续上升直至2200年，从而拉响了警钟。那么遥远的收益率他是怎么预测到的？他没有试图向我们兜售任何预测，诸如劳动力节约型技术变革、其他驱使不平等的经济变量等，除了他对储蓄率的假设。相反，他打出了我之前提到过的政治经济王牌："我一直……认为，财政竞争将逐渐导致21世纪的资本税完全消失。"（原书第355页）此时，我们看到的是保守派评论家所强调的"竞次"的强化版。关于资本外逃引发"竞次"的经典保守警告，早就被其他实证研究戳破。① 高税收福利国家并没有因为高税收而使资本外逃至避税天堂。实际上，皮凯蒂自己就试图在《21世纪资本论》第14章里反驳这类担忧，他指出，"二战"后和1970年代，主要国家对顶层收入和财富征收最高税率的时候正是这些国家有史以来增长率达到最高的时候。

然而，即使没有迹象显示国家和地方政府间的财政竞争削减了四个主要国家的最高税率，但其国内的政治趋势也已经达到某些类似的效果，一如皮凯蒂在该书其他部分所提到的那样。自1970年代以来，最富有人群已经聚积了一股很强的（不祥的）游说和贿选能力，而在这些国家，收入不平等的增幅最大。对此我们能做些什么呢？再次，皮凯蒂呼吁社会听取更广泛的政治声音。他的目的是找寻"能够动员不同个体的才能……和组织集体决策"的"市场和投票箱"的混合体（原书第569页）。他希望这套制度可以提供更多的累进税以支持最优化的社会支出。

可否找到证据证明，我们可以在不牺牲经济增长的情况下实现"资本的民主控制"，从而支持他的目标？当然可以，而且不费吹灰之力。事实上，那些支持证据已经有人研究，只是被他忽略了。其实，皮凯蒂所谓的"资本的

---

① 例如参见，Rodrik（1997）和Lindert（2004，第10—12章和第18章）；以及其中引用的早期研究。请注意，Gabriel Zucman（2013）发现，"大约8%的家庭金融财富在避税天堂持有，其中3/4没有任何记录。"这一规模说明了若干问题，但占发达经济体GDP的比例很小。

民主控制”，似乎就等同于阿西莫格鲁、罗宾逊及其合作者论著的治理中的“包容性制度”。他们的研究中提供了皮凯蒂观点所需要的某些支持性信息。没错，这种包容性治理的更广泛的政治话语权的确能促进经济增长。而这个过程是通过“增加投资，提高教育水平，鼓励经济改革，改善公共服务和减少社会动荡”来完成。而且，包容性政治与经济增长的紧密联系并非源于收入增长带来民主化这一反向因果关系。① 合并这些学术文献，我们就可以根据政治话语权和治理制度的影响对收入不平等做出更准确的预测。

但是，当务之急是如前所述的将对人力收入不平等的研究纳入对总收入的不平等研究中。皮凯蒂和他的合作者正在继续提升我们对顶层人力收入的集体认识，包括他们对CEO薪酬的研究。更宽泛地说，我们应该找到一套核算框架，来分解总收入不平等的变化。最后，我们所强调的因果链将是政治不平等所致的总收入不平等，而对非人力财富的历史冲击只起了次要作用。

（颜超凡　译）

由于篇幅所限，参考文献略，特向作者和读者致歉，有需要者可向《比较》编辑室索取：bijiao@ citicpub. com。

① 参见 Acemoglu et al（2008），Acemoglu and Robinson（2012），以及我此处引用的 Acemoglu and Robinson，NBER 工作论文 20004（2014 年 3 月）。关于皮凯蒂令人费解地无视阿西莫格鲁—罗宾逊，见 *Capital*，第 444—445 页、第 624 页和第 639—640 页。

皮凯蒂的“资本主义第二定律”是基本原理吗？

佩尔·克鲁塞尔　托尼·史密斯

托马斯·皮凯蒂的新书《21 世纪资本论》因其在经验方面的贡献得到广泛赞誉，但是他关于不平等会日渐加剧的预言依然停留在经济理论层面。皮凯蒂的悲观预测是基于极端不现实的家庭储蓄行为的假设之上的。根据正统理论，随着经济增长放缓，财富收入比只会适度上升，因此，经济增长下降并不会成为高度不平等的强大推力。

在过去的几周里，我们对皮凯蒂正风靡全球的《21 世纪资本论》所传递的主要信息进行了诸多思考。我们也与同行们进行了详细的探讨。总之，至少在我们这个圈子里，大家群策群力解释了该书所呈现的内容和背景资料。本文将提供一个在公众讨论中没有得到足够关注的视角。我们会详细讨论这一视角。

皮凯蒂带领我们领略了不同历史和地理层面上的收入和财富的不平等。这在某种程度上像是过山车。这至少应该让我们都努力思考决定不平等水平和趋势的因素，以及可能的政策干预。

（1）他为收集新的历史数据和为度量财富（特别是对最富有者）所作出的努力是值得赞誉的。

---

* Per Krusell，斯德哥尔摩大学国际经济研究所教授，诺贝尔经济学奖评委会主席。Tony Smith，耶鲁大学经济学教授。

（2）然而，该书的核心实际上是他对21世纪收入不平等的预测，他预测不平等会加剧。

他的结论，以及他所提出的为阻止不平等加剧应在全球范围内征收资本税的建议一样，具有煽动性。问题是我们根本不认同他的预测所基于的宏观经济学论证。

我们怀疑的理由是什么？

皮凯蒂的预测首先没有建立在他的数据所揭示的最新趋势之上。这或许是人们希望看到的，因为书中的很大篇幅都在努力挖掘和展现关于收入和财富分配的可靠时间序列数据。（事实上，我们很惊讶地看到，近年来关于财富不平等上升的明确证据非常少，Chris Giles 甚至还在《金融时报》上对这些证据大加批评。）皮凯蒂的预测主要基于经济理论，而不是数据。我们来看看皮凯蒂观点的问题所在。

该书中的理论通过皮凯蒂所说的两大“基本定律”来呈现。

（1）一大定律只是一个定义——资本收入份额（capital's share of income）rk/y，其中，r 是资本 k 的收益率，y 是（国民）收入。

（2）另一大定律则远不止一个定义——它断言，长期来看，资本收入比 k/y 将等于 s/g，其中 s 是经济中的储蓄率，g 是人口和技术的增长率之和。

因此，资本收入份额就可以写作 rs/g。

基于这些表达式，皮凯蒂的论述如下。首先，资本收益率对资本积累规模是不敏感的。因此，资本收入份额很大程度上取决于 s/g。他声称，未来这一比例将会急速上升，因为大多数专家预期人口增长率将会跌至0，技术增长率也会大幅下跌。

综上所述，不管 s 是多少（只要它是正值），我们都得准备好接受 s/g 急剧上涨。

（1）皮凯蒂貌似合理地认为，g 将至少会减半，所以他的理论意味着资本收入份额将至少会翻番。

（2）这将会使收入不平等水平与19世纪相当——因为当前资本得到了不公平的分配。

批　评

皮凯蒂的第二个定律在数学上并无错误，而是他基于的假设有问题，当然，所有的经济学理论都基于某种假设。皮凯蒂的核心假设涉及经济体如何储蓄的问题。皮凯蒂假设，“净”储蓄率是正的常数，也就是说，经济体每年都从（净）国民收入中取固定比率用来增加资本存量。

这一假设听起来很正统，其实并非如此——恰恰因为它是用净值来表示的。特别是：

（1）当人口或技术的增长率为 0 时，资本存量依然增长（因为净储蓄为正值）的假设就意味着越来越多的产出必须从消费转向投资。

由于资本需要保持增长，所以最终必定 100% 的 GDP 都用于资本形成！

（2）即使增长率从 2% 下降至 1%，GDP 中需要从消费部门重新配置用以增加资本的份额也会大幅增加。

我们不认为，在历史上，经济增长持续低迷时出现过类似的再分配现象。

皮凯蒂的理论与正统的经济增长模型紧密关联，该模型基于索洛（Solow，1956）的首创性贡献，现在几乎每本大学的中级教材中都会讲到。该模型假设总储蓄率，亦即总投资（包括折旧）占（总）国民收入的比例，是一个常数。在该假设下，当增长率将至 0 时，净储蓄率也会降至 0——这与皮凯蒂的理论完全相反。而且美国战后的数据也与该理论一致，在那数十年间，低增长很典型地伴随着低的（有时甚至是负的）净储蓄率。

当然，有人可能会争辩道，总储蓄率不变的假设是没有经济理论基础的极端假设。当然，经济学中有一整个领域是研究个人消费行为及其加总结果的。这些文献形成了理论并经过了数据检验。

由弗里德曼（Friedman，1957）、卡斯（Cass，1965）、库普曼斯（Koopmans，1965）等人的研究发展而来的基准理论坚持认为，当增长率为 0 时，资本保持在一个固定的水平上，也就是说，净储蓄率为 0，这再一次与皮凯蒂的假设背道而驰。

（1）一般来说，这些文献得出的预测是，随着增长率的下降，储蓄率也会下降，而不是上升。

（2）不论是教科书中的索洛模型还是微观基础模型的增长预测，都没得出与皮凯蒂理论类似的戏剧性结果。

在两种情况下，理论都表明，随着增长率的下降，财富收入比只会适度增加。因此，增长率总体下降完全不是产生高度不平等的强大推动力，我们不想根据它作出预测。

结束语

我们不确定皮凯蒂为什么选择如此极端的储蓄率假设。我们查找了该书所基于的资料来源用以检验他的假设，并与正统理论进行了比较，但是并没有得到明显的验证或对比。然而可以明确的是，他的极端预测背后是他关于储蓄率的极端假设，我们认为它并不现实。

我们认为，西方国家的财富差异（dispersion）是一个非常庞大且引人注目的理论和实证研究课题，其根本决定因素与《21 世纪资本论》中所强调的非常不同。稍微提一下，这些因素包括教育制度、基于技能的技术变革、全球化以及资本市场的结构性变化。这些因素才是关心不平等问题的人们所应该注意的，也是政策变革所应指向的。

（中国青年政治学院　贺瑞珍　译）

比较
Comparative Studies
以比较传递理念、思想和智识
--《比较》是由著名经济学家吴敬琏主编，财新传媒运营的中国最权威的经济学出版物。
--以直面问题为导向，集结国内外学者和政策制定者的缜密思考，体现中国经济体制变迁的现实脉动。它以比较的视角和眼界，向读者传递理念、思想和智知。
编委名单：
吴敬琏 崔之元 高世楫 郭树清 焦津洪 李剑阁
林毅夫 楼继伟 卢 迈 钱颖一 荣敬本 王则柯
吴晓灵 谢 平 许成钢 张春霖 赵人伟 周小川
白重恩 刘 鹤
财新传媒
订阅热线：400-696-0110
客服传真：010-85905190
订阅网址：http:// service.caixin.cn
客服邮箱：circ@caixinmedia.com

视界

Horizon

Comparative

破解经济增长之谜

一个宏观经济的简单分析框架

范建军

一、导言

熟悉经济学的都知道，宏观经济的运行过程是一个总需求和总供给不断寻求平衡的过程。这里的“总需求”是指经济中附着在货币之上的购买力之和（在市场经济条件下，没有货币支持的需求不能算作有效需求），因此，总需求通常又被称为“名义总需求”或“有效总需求”，它在数值上等于货币存量与货币流通速度的乘积。货币流通速度通常相对稳定①，因此，人们习惯用货币供应量来直接代表名义总需求。若对名义总需求继续细分，还可将它细分为投资需求、消费需求和出口需求三个组成部分。

---

* 范建军，国务院发展研究中心研究员。

① 由于人们不会长时间持有“零”收益的货币，即持币人有很强的使货币流动起来的激励，因此，货币流通速度主要由社会支付习惯和支付技术决定。因为后者通常相对稳定，所以货币流通速度也通常相对稳定。在经济萧条期，货币之所以给人留下流通速度“变慢”的直观印象，主要是因为随着交易活动的减少（或银根的收紧），大量货币会退出流通领域，它们或者转化为各类生息资产沉淀下来（如活期存款转化为定期存款），或者被商业银行或央行回收，冲销负债。期间，虽然流通中的货币减少了，但流通速度并未发生改变。由于货币通常被定义为流动性最好而收益性最差的金融资产，因此，货币当局在做货币统计时，应根据各类存款的流动性和收益性特点，赋予其不同的统计权重，否则，所得统计数据将无法准确反映货币供应量的真实变化情况。

“总供给”是指一国一年内实物商品和服务供应总量。总供给通常又被称为“实际总供给”，它包括国内总产出（GDP）和进口两部分。“国内总产出”是指国内生产部门将物质资本、人力资本、劳动力以及科学技术等生产要素“组合”在一起，实际生产出的商品和服务总量。“进口”则是指经济体一年内进口的实物商品和服务总量。

总供给中的国内产出部分（包括用于出口的部分）通常需使用本币购买，而进口部分则通常需使用外汇购买，因此，用来代表名义总需求的货币供应量应包括两部分：一是国内本币供应量，二是国内外币供应量。其中，国内产出部分与国内本币供应量相对应，而进口部分则与国内外币供应量相对应。

由上述定义可知，在总需求和总供给的平衡式中，总需求侧的核心变量是货币，而总供给侧的核心变量是商品和服务，要使两者量纲一致，还需在供给侧引入价格：名义总需求 = 实际总供给 × 价格。名义总需求 = 消费需求 + 投资需求 + 出口需求，而实际总供给 = 国内总产出 + 进口，因此，引入价格后的总需求和总供给平衡式可表示为：消费需求 + 投资需求 + 出口需求 = 国内总产出 × 国内价格 + 进口 × 国际价格 × 汇率，因此有：消费需求 + 投资需求 + （出口 − 进口） × 国际价格 × 汇率 = 国内总产出 × 国内价格，即：消费需求 + 投资需求 + 净出口需求 = 国内总产出 × 国内价格。该等式等价于费雪方程：国内货币供应量 × 本币流通速度 = 国内总产出 × 国内价格，即：$MV = PY$。

因此，对于一个开放经济体，总需求和总供给的平衡关系可以用费雪方程 $MV = PY$ 来简化描述，其中，MV = 消费需求 + 投资需求 + 净出口需求。货币流通速度 V 通常为常数，因此，人们习惯用国内货币供应量 M 来代表国内名义总需求，而用国内总产出 Y 来代表国内实际总供给①。经济增长被定义为国内总产出量 Y 的增长，因此，由费雪方程式 $MV = PY$ 可知，影响国内经济增速的因素既包括需求侧因素，也包括供给侧因素。

---

① 本小节中的“名义总需求”和“国内名义总需求”、“实际总供给”和“国内实际总供给”在概念范畴上有很大不同：名义总需求 = 消费需求 + 投资需求 + 出口需求，国内名义总需求 = 消费需求 + 投资需求 + 净出口需求；实际总供给 = 国内总产出 + 进口，国内实际总供给 = 国内总产出。下文如无特别说明，凡出现“名义总需求”均指“国内名义总需求”，出现“实际总供给”均指“国内实际总供给”。

二、从需求侧分析经济增长

(一)“短期”和“长期”分析

从需求侧看，影响经济增长的因素主要是国内货币供应量，即名义总需求。为使分析过程更加清晰，人们通常采用“短期”和“长期”两种不同的分析视角。所谓“短期”，指价格不随名义总需求的改变而发生改变的情形，即存在“价格粘性”的情形；所谓“长期”，指价格随名义总需求的改变而发生改变的情形，或者说货币因素可被排除在经济增长的分析之外的情形。

政府进行宏观调控的目的是：在保持物价基本稳定的前提下，通过调控名义总需求（货币供应量），使实际经济增速长期保持在潜在经济增速水平。所谓潜在经济增速，是指产能发挥到极致时的均衡经济增速，或者说产能得到充分利用、市场完全出清、实现充分就业时的经济增速。宏观调控通常又被称为总量调控，总量调控的实质是货币调控。只是为了应对“流动性陷阱”问题，货币政策通常需要财政政策与之相配合。

从“短期”看，政府的总量政策对经济增速有实质性影响。在此情形下，经济增速的增减变化主要取决于实体经济中货币供应量的增减变化：由于价格不变，需求侧货币供应量增速上升（实施扩张型货币政策），将导致供给侧实际总供给增速同比例上升（等价于产能利用率上升），从而经济增速上升。相反，如果压缩名义总需求，则会压低产能利用率和经济增速，导致产能全面过剩和经济资源的闲置和浪费。因此，政府在实施“短期”政策时应尽量避免这一情形的发生。

需要指出的是，尽管从“短期”看，扩张名义总需求可提高经济增速，但是，总量扩张政策却不能无限制地发挥作用。当总量扩张政策运用到一定程度，实际经济增速攀升至潜在经济增速，若此时继续扩张名义总需求，则经济增速不再上升，而价格将会出现上涨，一旦这种情况发生，“短期”分析的假设被打破，经济进入“长期”增长状态。

从“长期”看，名义总需求的持续扩张或收缩，终将导致价格的变动。若政府“长期”实行总量扩张政策，初期价格不变，而经济增速会持续上升；当经济增速上升至潜在增速水平时，价格开始上涨，而经济增速则会长期维持在潜在增速水平不变。相反，若政府“长期”实行总量紧缩政策（类似于“安倍经济学”推出前的日本），初期价格不变，经济增速持续下滑；当经济增速下滑到一定程度，价格开始下跌，而经济增速则会维持在之前的较低增速水平长期不变。

由以上分析可知，政府的总量扩张政策在“短期”内是有效的，但从“长期”看，总量扩张政策只会引起价格的持续上涨，反之则会引起价格的持续下跌，即出现通货紧缩的情形。因此，政府的总量调控政策通常又被称为“短期”政策。

（二）最优的总量政策

人们可能会提出这样的疑问：什么样的总量政策才是最优的总量政策？现代经济学认为，最优的总量政策就是使经济增速长期保持在潜在增速水平而价格不发生大幅波动的总量政策（价格的大幅波动会产生巨大的价格调整成本）。这也是为什么世界上大多数国家都将维持温和的通胀水平（2%—3%）的政策作为最优的总量政策的原因。在现实世界里，政府实行严格的“零通胀”政策通常是非常困难的（刀锋上的平衡），而保持2%—3%的通胀率，一方面，可确保经济增速能够长期保持在潜在增速水平（充分就业状态），另一方面，又不致使物价过度上涨，产生过大的价格调整成本。另外，保持2%—3%的通胀水平还有利于企业形成稳定的预期，并愿意维持一定的存货水平，从而提高经济抗击外部冲击的能力。

（三）正确理解“拉动”经济增长的“三驾马车”

我们通常所说的“拉动”经济增长的“三驾马车”：投资、消费和出口，实际上主要是针对需求侧而言的。尽管投资需求、消费需求和净出口需求的总和等于名义总需求，但是，政府在进行总量调控时却不能随意把它们拆分开来，孤立地讨论某一项需求刺激政策对经济增长的“拉动”作用。例如，当经济处于萧条期，若政府在不扩大货币供给的情况下单独实施消费刺激政策，其结果可能导致投资需求的下降（消费资金挤占投资资金），两者对冲的结果可能是经济并未因此而得到改善。说投资、消费和出口是“拉动”经济增长的“三驾马车”只是就其结果而言的，由于三者存在很强的反向联动关系，因此“三驾马车”的提法对政府的宏观调控实践并无多少指导意义。

如果从需求侧看，与经济增长相关的变量只有一个：名义总需求。政府在进行总量调控时，应首先将注意力放在如何调控货币供应量这个反映名义总需求变化的总量指标上，而不应将过多的注意力放在如何调控总需求的内部结构（即投资、消费和出口的比例关系）上。实际上，总需求的内部结构是在既有储蓄率、经济条件和制度安排下内生的均衡结果，政府在进行总量调控时，一般不宜对其进行过多干预，更不应贸然做出“由消费拉动经济增长要比投资拉动经济增长好”的判断，否则很容易导致适得其反的效果。

当然，在经济遭遇流动性偏好陷阱或者出现经济过热现象时，政府确实可以通过采取一些有针对性的定向调控政策加以应对，但前提是定向调控政策必须与相应的总量政策相配合，且持续的时间应尽可能短。例如，当经济出现过热时，政府完全可利用投资的乘数效应，在收紧银根（名义总需求）的同时，通过抑制投资需求的增长来达到迅速给经济降温的目的。

（四）为投资正名

在我国，人们之所以对投资抱有很强的戒心和偏见，主要是基于三方面的原因：一是认为投资扩张很容易导致经济过热；二是无论过去还是现在，政府部门、国有及国有控股企业以及私人企业都存在相当数量的非理性投资行为；三是认为投资占比过大，投资和消费结构不尽合理。

1. 认为投资扩张容易导致经济过热是个伪命题

根据凯恩斯投资乘数理论，在有效需求不足的情况下，新增投资可能会带来数倍于它的国民收入。因此，投资过度扩张确实有导致经济过热的倾向。但是，上述结论并不能成为我们打压投资需求的理由。相反，只要方法得当，投资需求调控手段完全可成为政府进行宏观调控的一件利器：在经济萧条期，政府可通过扩大投资需求来迅速改善总需求的不足；在经济过热期，政府也可通过压缩投资需求来迅速为总需求降温。实际上，经济过热问题本质上是一个总需求过度膨胀的问题，或者说是一个总量问题，它与新增投资是否存在乘数效应无关。为防止经济过热，最好的办法不是一味地去打压投资需求，而是要努力提高宏观调控特别是货币调控的水平。

2. 理性投资已成为社会的主流

关于非理性投资，大致可分为两类：一是地方政府、国有及国有控股企业的非理性投资行为；二是私人企业（包括混合所有制企业）的非理性投资行为。前者主要表现为，由地方政府、国有及国有控股企业主导的个别投资项目，其投资目的往往不是为了最大化投资收益（包括社会收益），而是为了获取个人“政绩”或谋取个人私利，以致使国家和社会蒙受损失。后者的情况可能相对复杂一些，如果从最大化投资收益这个角度看，私人投资（包括大多数混合所有制企业投资）通常都是“理性”的——只有当私人投资者预期到投资收益大于投资成本时，才会进行投资。但是，如果从最大化社会效益这个角度看，又有相当数量的私人投资（包括混合所有制企业投资）是非理性的——其投资活动可能会带来严重的外部性问题（如环境污染）。

针对地方政府和国有及国有控股企业的非理性投资行为，管理层的应对策略主要有二条：一是尽量避免地方政府直接参与投资活动，二是国资部门和审计部门应对国有及国有控股企业加强投资监管和审计，防止因内部人控制问题而导致的非理性投资行为的发生。针对私人企业（包括混合所有制企业）的“非理性投资”行为（即投资活动会导致严重的外部性问题），政府需要做的不是对其放任不管或者利用行政手段阻止投资活动的发生，而是应针对其投资活动所带来的负的外部性制定合理的对价。其中，判断对价是否“合理”的标志是：投资者既不愿意接受投资对价，也不愿意放弃投资计划，而是自愿采取措施（花费成本）消除投资活动所带来的负的外部性。

粗放型的经济增长主要是指由非理性投资和高外部性投资支撑的经济增长，或者称无财富积累和污染环境的经济增长，其本身和投资占比的高低无关。在投资问题上，我们不能因为存在少量的非理性投资就因噎废食，我们需要做的仅是尽量避免那些由地方政府和国有企业主导的非理性投资行为的发生，同时针对各类投资活动所可能产生的外部性制定合理的对价。从目前的投资结构看，我国民间投资已占到投资总额的64%，若加上混合所有制企业，占比达到90%以上（2013年我国国有独资公司投资占总投资的比重仅为6.2%），理性投资已成为社会的主流。社会各界应对近20年来形成的“重消费、轻投资”的观念进行重新认识。

3. 高投资对于后进国家而言是一项优异的结构性指标

我国居民收入差距大，社保体系不健全，政府和国有部门可支配收入占比高，且两级政府大量参与投资活动，结果导致我国储蓄率总体偏高。高储蓄必然导致高投资。我国经济之所以能够保持30多年的高速增长，一个很重要的原因就是我国一直保持着很高的储蓄率和投资率。对于后进国家而言，高投资最大的好处是可拉动经济实现快速增长：它不仅可使后进国家迅速挣脱“贫困陷阱”，进入经济增长的快车道；而且，它也可最大限度地吸收就业，加快后进国家的城市化进程；另外，高投资还是防止后进国家在工业化中后期突然陷入“中等收入陷阱”的物质基础。

目前，国内主流的观点认为，我国投资占比过高，投资和消费结构不合理，理由是：靠投资拉动、大量耗费资源来实现经济增长的模式不能持续，因为它造成了资源的巨大浪费和环境的严重破坏。这实际上是一个价格问题而非高投资问题：由于价格机制（包括资金的价格、资源和能源的价格、土地的价格以及污染的价格）没有完全理顺，结果造成个别高耗能高污染的行业过度膨胀，导致资源的浪费和环境的破坏。如果价格机制不理顺，即便是在投资占比很低的国家，也会发生资源的巨大浪费和环境的严重破坏。另外，说到投资，人们很容易会联想到物质资本投资。实际上，除了物质资本投资之外，投资还包括技术资本投资、人力资本投资和制度资本投资（将在下文详细讨论）。如果政府的结构调整政策到位，投资资源完全可被更多地引导至以上三大无形资本投资领域。因此，高投资也可以是高技术资本投资、高人力资本投资和高制度资本投资。

主张对投资和消费结构进行调整的人似乎还存在这样一种错觉：提高消费占比，压缩投资占比，同样可维持较高的经济增速，理由是：投资可拉动经济增长，消费同样也能拉动经济增长。然而，这种看法只在短期内成立，但从长期看，经济增速必然会下降，理由是：消费占比的提高将导致储蓄率的下降，储蓄率的下降将导致供给侧潜在经济增速的下降，而潜在经济增速的下降最终会导致实际经济增速的下降。之所以会产生以上错觉，主要是人们对投资需求、消费需求和净出口需求这“三驾马车”对经济增长的“拉动作用”的理解还不够深入：（1）“三驾马车”对经济增长的拉动首先体现为一种“合力拉动”，即名义总需求对实际经济增速的拉动；（2）从短期看，“三驾马车”对实际经济增速的拉动具体表现为：实际经济增速不断向潜在经济增速靠拢；（3）从长期看，“三驾马车”对实际经济增速的拉动作用将会消失，而对价格的拉动作用会凸显，具体表现为：实际经济增速保持在潜在经济增速水平长期不变，而价格出现持续上涨。尽管从需求侧看，改变投资需求和消费需求的结构，似乎不会影响实际经济增速向潜在经济增速的收敛；但从供给侧看，提高消费占比，压缩投资占必，将会导致潜在经济增速和实际经济增速的下降。

当然，高投资也有弊端。首先，高投资可能会引发生产领域的过度竞争，导致产出结构性过剩及对外需的过度依赖；其次，在我国，高投资可能会导致整个社会非理性投资和重复建设活动的增加，造成经济效率的下降和环境的破坏。第三，高投资会导致国民无法充分享受经济发展的成果，长此以往，将会引发社会关系的紧张。

尽管高投资有利有弊，但是，对于后进国家而言，它无疑是一项非常优异的结构性指标，因为若没有高投资，后进国家将无法最终实现对先进国家的超越；没有高投资，后进国家数量庞大的乡村就业人口将无法顺利实现向城镇的转移；没有高投资，后进国家在工业化中后期经济落入“中等收入陷阱”的可能性将会大幅增加。因此，只要非理性投资能得到有效管控，高投资对于后进国家而言无疑是一项优异的结构性指标。

4. 从需求侧无法实现对投资消费结构的调整

对于任何经济体而言，投资和消费结构主要取决于供给侧的储蓄率，只有储蓄率下降了，投资占比才有可能真正降下来。而在储蓄率有效下降之前，试图通过压缩需求侧的投资需求、刺激消费需求来实现对投资和消费结构的调整，不仅不能最终达到目的，反而可能造成实际经济增速的下降和产能的全面过剩，理由是消费者在可支配收入占比得到有效改善之前，不可能长期通过借贷来增加消费。要实现对投资和消费结构的调整，关键还是要设法提高居民的可支配收入，缩小收入差距，只有这样，才能有效降低储蓄率，进而降低投资需求在整个名义总需求中的占比。

三、从供给侧分析经济增长

正如前文所述，经济增长本质上是指实物形态的商品和服务总产出量的增长，因此，真正决定一国经济潜在增速的因素是在供给侧而非需求侧。如果说从需求侧研究经济增长的目的是为了找到使实际经济增速始终保持在潜在经济增速的方法，那么，从供给侧研究经济增长的目的则是为了找到提升潜在经济增速的策略。在对影响经济潜在增速的供给侧因素进行深入分析之前，我们有必要对经济增长的全过程做一清晰的描述。

（一）经济增长的全过程

从供给侧看，经济增长的全过程可分为 5 个阶段：（1）初始产出阶段：生产部门将现有物质资本、人力资本、劳动力和科学技术等生产要素借助现有体制和机制组织起来进行生产，形成初始产出。（2）收入分配阶段：生产部门依据现有分配制度和规则将生产出的商品和服务分配给居民和政府，形成可支配收入。（3）收入支出阶段：居民和政府将可支配收入中的一部分用于自身消费，而将剩余部分留作储蓄。（4）储蓄向投资转化阶段：储蓄所有者借助国内金融市场（包括外汇市场），将一部分储蓄的使用权转让给国内投资者，用于国内投资；同时将剩余储蓄的使用权转让给外国投资者或消费者，用于净出口。其中，用于国内投资的储蓄资源最终将被分投到四大资本积累领域：物质资本、人力资本、技术资本和制度资本（保证经济有效运行的体制和机制），实现各自领域的资本积累。（5）产出增长阶段：生产部门将已实现资本积累的物质资本、人力资本、技术资本和再生的劳动力借助新的体制、机制再次组织起来，生产出比初始产出更多的商品和服务。以上就是经济增长的全过程——任何一国的经济增长都是按照上述步骤实现的。

从经济增长的全过程可以看出，决定一国经济潜在增速的因素包括：（1）物质资本（包括土地和矿产资源）的潜在增速；（2）人力资本的潜在增速；（3）劳动力的潜在增速；（4）全要素生产率的潜在增速（综合反映技术进步、制度创新和各生产要素产出效率的指标，或者说综合反映一国生产函数优劣的指标）。现代经济增长理论的基本结论是：一国经济潜在增速等于带权重系数的物质资本潜在增速、人力资本潜在增速、劳动力潜在增速以及全要素生产率潜在增速之和。

需要指出的是，在供给侧分析中所涉及的价值变量，包括资本、产出、收入、支出、消费、储蓄、投资、利息、利润、出口和进口等，如无特别说明，都代表该价值变量的实物数量，而非货币数量。

（二）储蓄和投资

储蓄是与消费相对的概念，通常把总产出（总收入）中不用于消费的部分称为储蓄。经济主体进行储蓄的动机是：通过放弃即期消费来换取更多的未来消费。而投资则是将储蓄转化为资本的过程，或者说资本积累的过程。经济主体进行投资的动机是获取利润。

在市场经济条件下，投资者（生产者）往往并非储蓄者，而储蓄者也往往并非投资者，因此，在储蓄向投资转化的过程中，必然会伴随大量的市场借贷（融资）活动。从实物形态看，投资者的借贷活动可被描述为：储蓄者将部分收入的使用权让渡给投资者，作为对价，投资者向储蓄者支付利息。从货币形态看，投资者的借贷活动通常是借助金融市场来实现的：投资者首先在金融市场上融入资金，然后再到商品市场上购买投资品进行投资。由此我们可得出如下结论：在市场经济条件下，储蓄向投资转化，本质上是一个商品使用权市场转让或者借贷的过程。其中，转让的价格是利率，达成交易的均衡点是储蓄曲线与投资曲线的交点。在均衡点上，利率、储蓄量和投资量同时确定。因此，在市场经济条件下，储蓄和投资本就是一个硬币的两面，二者在数量上恒等①。

储蓄向投资转化的均衡结果除受投资品使用权市场供求关系（储蓄和投资曲线）的影响外，还受借贷交易成本的影响：借贷交易成本越高，则储蓄和投资的意愿越低（储蓄曲线上移，投资曲线下移），储蓄和投资达到均衡时的交易量越小（见图 1）。

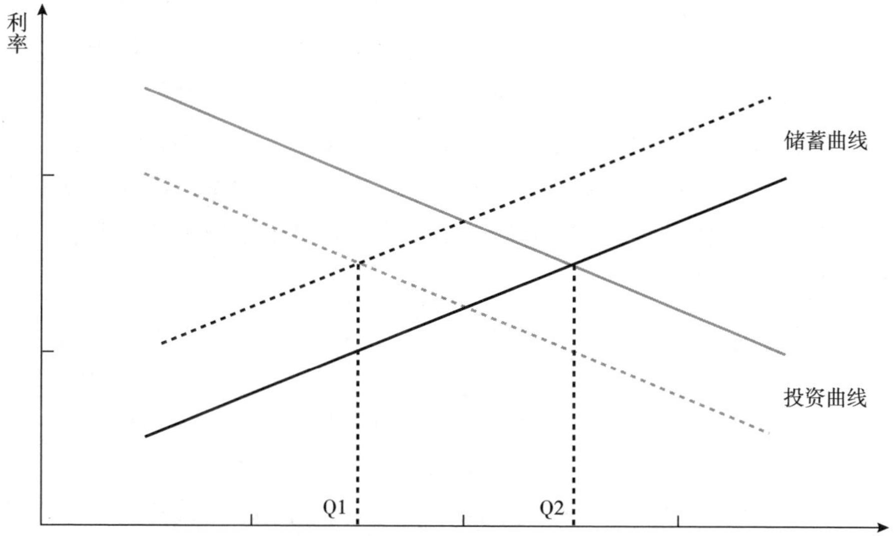

图 1　储蓄向投资转化的均衡数量因交易成本增加而减少

---

①　经济学中的“投资”概念与日常生活中的“投资”概念有很大的不同，前者主要指投资品使用权的转让，是一个市场交易的概念；而后者更多的是指生产设施的“建设”和“安装”，其本质上是一个“生产”的概念。

由此我们似乎可得出以下结论：如果一国金融市场不发达（借贷交易成本高），必将阻碍产出（收入）向储蓄进而向投资转化。但是，在一国金融市场上，不仅投资者有借贷需求，消费者也有借贷需求。如果一国金融市场不发达，借贷交易成本高，同样也会阻碍产出（收入）向消费转化。因此，尽管金融市场是连接储蓄和投资的桥梁，但是，金融市场的发达程度，并不是决定储蓄率和投资率高低的关键因素，理由是：金融市场的改善既可以起到提振储蓄和投资的作用，也可以起到提振消费的作用，两者对冲的结果很可能是，储蓄率和投资率并不因金融市场的改善而上升。①

（三）金融市场对经济的作用

既然金融市场的改善并不一定意味着储蓄率的上升，那么金融市场对一国经济的促进作用到底体现在哪里呢？根据现代金融理论，金融市场不仅是存量资本进行优化配置的场所，而且也是增量产出（GDP = 消费 + 储蓄 + 净出口）进行优化配置的场所。一个发达的金融市场不仅有助于存量资本配置到最有效率的生产者手中，而且也有助于增量资本配置到产出效益最好的投资者手中；同样，一个发达的金融市场不仅有助于实现当期消费在消费者人群中的优化配置，而且有助于实现每一位消费者跨期消费的最优配置。因此，一国金融市场对经济的促进作用主要体现在它对资源的优化配置上。具体地讲，包括以下两个方面：（1）金融市场的改善有助于提升经济的产出效率，或者说有助于提升经济的潜在增速水平；（2）金融市场的改善有助于提升全体消费者在其生命周期内的总体效用水平。

（四）正确理解存货投资

在现实世界里，企业除进行生产性投资外，还会进行存货投资，包括产成品存货投资和投入品存货投资两种。通常情况下，存货投资不仅不带来投资收益，还会产生额外的存货成本，因此，很多人将存货投资理解为“非意愿投资”，或者说意愿储蓄大于意愿投资的结果。但仔细分析后会发现，上述看法没有理论依据。根据前文的结论，在市场经济条件下，储蓄向投资转化是一个

① 在金融市场上，储蓄向投资转化仅是一个局部均衡，要想获得一般均衡结果，还需考虑消费者决策和厂商决策。

商品使用权市场转让的过程，在转让过程中，利率、借贷交易成本和存货投资成本等都会被纳入储蓄者和投资者的成本收益核算范围，因此，交易一旦达成，所有投资都应被看成是“意愿投资”，把存货投资看成是意愿储蓄大于意愿投资的结果仅仅是一种幻觉。

既然存货投资不带来收益，只会带来成本，那么，企业为什么还要进行存货投资？一个直观的解释是，存货投资是企业为了应对供给和需求方面的外部冲击，节省交易成本，保持生产和销售连续性而进行的一种必要投资。也就是说，存货投资是生产活动能够顺利开展的必要条件。要保持生产和销售的连续性，企业部门不得不承受它所带来的成本。

通过考察世界各国的存货投资历史数据可发现，在不同国家，在同一国家的不同时期，新增存货投资占总投资的比重存在很大差异。我国在计划经济时期（包括改革开放前 20 年），存货投资占总投资的比重长期维持在 15%—20%（甚至更高）。实行市场经济体制之后，特别是 1998 年银行信贷市场化改革之后，存货投资占总投资的比重迅速回落并长期稳定在 4%—5% 的水平（见图 2）。尽管如此，目前我国每年新增存货投资占总投资的比重仍明显高于美日（尤其是日本）等发达经济体（见图 3）。在上述发达经济体，每年的新增存货投资通常可正可负，其占总投资的比重一般不会超过 3%；而在我国，每年的新增存货投资均为正值，且占比远高于美日等发达经济体，这从一个侧面说明，我国企业的产出效率仍远低于发达经济体。

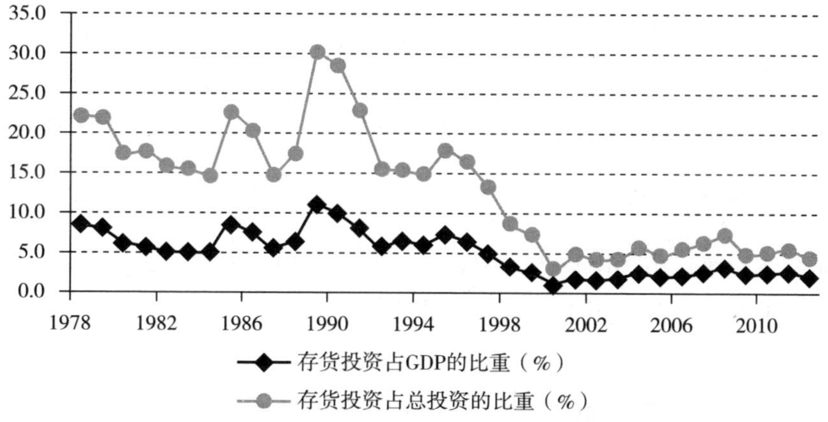

图 2　我国存货投资占比变化趋势

资料来源：国家统计局

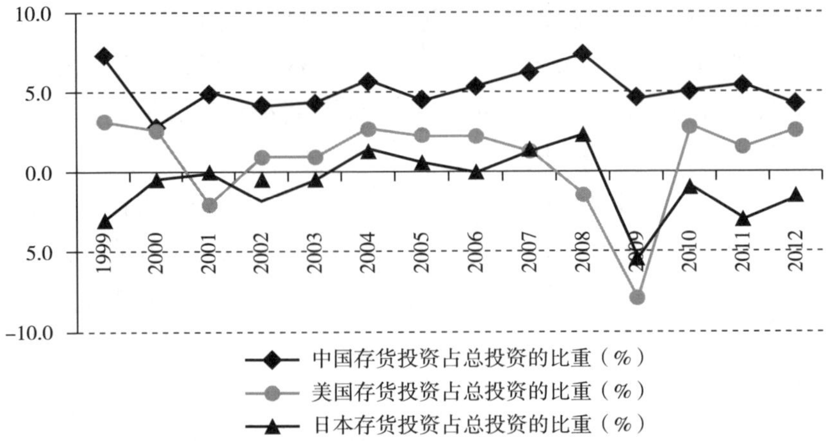

图 3　中美日存货投资占总投资的比重

资料来源：Wind 数据库

在不同的国家，在同一国家的不同时期，新增存货投资占总投资的比重之所以存在巨大差异，可能有以下几方面的原因：（1）商品市场的发达程度不同。商品市场越发达，价格机制越有效，总供给和总需求的波动越小，从而企业需保有的存货数量就会越小。（2）金融市场的发达程度不同。金融市场越发达，储蓄向投资转化时的融资成本越低，企业需保有的存货数量越小。（3）政府的宏观调控能力不同。政府的宏观调控能力越强，名义总需求的波动幅度越小，企业需保有的存货数量就会越小。（4）物流体系的发达程度不同。物流体系越发达，商品运输成本越低，企业需保有的存货投资数量越少。（5）存货成本不同。存货成本（主要是仓储成本）越高，则企业进行存货投资的意愿越低，从而存货投资占总投资的比重越低。（6）经济周期因素。在经济繁荣期，企业存货投资占比往往会上升，而在经济萧条期，企业存货投资占比往往会下降（见图 3）。

（五）储蓄率和投资率

储蓄率主要反映一国总收入中有多少收入不用于消费，而投资率则反映一国总收入中有多少收入用于投资（资本积累），因此，相比较而言，投资率对经济增速的影响最为直接。在我国，由于经常项目长期顺差，导致我国储蓄率通常大于投资率；而在美国，由于其经常项目长期保持 5000 多亿美元的逆差，导致其国内投资率通常高于储蓄率 4—5 个百分点。这说明，我国净出口长期对经济增长起抑制作用，而美国净出口则长期对经济增长起促进作用。

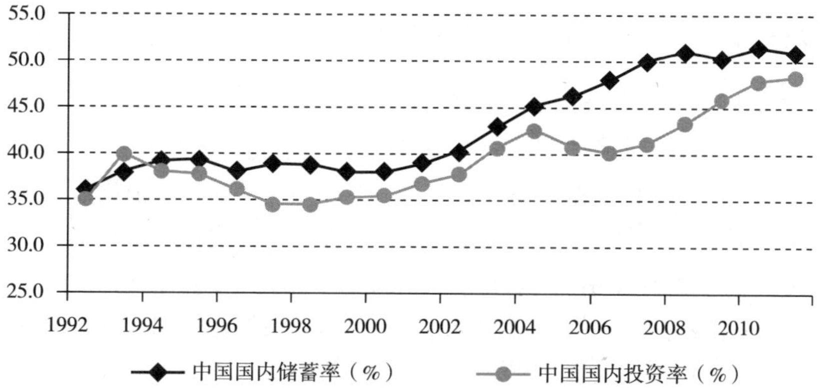

图 4　中国国内储蓄率和投资率

资料来源：国家统计局

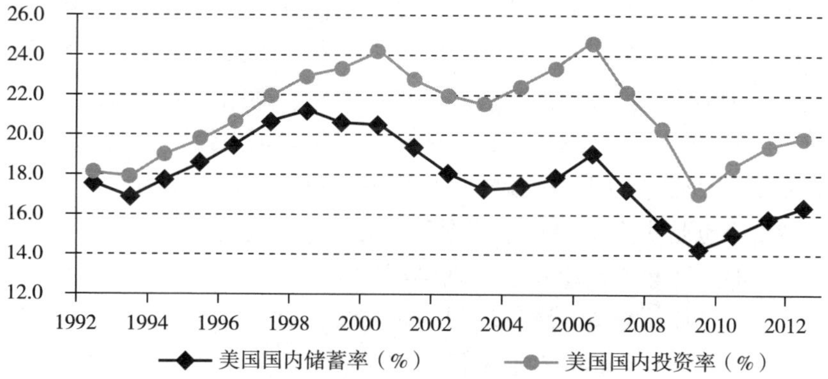

图 5　美国国内储蓄率和投资率

资料来源：Wind 数据库

尽管投资率对一国实际经济增速的影响最为直接，但是，真正决定一国经济增长潜能的指标是储蓄率，因为储蓄率决定着一国国内可动员的最大投资规模。当储蓄率一定时，政府可通过压缩经常项目顺差（甚至采取逆差政策）来提升国内投资率，以期达到提升国内经济增长潜能的目的。当然，如果从一般均衡的角度看，储蓄率、投资率以及经常项目顺差是国内商品市场、金融市场以及外汇市场同时实现均衡的结果，其中任何一项指标的变动都会引起其他指标的变动。因此，为方便问题的讨论，本文如无特别说明，均假设经常项目收支平衡，即储蓄率等于投资率。

（六）储蓄率是决定一国经济潜在增速的核心指标

1. 储蓄率是决定物质资本增速的核心指标

虽然影响一国物质资本增速的因素众多，包括物质资本存量、物质资本的自然折旧率、经常项目顺差规模等，但最关键的还是储蓄率。根据前文，储蓄率主要反映一国总产出中有多少产出不用于消费而用于国内投资和净出口。若净出口为零（实施平衡的贸易政策），则储蓄率的大小直接决定着总产出中最终能转化为国内投资的数量。根据我们对经济增长全过程的描述，用于国内投资的储蓄资源最终将被分投到四大资本积累领域：物质资本、人力资本、技术资本和制度资本。然而，问题出现了，上述四大资本投资领域所能获得的国内投资的比例是由什么决定的？这实际上是一个投资市场的局部均衡问题。根据局部均衡原理，国内投资市场实现均衡的基本条件是：物质资本、人力资本、技术资本和制度资本的边际产出相等①。因此，在某一时点，四大资本投资领域所能获得的投资比例由该时点四大资本的边际产出函数唯一确定。由此我们可得出如下结论：国内储蓄率越高，则总产出中能最终转化为国内投资的数量越多，从而可被分流用于物质资本积累的投资数量越多，因而物质资本的增速也就越高。

2. 储蓄率也是决定全要素生产率和人力资本增速的核心指标

（1）影响全要素生产率增长的两类因素

经济学家在做有关经济增长的理论研究时，为了讨论问题的方便，往往把影响全要素生产率增长的因素设定得比较简单：大多仅考虑技术进步对全要素生产率的影响。实际上，全要素生产率是一个包容性很强的变量。除物质资本、人力资本和劳动力等生产要素之外，现实经济中几乎所有能够对潜在经济

---

① 内生经济增长理论认为，物质资本的边际产出递减，而人力资本、技术资本和制度资本的边际产出递增，这样一来，似乎投资在四大资本领域的分配很难实现局部均衡。但是，一方面，内生经济增长理论认为，实物投资和物质资本存量的单位是一致的，即一个单位的实物投资会导致一个单位的物质资本存量增加，两个单位的实物投资会产生两个单位的物质资本存量增加；而实物投资和人力资本、技术资本和制度资本存量不仅单位不一致，而且实物投资所形成的人力资本、技术资本和制度资本存量增加在数量上是递减的，即两倍的实物投资增加并不能获得两倍的人力资本、技术资本和制度资本存量的增加。另一方面，内生经济增长理论还认为，对于单个企业而言，物质资本虽然存在边际产出递减的特点，但物质资本积累不存在外部性，即不存在边际产出溢出的现象；而人力资本、技术资本和制度资本虽然边际产出递增，但对单个企业而言，它们都存在很强的外部性，即存在边际产出溢出现象。因此，国内投资在物质资本、人力资本、技术资本和制度资本领域的分配仍能实现局部均衡。

增速产生影响的其他因素都可被纳入全要素生产率的影响因素范畴。概括起来讲，这些影响因素主要包括两类：（1）技术资本因素；（2）制度资本（体制、机制）因素。

从本质上讲，全要素生产率是反映一国生产函数优劣的指标。我们通常说提高全要素生产率，实际包含两层意思：第一层意思是指提高物质资本、人力资本和劳动力等生产要素的边际产出效率，其关键在于推动技术进步（技术资本积累）；第二层意思是指提高各生产要素的“组合效率”，其关键在于体制、机制创新（制度资本积累）①。因此，全要素生产率指标是综合反映各生产要素边际产出效率及其“组合”效率的综合性指标。

（2）全要素生产率的增长机制

推动全要素生产率增长的机制包括三类：一是“干中学”效应，二是无形资本投资，三是政策引导。美国经济学家肯尼斯·阿罗将全要素生产率的提高看成是生产过程的副产品，即全要素生产率（包括技术资本和制度资本）会随着总产出和物质资本存量的增长而增长，但全要素生产率增长本身并不需要耗费资源。然而，在现实世界里，无论是推进技术进步（包括引进国外先进技术），还是进行制度创新，都需要增加投入来推动（当然也存在所谓“干中学”效应），因此，有许多西方学者（如内生经济增长理论的创始人之一保罗·罗默）将提升全要素生产率看成是一类特殊的投资过程——无形资本的投资过程。另外，技术进步和制度创新存在很强的外部性，因此，政府在提高全要素生产率方面可发挥至关重要的作用：政府既可通过提高对技术进步、制度创新等方面的直接投资力度，也可通过制定相关政策来间接引导企业增加在技术进步、机制设计方面的投资力度，最终达到提升全要素生产率的目的。

（3）人力资本和全要素生产率遵循相似的增长规律

如果将全要素生产率的提升过程看成是以物质资本为载体的自然知识和社会知识的积累过程，那么，人力资本的增长过程则可看成是以劳动力为载体的

---

① 生产要素的“组合效率”通常是由经济结构决定的。从狭义角度看，经济结构问题本质上是一个价格层面的问题；从广义角度看，结构问题又是一个制度（体制、机制）层面的问题。在市场经济条件下，合理的经济结构不是政府“建构”出来的，而是市场选择出来的。政府在经济结构“调整”过程中的主要任务不是去建构“合理”的结构，而应去培育有利于市场竞争的体制、机制，创建有利于经济稳定增长的市场条件，然后让市场去选择“合理”的结构。否则，经济结构调整很容易演变成各级政府部门以经济结构调整为名，行行政干预之实的借口。

自然知识和社会知识的积累过程①。因此，人力资本积累和全要素生产率增长应遵循相似的增长规律：都存在所谓“干中学”效应；都需要增加投资来推动；都需要政府通过制定相关政策来积极引导。所不同的是，全要素生产率的提升主要以物质资本为载体，而人力资本增长则主要以劳动力为载体。因此，全要素生产率的“干中学”效应与物质资本存量的相关性较大，而人力资本的“干中学”效应则与劳动力存量的相关性较大。

（4）储蓄率与全要素生产率和人力资本增长的关系

从上文的分析可知，全要素生产率和人力资本增长都存在“干中学”效应，都需要通过增加投资来推动，都需要政府政策予以积极引导，而决定上述三项机制的物质基础都是储蓄：只有当经济保持较高的储蓄率和投资率，生产活动和投资活动才能保持较高的景气度，“干中学”效应才会更加明显；只有当经济保持较高的储蓄率，才会有更多的储蓄资源被投入到提升全要素生产率和人力资本增速上来；只有当经济保持较高的储蓄率，政府部门才可能将更多的财政资源引导到提升全要素生产率和人力资本增速上来。因此，储蓄率同样是决定全要素生产率和人力资本增速的核心指标。

综上所述，决定一国经济潜在增速水平的因素主要集中在供给侧，包括：（1）物质资本的潜在增速；（2）人力资本的潜在增速；（3）劳动力的潜在增速；（4）全要素生产率的潜在增速。在决定经济潜在增速的四大因素中，通常劳动力的潜在增速相对稳定且绝对值较小，因此，对一国经济的即期潜在增速的影响有限②。而物质资本、人力资本和全要素生产率的潜在增速不仅极富政策弹性，而且绝对值较高，因此，三者从根本上决定着一国经济的即期潜在增速水平③。储蓄率是决定一国物质资本、人力资本和全要素生产率（技术资本和制度资本）潜在增速的核心指标，因此，储蓄率是决定一国经济潜在增速水平高低的核心指标。

---

① 人力资本增长和劳动力增长分属两个不同的增长概念，推动劳动力增长的物质基础是消费，而推动人力资本增长的物质基础是投资。

② 由于劳动力的增长规律已超出经济增长理论的研究范畴（劳动力增长主要取决于人口增长规律和政府的人口政策），且因其对即期潜在增速的影响不大，因此，劳动力增长不是本文的分析重点。

③ 交行金研中心的测算结果是：在1979—2011年的32年间，劳动力增长对经济增长的贡献为6%，资本增长对经济增长的贡献为59%，全要素生产率（包括人力资本增长）对经济增长的贡献为35%。

从供给侧分析，我们可得出的一个重要结论：近几年我国储蓄率并未出现明显下滑，因此，经济的潜在增速不可能出现大幅度下降。近几年我国实际经济增速之所以持续回落，主要是因名义总需求不足，潜在经济增速无法得到充分发挥所致。

四、进出口与经济增长的关系

根据定义，经济增长通常是指一国在一年内新创造的价值量的增长，而无论是出口还是进口，其所包含的价值量，可能都并非完全是在国内创造的；即使是国内创造的，也可能并非都是当年新创造的，如旧机器的出口。因此，如果单纯从价值增值的角度来考察进出口与经济增长的关系，将会使问题变得极为复杂。为简化问题的讨论，我们采用前文已建立的总供给与总需求的分析框架。

一个开放的经济体主要面临三方面的名义需求：国内消费需求、国内投资需求和出口需求；与此同时，一个开放的经济体主要有两大商品和服务供给源：国内产出和国外进口。从需求侧看，如果出口需求增加，则意味着国内名义总需求增加，短期内将会导致国内产能利用率上升，从而实际经济增速上升。如果国内产能已被充分利用，实际经济增速已上升至潜在增速水平，此时若出口需求继续增加，则实际经济增速不再上升，而会保持在潜在增速水平不变。与此同时，可能会出现两种截然不同的结果：（1）如果本币汇率固定，则国内价格将会持续上涨（通货膨胀）；（2）如果本币汇率充分灵活，则国内价格将保持相对稳定，但本币会不断升值。因此，从短期看，外需增长对国内经济有拉动作用，但从长期看，外需的持续增长并不能带动国内经济增速持续增长：它要么导致国内通货膨胀，要么导致本币不断升值，至于结果如何，关键要看本币汇率是否充分灵活。

从供给侧看，由于进出口活动有效扩大了国内投资部门（生产部门）和消费者进行资源优化配置的选择空间，因此，推动进出口同步增长，不仅有助于提升国内投资部门（生产部门）的产出效率和国内经济的增长潜能，而且有助于提升国内消费者的效用水平。实施对外开放政策，对于一个主权国家而言，总体是有利的。但是，实物商品和服务的进出口对一国经济潜在增速到底会带来何种影响，还需具体问题具体分析。如果出口长期大于进口（经常项目长期顺差），将会导致国内储蓄大量漏出，从而导致经济潜在增速的下降。相反，如果进口长期大于出口（经常项目长期逆差），则会推高国内投资率和消费率，进而提升国内经济的潜在增速水平和国内居民的消费水平。

如果一国出口长期大于进口，说明该国本币汇率被长期低估，其结果将导致外汇储备持续增加；如果一国进口长期大于进口，则说明本币汇率被长期高估，其结果将导致该国外汇储备持续下降。对于普通国家而言，外汇储备迟早会被耗尽，因此，想实现进口长期大于出口是非常困难的。只有那些本币为国际储备货币的国家（如美国、日本和欧元区）才有条件保持经常项目长期逆差。

综上所述，我们可得出如下结论：（1）从需求侧看，外需（出口）扩张政策在短期内是有效的，即有助于提升国内经济的实际增速，但长期看（过度扩张）只会导致国内通货膨胀或者本币升值；当出口需求因全球经济的不景气而出现下降时，政府完全可通过适度扩大国内消费和投资需求，即通过适度扩大国内货币供应量来弥补外需的不足。（2）从供给侧看，推动出口和进口同步增长不仅有助于提升国内投资部门（生产部门）的产出效率和国内经济的增长潜能，而且有助于提升国内消费者的效用水平；但如果出口长期大于进口，将会导致国内储蓄的大量漏出，进而导致潜在经济增速的下降；如果进口长期大于出口，则有助于推高国内投资率和消费率，提升国内经济的潜在增速及国内居民的消费水平。（3）由于普通国家很难长期保持进口大于出口，因此，最优的贸易政策是：在保持国际贸易收支平衡的基础上推动出口和进口同步增长；与此同时，为减少国内发生通货膨胀和贸易失衡的风险，本币汇率要充分灵活。（4）由于进口长期大于出口有助于推高国内投资率和消费率，提升国内经济潜在增速及国内居民的消费水平，因此推动本币国际化对于一国而言是十分有利的。

在我国，由于社会各界对进出口与经济增长的关系认识不深，导致我国外贸政策一直都存在较大问题。具体地说，主要表现为以下三个方面：（1）重出口，轻进口。在国际贸易中，出口只是手段，进口才是目的。好的贸易政策应该是推动出口和进口齐头并进的双向贸易政策，而非仅重视出口的单向贸易政策。（2）过分看重创汇和贸易顺差，轻视贸易平衡。从新中国建立到上世纪末，我国一直饱受外汇短缺的困扰。1998 年亚洲金融危机爆发后，各国在总结亚洲金融危机的经验教训时一致认为，外汇储备不足是导致金融危机爆发的一个重要原因。因此，1998 年之后，包括我国在内的许多发展中国家和新兴市场经济体纷纷将创汇和实现贸易顺差作为对外贸易工作的首要任务，结果导致全球外汇储备在 1998 年之后爆炸性增长①。实际上，以顺差为导向的贸易政策是一类最差的贸易政策。对于像我们这样一个本币尚未成为国际货币的国家而言，最优的贸易政策应是推动出口和进口同步增长的贸易政策，即积极的平衡的贸易政策。（3）人民币汇率不够灵活。这是导致我国长期贸易顺差的重要原因。无论是从理论上还是从世界各国的汇率制度实践看，最优的汇率制度只有两种：绝对的固定汇率制（即统一货币区制度）和完全浮动汇率制，其他任何形式的中间汇率制度（包括完全盯住的汇率制和联系汇率制）从长期看都可能会导致经济失衡，并最终使本国经济受损。

五、结论和政策建议

1. 宏观经济的运行过程是一个总需求和总供给不断寻求平衡的过程，影响经济增速的因素既包括需求侧因素，也包括供给侧因素。

2. 从需求侧看，影响经济增速的核心变量是货币供应量。当实际经济增速低于潜在经济增速时（产能全面过剩），适度增加货币供应量，可提高实际经济增速；若实际经济增速已攀升至潜在增速水平，继续增加货币供应量只会导致通货膨胀，反之则会出现通货紧缩。

3. 政府的宏观调控政策通常被称为短期总量政策，其目的是通过调控货币供应量，使实际经济增速长期保持在潜在增速水平之上，同时，又不致使价格出现过度波动。世界上大多数国家都将维持温和的通胀水平（2%—3%）的政策作为最优的总量政策。从这个意义上说，政府的短期总量政策目标应包括两项：一是最大化经济增速（维持充分就业）；二是保持物价基本稳定。而我国当前的总量政策似乎有重视价格稳定而轻视经济增长的倾向。

4. 我们通常所说的“拉动”经济增长的“三驾马车”：投资、消费和净出口，主要是针对总需求侧而言的。政府在实施“短期”宏观调控政策时，应将注意力主要放在如何控制货币供应量（名义总需求）和物价指数这些总量指标上来，而不应将过多的注意力放在如何调整总需求的内部结构上。社会

① 全球外汇储备过度增长是导致本世纪前 10 年国际大宗商品价格大幅上涨的重要原因。

各界应对近20年来形成的“重消费、轻投资”的观念进行重新认识。

5. 真正决定一国经济潜在增速水平的因素在供给侧而非需求侧，包括：（1）物质资本的潜在增速；（2）人力资本的潜在增速；（3）劳动力的潜在增速；（4）全要素生产率的潜在增速。

6. 储蓄率不仅是决定一国物质资本积累速度的核心指标，也是决定一国全要素生产率和人力资本增速的核心指标。高储蓄率是我国经济近20年保持高速增长的重要原因。政府和国有经济部门可支配收入占比高，两级政府大量参与投资活动，是导致我国储蓄率整体偏高的根本原因。高储蓄率对于一国而言也是一把双刃剑。

7. 政府的“长期”经济政策主要是针对总量平衡式的供给侧而制定的政策，目标是最大化经济的潜在增速。调控对象包括物质资本的潜在增速、人力资本的潜在增速、劳动力的潜在增速和全要素生产率的潜在增速。调控的核心指标是储蓄率及储蓄资源在物质资本、人力资本、技术资本和制度资本投资中的分配比例。

8. 对于像我国这样一个国有经济占比很高的后进国家而言，政府的“长期”经济政策显得尤为重要：在工业化初期和中期，政府可通过保持较高的国有经济占比来维持较高的储蓄率，并且可利用自身掌握较多储蓄资源的优势，加大对基础设施、科技和教育等具有强外部性领域的投资力度，使经济尽快摆脱“贫困陷阱”，并成功跨越“中等收入陷阱”。在工业化中后期，政府可通过制度设计，把更多国有资本（包括国有资源）收益转化为全民养老基金，这样一方面可有效缩小居民收入差距，缓解老龄化的冲击，另一方面，也能适度降低投资和储蓄占比，缓解经济因投资过度而产生的产能过剩压力。当然，在工业化中后期，随着潜在经济增速的下滑，政府还需继续利用自身掌握较多储蓄资源的优势，进一步加大对科技、教育、保障房和农业等具有较强外部性领域的直接投资力度，并积极推进各领域的改革，这样不仅可节省企业和个人在上述领域的支出比重，增加消费占比，而且也能通过进一步挖掘人力资本和全要素生产率的增长潜能，缓解工业化中后期潜在经济增速下滑的压力。

读 者 问 卷

非常感谢您对《比较》的支持，为了帮助我们提高工作质量，更好地满足您的需要，请您花一些时间填写本问卷，我们深表谢意！

姓　　名：________________电　　话：________________E-mail:________________

工作单位：________________________________部　门：________________

通讯地址：________________________________邮　编：________________

1. 包括本辑在内，您已经阅读了________辑《比较》。

2. 在过去两年中，《比较》发表的哪些文章最让您感兴趣？

____

____

3. 《比较》吸引您阅读的主要原因是什么？

____

____

4. 您对哪些栏目比较关注？以及其他意见：

____

5. 您对《比较译丛》中的哪些著作最感兴趣？

____

6. 您平时最喜欢看的经济学与财经类出版物依次是：

1）____________ 2）____________ 3）____________ 4）____________

7. 您通常阅读《比较》的方式是：

□参考卷首语的介绍阅读　□自己选读有关的文章　□几乎全部阅读　□____________

8. 您在哪些地方购买或发现《比较》？

□图书馆　□书店　□书报亭　□赠阅　□朋友推荐　□单位订阅　□____________

9. 您最希望采用的购买方式是：

□书店零售　□网上购买　□分期邮购　□长期预订　□____________

10. 您所从事的职业是：

□研究人员　□教师　□媒体工作者　□政府职员　□专业技术人士

□在校学生（您的专业是□经济学　□政治学　□法学　□社会学　□________）

□其他________________________

11. 您所在单位的类型是：

□学校　□政府职能部门　□政府研究部门　□民间研究机构

□国有企业　□民营企业　□三资企业　□________

12. 您的学历背景是：

□大专及以下　□本科　□硕士　□博士及以上

认真详细填写此表并寄回的读者，将有机会获赠下辑《比较》一本。

读者调查表请寄：北京市朝阳区工体北路 8 号院三里屯 SOHO 6 号楼 5 层《比较》编辑室收

邮政编码：100027

电话：010—85905281

传真：010—85905288

E-mail: bijiao@citicpub.com

图书在版编目（CIP）数据

比较 . 第 73 辑 / 吴敬琏编 . -- 北京 : 中信出版社 , 2014.8
ISBN 978-7-5086-4706-7

I. 比… II. 吴… III. 比较经济学 IV. ① F064.2

中国版本图书馆 CIP 数据核字（2014）第 161987 号

比较·第七十三辑

主　　编：吴敬琏
策 划 者：《比较》编辑室
出 版 者：中信出版股份有限公司
经 销 者：中信出版股份有限公司＋财新传媒有限公司
承 印 者：北京华联印刷有限公司
开　　本：787mm × 1092mm 1/16　　印　　张：13.25　　字　　数：200 千字
版　　次：2014 年 8 月第 1 版　　印　　次：2014 年 8 月第 1 次印刷
书　　号：ISBN 978-7-5086-4706-7/F · 3233
定　　价：28.00 元